Educational Administration & Educational Management

현장중심 학습지원을 위한

교육행정 및 교육경영

| 김규태 강유정 권민석 최경민 공저 |

양성원

교육행정과 경영은 미시적 수준에서 보면 학교 교육목표를 효과적으로 달성하기 위해 교육과정, 교수·학습 및 생활지도에 필요한 조건을 형성 지원하는 활동이다. 교육행정의 석학인 Hoy와 Miskel은 교육행정과 경영의 핵심은 현장중심, 학습지원을 통한 학교조직의 효과성을 높이는 것이라고 지적했다. 또한 교육행정과 경영은 급변하고 있는 경제, 정치, 사회 및 문화 변화에 따른 교육정책 및 환경 변화에 부응하기 위한 조치를 강구하는 거시적 수준의 활동이기도 하다. 특히 제4차 산업혁명과 디지털 사회에 대응하도록 핵심역량 중심 교육과정, 학습자 참여 및 과정 중심 수업과 평가 등을 요청하고 있다. 이러한 시점에서 교육행정 및 경영 이론도 그 변화 양상에 부응하도록 새로운 지식과 실제를 제시할 필요가 있다.

본서는 최근 학교교육에 대한 정책 및 환경 변화에 부응하기 위해 강구된 여러 정책 및 조치들, 2015 개정 교육과정, 참여 및 과정 중심 수업 및 평가, 자유학기제 및 진로지도, 배움의 공동체 등을 소개하면서 그것들을 위한 학교 경영 및 조직 관리 원리와 방법 등을 제시해 보았다. 둘째, 가급적 최신의 이론을 소개하거나 기존의 책들에서 소개되지 않는 이론들을 다루어 기존 책들과의 차별화를 도모하려고 노력하였다. 예를 들면, 학교조직에서 교사가 행동하는 차원을 태도, 성격, 지각, 감정 등 차원에서 제시하거나, 또한 조직시민행동, 조직공정성, 조직헌신 등을 다루거나, 일반적으로 소개하는 Maslow의 5단계 욕구단계이론을 넘어서 8단계 욕구단계이론을 제시하는 것 등을 들 수 있다. 셋째, 교사로서 현장에서 이루어지는 교육조직행동 변수들인 교사효능감, 신뢰, 조직공정성, 조직시민행동, 감정노동 등의 척도를 소개하고 예비교사들 스스로 진단해 볼 수 있도록 하였다.

머리말

본서는 총13장으로 구성되어 있다. 제1장에서는 교육행정의 개념과 성격, 교육행정의 원리, 교육행정의 기술, 교육행정이론의 발달을 다루었다. 제2장부터 제5장까지는 최근 학교교육의 미시적 수준의 실제들, 교육과정, 교수학습, 생활지도, 배움의 공동체 등을 위한 교육행정 및 경영에 대한 이론과 실제를 살펴보았으며, 제6장은 학교 현장에서 교사로서 발휘해야 하는 리더십과 팔로워십의 이론과 실제를 탐색하였다. 제7장부터 제9장은 중범위 이론 수준에서 교육조직에서 일어나는 개인들과 집단들의 교육조직행동을 다루었다. 제7장은 교사의 태도와 성격 측면을, 제8장은 교사의 지각과 감정 측면 등을, 제9장은 교사들이 교직에서 보일 수 있는 행동이 일어나게 하는 운영 구조나 문화를 살펴보았다. 끝으로 제10장부터 제13장까지는 거시적 수준의 교육행정 및 경영을 다루었다. 제10장은 교육정책과 교육기획을, 제11장은 교육행정의 운영 기반인 교육법과 교육제도의 특징과 실제를, 제12장은 교사 양성, 임용 및 질관리 등 인사행정을, 제13장은 교육재정의 운영 구조와 학교 회계 등을 다루었다.

그러나 막상 탈고하고 보니 처음 의도한 것에 비해 미진한 곳이 여러 군데 눈에 띈다. 소홀하게 다루어진 곳에 대한 독자들의 질책과 지도를 요청한다. 끝으로 이 책을 발간하도록 아낌없는 지원과 격려를 해 주신 강철원 사장님과 편집진에게 깊은 감사를 드린다.

2017년 3월

저자 일동

차례

Chapter

01

학교교육을 위한 행정과 경영

1. 교육행정의 개념
2. 교육행정의 원리
3. 교육행정의 기술
4. 교육행정이론

1 교육행정의 개념

교육행정은 학교교육과정, 교수학습 및 생활지도를 지원하기 위한 조직적, 사회적, 봉사적 활동이다(김규태, 강유정, 강성복, 2014). 이 개념에는 다음과 같은 의미가 내재되어 있다. 첫째, 교육행정은 학교교육의 핵심인 교육과정, 교수학습과 생활지도 등을 위한 인적, 물적, 재정적 조건 마련과 그 운영 방법을 강구하는 활동이다. 둘째, 한정된 자원을 효율적으로 사용하여 공동의 목표를 효과적으로 달성할 수 있도록 계획, 집행 및 평가하는 활동이다. 셋째, 교육목표가 달성할 수 있도록 교육구성원 간에 이루어지는 협동적 활동이다. 이러한 점에서 교육행정은 교육목표를 효과적 · 효율적으로 달성하기 위해 교육구성원의 협동적 행위를 촉진하고, 교육목표 달성을 위한 인적, 물적 및 재정적 조건과 그 운영 방법을 계획 · 집행 · 평가하는 활동이라고 할 수 있다. 이러한 예로 최근 교육부가 제시한 교원양성과정 개선을 위한 교육행정 사례를 제시하면 다음과 같다.

참고 교원양성과정 개선을 위한 교육행정 사례

교육부(2016. 8. 17. 보도자료)는 자유학기제 전면 실시, 2015 교육과정 개정, 인성교육진흥법 시행, 진로교육 강화, 소프트웨어 교육, 안전 및 정서행동 대처 등과 같은 교육환경 및 정책요구 등이 반영되도록 전국 사범대 및 교직과정 등 교원양성과정을 개선을 다음과 같이 유도하는 전략과 방법들을 제시하였다.

- 교육과정: 창의적 체험활동 및 진로와 직업 교육과정 단원 개설 포함
- 교육평가: 평가문항 개발의 실제와 환류방법 반영, 과정중심 평가 내용 확대
- 교직실무: 교직윤리, 사회변화와 교육, 진로교육, 학교 · 학급경영, 학사 · 인사 · 행정실무
- 학교폭력예방 및 학생의 이해: 학교폭력예방 외에 학생생활문화, 학생정서행동발달 등 내용 포함
- 교과교육론: 수업의 실제와 과정중심 평가 내용 반영
- 교과교재연구 및 지도방법: 교육실습과의 연계 강화 및 교과 통합 교육과정 운영 반영

2 교육행정의 원리

학교교육은 사회 구성원이 합의한 공공의 목표 달성을 위해, 공익 추구를 위해 국가 및 지방자치단체 또는 학교법인이 설립한 교육기관을 통해 이루어지고 있다. 그래서 교육행정은 법제도로서 규정된 원리와 방법에 따라 실시된다. 교육행정의 법규적 원리는 일반적으로 법치행정의 원리, 기회균등의 원리, 자주성 존중의 원리, 적도집권의 원리 등이 있다(김규태, 강유정, 강성복, 2014). 첫째, 법치행정의 원리는 헌법 제31조 제6항에서 규정된 것과 같이 모든 교육행정이 법에 의하여 법이 정하는 범위 안에서 이루어져야 한다는 것이다. 둘째, 기회균등의 원리는 헌법 제31조 제1항과 「교육기본법」 제4조와 같이 모든 사람에게 균등한 기회를 제공하여 개인의 능력을 최대한 발휘할 수 있도록 해야 한다는 것이다. 셋째, 자주성 존중의 원리는 헌법 제31조 제4항과 「교육기본법」 제5조에서 규정하고 있는 것처럼 학교나 교육행정기관이 그 조직의 관리·운영에 관하여 필요한 기준을 자주적으로 설정·집행하며, 조직 발전에 필요한 제반 정책을 독자적으로 결정하는 것을 말한다. 넷째, 적도집권의 원리는 중앙집권과 지방분권의 균형을 유지하는 것을 말한다.

표 1-1 교육행정의 원리

구분	법규적 차원					운영관리 차원					
	평등성	분권성	자주성	합법성	공공성	민주성	효율성	적응성	안정성	균형성	전문성
윤정일 등(2015)	○	○	○	○		○	○		○		○
이지영 (2010)	○	○	○	○	○	○		○	○	○	○
최미리 등 (2013)	○	○	○	○	○	○	○	○	○	○	
임연기 등 (2014)	○	○	○	○		○	○				○
황영준 등 (2015)	○	○	○	○		○	○		○		○

구분	법규적 차원					운영관리 차원					
	평등성	분권성	자주성	합법성	공공성	민주성	효율성	적응성	안정성	균형성	전문성
장래찬 (2010)	○	○	○	○	○	○	○	○	○	○	○
전용환 (2010)	○	○	○	○	○	○		○	○	○	
신재흡 (2010)	○	○	○	○			○	○	○	○	

교육행정은 법적 원리와 방법에 따라 운영될 뿐만 아니라, 실천적 활동을 지원하는 운영적 수준의 원리에 의해 서로 이루어지고 있다. 즉, 교육실천 활동을 지원하는 전략과 수단 등이 타당하고, 민주적이며, 효율적이며, 사회변화에 적응가능하며, 일관성을 지녀야 한다는 것이다. 첫째, 타당성 원리는 교육행정이 교육목표 달성을 위한 수단적 활동이며, 교육목표에 부합되는 교수학습 및 생활지도를 계획하고 실시해야 한다는 것이다. 둘째, 민주성 원리는 교육에 관한 중요한 정책을 수립하고 집행하는 데 있어서 다양한 교육 관련 집단들의 참여와 의사결정을 보장하는 것이다. 셋째, 능률성의 원리는 경제성 또는 효율성의 원리로서 교육활동에 있어서 최소한의 노력과 경비를 투입하고 최대한의 효과를 얻고자 하는 원리로서, 교육행정이 효율적이고 효과적으로 집행되어야 함을 말한다. 넷째, 적응성의 원리는 교육활동이 사회 변화를 고려하여 교육환경과 전략 및 수단을 유연하게 조정해 나가는 것을 말한다. 다섯째, 안정성의 원리는 일단 결정된 교육정책이나 그 집행을 일정 기간 시행함으로써 행정 시책의 일관성을 유지할 필요가 있는 것이다.

3 교육행정의 기술

교육행정의 기술은 교육행정가가 맡은 직무를 수행하는 기술로서 직무능력이라 할 수 있다. 직무능력은 담당한 직무에 따라 달라지며, 실무적 스킬, 대인관계 스킬,

통합적 스킬로 구분할 수 있다(김규태, 강유정, 강성복, 2014).

첫째, 실무적 스킬(technical skill)은 조직목표를 달성하는 데 필요한 핵심 기술 또는 전문적 능력이다. 학교조직에 적용해 보면 담임 또는 교과교사가 수업, 상담, 평가, 생활지도, 진로지도 등을 수행하는 데 필요한 전문적 능력을 말한다.

둘째, 대인관계 스킬(human relationship skill)은 조직 내부와 외부의 사람들과 원만한 관계를 맺고 의견을 조율하며 협력할 수 있는 능력이다. 이는 부장교사와 일반교사 관계, 부장교사와 학교장 관계, 교사와 학생 관계, 교사와 학부모 관계, 학교장과 교육청 관계자와의 관계 형성과 소통에 필요한 능력이라 할 수 있다.

셋째, 통합적 스킬(conceptual skill)은 전체 파악적 스킬, 전략적 기획 전략이라고도 하며, 조직의 비전과 전략을 제시하거나 운영 전반을 전체적으로 파악할 수 있는 능력이다. 학교조직에 적용해 보면, 학교장이 학교교육 비전과 목표를 수립하고, 그에 맞는 교육계획을 수립하여 추진하고, 교육 및 운영 전반을 지속적으로 모니터링하며 운영 성과 및 개선활동을 하는 데 필요한 능력으로 볼 수 있다.

참고 **교육행정의 기술**

- 실무적 스킬: 교육과정, 수업, 생활지도, 학급관리 등에 대한 전문적 지식, 노하우 및 경험
- 대인관계 스킬: 조직 내·외부 사람들과 협력하고 일하며 타인을 통해 일을 처리하는 대인관계 및 의사소통
- 통합적 스킬: 환경 및 복잡성 속에서 조직의 비전과 방향 설정, 조직운영 및 목표 등에 대한 전체적인 통찰 및 판단력

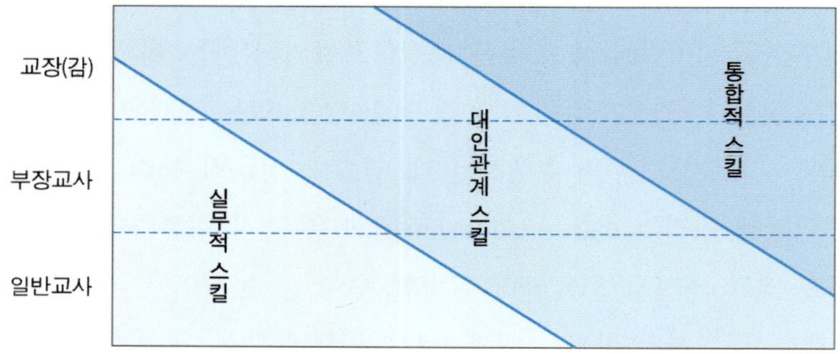

그림 1-1 학교구성원의 교육 및 행정 스킬

4 교육행정이론

교육행정이론은 ① 조직의 효율적 관리를 강조하는 과학적 관리론과 행정과정론(1900~1930), ② 인간의 심리·사회적 속성을 강조하는 인간관계론(1930~1950), ③ 조직 내 인간의 행동을 과학적으로 탐구하려는 행동과학론(1950~1970), ④ 조직의 문제를 전체적인 입장에서 파악하려는 체제이론(1960년 이후) 등으로 구분될 수 있다. 여기서는 각 이론들이 강조하고 있는 내용들을 개관해 보고자 한다.

1) 과학적 관리론과 행정과정론

과학적 관리론은 미국의 Taylor가 그의 공장에서 직공, 직장, 기사, 고문 역할을 장기간에 걸쳐 경험한 결과를 바탕으로 제시한 테일러리즘Taylorism에서 비롯된다. Taylor는 노동자의 작업 현장을 분석·관찰해 보고, 노동자의 작업이 대부분 인습적이며 주먹구구식 방법에 방치되어 많은 동작과 시간이 낭비되고 있음을 발견하고, 이 같은 낡은 방법 대신 작업 능률을 향상시킬 수 있는 과학적 작업 도구나 작업 방법의 개선을 연구하였다. 그는 과업을 수행하는 데는 최선의 방법들이 있으며, 관리자는 이것들을 찾기 위하여 작업을 과학적으로 연구해야 한다고 주장하였다. Taylor가 제시한 과학적 관리론는 다음의 네 가지 원칙을 제시하고 있다(김규태, 강유정, 강성복, 2014).

① **과학적 과업 관리**: 노동자 작업 요소 및 프로세스 등 시간과 동작 연구를 통해 과업의 절차와 방법을 과학적으로 접근한다. 이는 학교 현장에서 모든 교사들이 참고·활용할 수 있는 표준화된 수업모형이나 교수학습안을 제시하거나, 운영 절차나 방법을 제시한 매뉴얼을 제공하는 것으로 그 예를 들 수 있다.

② **과학적 선발과 훈련**: 직원을 과학적으로 선발하여 철저하게 교육·훈련시켜 육성해 나가야 한다. 이는 예비교사들을 표준화된 교직이수과정을 통해 이수하게 하거나, 현직교사들에게 자격 및 직무연수를 지속적으로 참여하도록 하는 것을 그 예로 들 수 있다.

③ **기능적 감독의 원리**: 관리자와 노동자 간에 분업을 통하여 관리자는 계획·조직·의사결정 활동을 하고 노동자는 그들의 직무를 수행한다. 이는 교무와 관리업무를 구분하거나, 교무부·연구부·학생부 등으로 교무분장을 나누어 관리하는 것을 그 예로 들 수 있다.

④ **목표관리와 인센티브**: 개인, 부서별 목표를 수립하고, 그 목표에 따른 성과를 측정하여 그에 맞는 인센티브를 제공한다. 이는 교사들에게 업무 수행능력과 결과에 의한 성과급을 지급하는 것을 그 예로 들 수 있다.

Taylor의 과학적 관리론은 그 후 여러 학자에게 영향을 주어 행정과정론과 Weber의 관료제이론 등으로 발전하였다(김규태, 강유정, 강성복, 2014). 행정과정은 행정업무를 수행하기 위하여 목표로 도달해 나가는 경로를 말한다. 행정가는 효과적인 업무 수행을 위하여 행정과정에 대한 이해와 적절한 적용이 필요하다. Fayol은 경영활동이 합리적인 과정을 거쳐야 하고, 경영 능률을 향상시키기 위해 종합적으로 관리해야 한다고 강조하였다. 그는 다음과 같은 다섯 단계의 행정과정을 제시하였다.

① **계획**(planning): 미래를 예측하고 그것에 대비하는 행동 계획을 수립하는 것
② **조직**(organizing): 인적·물적·재정적 조건을 정비하고 체계화하는 것
③ **명령**(commanding): 조직에서 종업원이 최선을 다하도록 자극하는 것
④ **조정**(coordinating): 조직 목표를 달성하기 위해 조직부서 또는 조직구성원의 노력을 통합하는 것
⑤ **통제**(controlling): 규칙과 명령에 따라 모든 일이 제대로 수행되고 있는가를 감독하는 것

Gulick은 Fayol의 다섯 가지 행정 과정의 요소를 더욱 발전시켜 공공 행정 분야에 적용하여 POSDCoRB로 발전시켰다. POSDCoRB는 일곱 가지 행정 기능 과정으로 기획(planning), 조직(organizing), 배치(staffing), 지시(directing), 조정(coordinating), 보고(reporting), 예산편성(budgeting)을 일컫는다. 이러한 행정과정론은 교육행정에서도 응용되었다. Sears는 교육행정 과정을 계획(planning), 조직(organizing), 지시(directing), 조정(coordinating), 통제(controlling)의 다섯 과정을 제시하였고, Gregg는 의사결정(decision-making), 기획(planning), 조직(organizing), 의사소통(communicating), 영향주기(influencing), 조정(coordinating), 평가(evaluating)의 7단계로 구분하였다.

2) 인간관계론

과학적 관리론이나 행정과정론은 과학적이고 표준화된 근무 조건과 절차를 강조하고, 경제적 유인가를 제공하면 생산성이 높아진다고 보았다. 하지만 이들은 조직의 생산성이 직무 상황에서 이루어지는 개인 및 집단의 역동적 관계에서 기인한다는 점은 간과하였다. 이러한 한계를 인식하면서 개인이나 집단의 동기나 사회적 관계 속에서 조직의 생산성이 결정될 수 있다고 보는 주장이 제기되는데, 이것이 인간관계론이다.

인간관계론은 Mayo와 Roethlisberger의 호손 실험을 통해 제기되었다. 이 실험은 1924년부터 1932년까지 미국 시카고 근처의 호손(Hawthorne) 공장에서 수행한 일련의 실험 연구이다. 호손 실험은 몇 개의 하위 실험으로 구성되는데, 그중 건반배선 조립 관찰 실험의 예를 들면 다음과 같다(김달효, 2011). 건반배선 조립관찰 실험에서는 9명의 남성으로 구성된 한 집단이 자신들의 생산성 증가 정도에 따라 보수가 증가되는 인센티브 보수 체제를 적용받았다. 따라서 연구자들은 이들의 생산성이 시간이 지날수록 증가될 것으로 기대하였다. 그러나 전화계전기 조립 실험처럼 이 실험에서도 전혀 기대하지 못한 결과가 나타났다. 즉, 생산성을 최종 결정하는 것은 인센티브 체제가 아니라 비공식조직의 집단 규범이라는 사실이 실험 결과로 밝혀졌다. 노동자들은 생산을 더 많이 하게 되면 그만큼 임금을 더 많이 받을 수 있는데도 불구하고, 집단 내의 비공식조직이 생산을 통제하기 위한 수법으로 1일 표준작업량을 설정해 놓고, 이를 지키지 않는 동료에게 '일벌레'라는 별명을 붙이거나 물리적 체벌을 가하는 등 일종의 배척행위를 하고 있음이 밝혀졌다. 따라서 대부분의 노동자들은 인센티브 체제를 무시하였고, 비공식적으로 정해진 집단 규범의 생산성 기준을 따랐다.

호손 실험은 조직의 효율성 및 효과성에는 조직구성원의 심리적 조건, 비공식조직의 성격, 인간 간의 원만한 관계 등이 영향을 미치게 됨을 알리는 계기가 되었다. 호손 실험이 주는 시사점은 경제적 요인가 아닌 심리적, 사회적 요인, 관계 및 규범도 조직 생산성을 높일 수 있다는 점, 공식조직만이 아닌 비공식조직도 구성원의 직무 수행과 동기를 결정할 수 있다는 점, 비공식적 지도자들도 공식적 지도자들만큼 영향력이 있다는 점, 통제 및 감독만큼 심리적 지원과 의사소통이 중요하다는 점, 구성원은 수동적 존재가 아니라 적극적이고 능동적 존재라는 점 등으로 제시할 수 있다(Hoy & Miskel, 2013).

인간관계론은 노동자들의 동기와 직무 만족, 사기 등과 같은 조직 내 심리적, 사회적 요소를 강조했다는 데 의의가 있다. 이것은 교육행정의 민주화와 인간화에 영향을 미쳤다. 이에 대한 이론의 예로 민주적 지도자를 제시한 Lewin의 지도성 이론이나 교육행정이 교육목표 달성을 위한 수단과 봉사적 활동으로 본 Moehlman의 이론 등을 들 수 있다. 이렇게 인간관계론은 교육행정에서 교사의 만족감 중시, 민주적 지도성, 의사소통 중시, 행정 기능의 수단화 강조, 비공식집단 중시, 적정한 동기유발, 상호 신뢰와 존중 등을 관심하게 되는 계기를 마련해 주었다(김규태, 강유정, 강성복, 2014).

3) 행동과학론

과학적 관리론은 조직의 생산성 향상을 위한 효율적 경영을 강조한다는 점에서 '인간이 없는 조직', 인간관계론은 조직 내 개인 및 집단의 심리적, 사회적 특성이나 관계 등을 강조하여 '조직이 없는 인간'이라는 한계를 지니고 있다. 그러나 이 두 측면은 교육행정에 있어서 모두 적용될 필요가 있다. 행동과학론은 이렇게 과학적 관리론과 인간관계론의 이론적 한계를 조화시키기 위해 시도된 접근이다. 이 접근은 인간의 행동을 과학적으로 연구하기 위한 학문으로, 사회적 현상을 연구함에 있어 개인이나 집단의 행동에 초점을 두면서 조직 내 운영 절차와 구조와 조직 내 개인 및 집단 내 역동적 행위과 관계를 이해하는 이론들을 도출하는 데 기여하였다. 사실상 많은 행정이론과 원리가 행동과학론에 의해 주창되었다고 할 수 있다(김규태, 강유정, 강성복, 2014).

행동과학적 접근에 있어서 대표적인 학자를 들자면 Chester I. Barnard와 Herbert A. Simon이 있다(김규태, 강유정, 강성복, 2014). Barnard는 『경영자의 기능(The Functions of the Executive)』을 통해 조직을 사회적 협동체로 보고 조직의 요소로서 의사소통, 협동, 공동의 목적 등을 제시하였고, 조직 내 비공식조직의 중요성과 공식조직과의 피할 수 없는 상호작용이 있음을 증명하였다. Barnard는 조직을 구조적 개념과 역동적 개념으로 구분하였다. 구조적 개념은 개인, 협동적 체제, 공식적 조직, 복합적·공식적 조직 그리고 비공식조직이며, 역동적 개념은 자유의지, 협동, 의사소통, 권위, 의사결정 과정 그리고 역동적 균형이다. Barnard의 핵심 아이디어는 조직의 목적과 조직구성원 개개인의 목적 간의 균형을 유지하는 데 있다. 경영자는 인간관계 기술과 전문 기술을 모두 갖추어야 한다고 주장하였다. 한편, Barnard의 제자 Simon은 『행정행위론(Administrative Behavior)』을 통해서 행정을 합리적인 의사결정 과정으로 보았다. 또한 그는 조직 내 의사결정 과정은 만족스러운 범위 내에서 제한된 합리성을 통해 이루어진다고 보았으며, 조직을 작업에 대한 유인이 교환되는 교환체제로 보았다. 구성원은 그가 조직에 헌신한 것보다 큰 유인을 지각하는 동안에는 조직에 머물러 있다는 것이다.

이상에서 살펴본 행정이론들의 주요 특징을 정리하면 〈표 1-2〉와 같다.

표 1-2 행정이론의 주요 특징

행정이론	고전이론	인간관계론	행동과학론
연대	1910~1930	1930~1950	1950
주요 학자 및 개념	• Frederick W. Taylor (시간, 동작 연구, 과학적 관리) • Henry Fayol (관리의 5요소) • Luther Halsey Gulick (POSDCoRB) • Lyndall Urwick	• Mary P. Follet (조직심리연구) • Elton Mayo, F. J. Roethlisberger (호손 실험)	• Chester I. Barnard (협동적 체제) • Herbert A. Simon (행정행위)
대표 개념	① 관료제의 특성 · 장점 ② 관리 요소 ③ 과학적 관리의 원리 ④ 공식조직 ⑤ 경제적 보상에 의한 동기 부여	① 비공식조직 ② 사회적으로 결정된 규범 ③ 갈등 해소 ④ 의사소통 ⑤ 참여적 의사결정 ⑥ 비경제적 보상에 의한 동기 부여	① 조직의 현실적 개념 ② 공식조직과 비공식조직 간의 관계 ③ 체제론 ④ 역할이론 ⑤ 개인과 조직의 통합 ⑥ 경제적 · 사회적 상징적 보상에 의한 동기 부여

4) 체제이론

체제이론은 생물학적 존재가 여러 요소와 기능들이 유기적으로 상호 연계와 통합을 통해 생존하고 유지되는 것처럼, 한 조직도 조직 내 하위요소의 상호 연계와 통합을 통한 조직의 생존과 발전을 추구한다고 본다. 체제는 조직의 하위요인들과 관련 있는 여러 환경과의 상호작용 유무에 따라 개방체제와 폐쇄체제로 구분된다. 환경과 정보를 계속 주고받는 체제를 개방체제라 하고, 정보를 주고받지 않는 체제를 폐쇄체제라 한다. 또한 체제는 조직과 환경 간의 상호작용 과정에서 외부 환경으로부터 다양한 형태의 투입을 받아들이게 되며, 이러한 투입은 다시 체제의 전환 과정을 통하여 외부 환경에 산출의 형태로 되돌아가게 된다. 즉, 체제는 '투입 → 과정 → 산출 → 투입과 과정'에의 피드백 과정이 순환적으로 이루어지는 것을 말한다(김규태, 강유정, 강성복, 2014).

Hoy와 Miskel(2013)은 교육조직을 하나의 사회체제로 보았다. 우선 교육조직의 내부 과정의 핵심을 교육과정, 교수학습 생활지도, 학급관리로 보았으며, 교수학습을 수행하는 데 영향을 미치는 요인들로 조직의 구조, 개인, 문화, 환경, 의사소통, 의사결정, 리더십 등을 제시했다. 이러한 내부 과정은 조직 환경으로의 요구와 재정지원 등 투입을 통해 유지되고, 외부 환경에 내부의 산출물을 제공하며, 그 환경적 요구나 기대 및 산출 측면은 다시 조직을 위한 투입과 과정에 피드백된다는 점을 제시하였다.

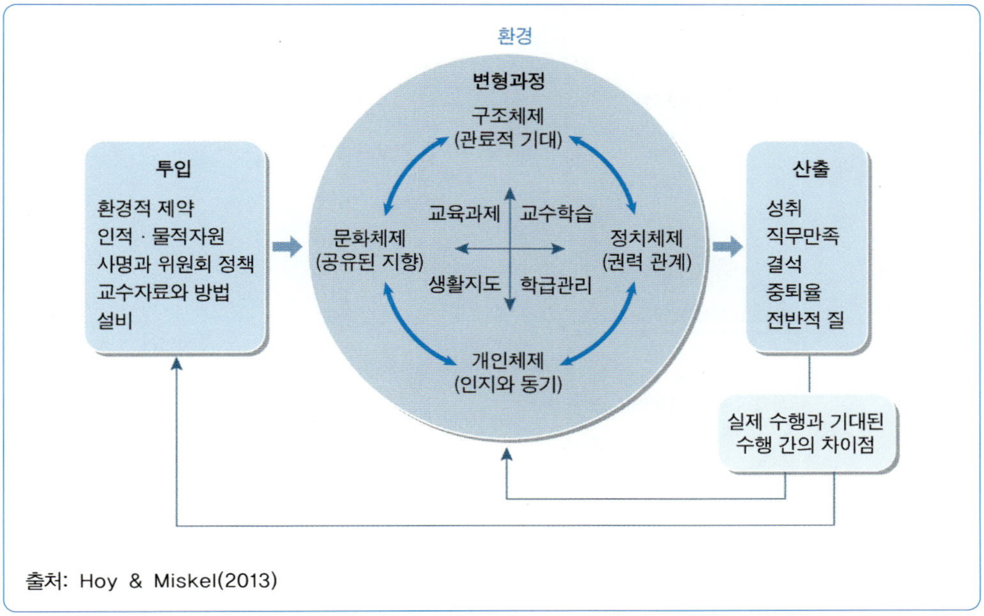

그림 1-2 사회체제로서의 학교조직

교육조직에서 적용되는 체제적 접근은 교육조직 내·외부 구성요소와 환경 간의 상호 연계된 것들을 탐색하여 조직의 목표 달성에 영향을 미치는 요인들을 탐색할 수 있다는 점에서 유용하다. 또한 분석된 조직의 하위요소들에 의해 발생하는 문제 및 대안에 대한 합리적, 총체적 분석을 통해 조직 내부의 프로세스, 구조 및 문화 등을 개선하는 데 유용하다. 또한 조직과 관련된 외부 환경과 관계자들의 요구를 파악하거나 조직에 대한 환경적 변화와 적응 방안을 탐색하는 데 유용하다.

교육행정가들은 이러한 체제적 접근을 통해 교육행정 현상을 분석 및 비판하면서 새로운 대안을 탐색하여 체제의 유지와 변화를 도모해야 한다. 이를 위해서는 무엇보다도 체제적 사고가 요청된다. 체제적 사고는 교육조직의 내부 요인들의 상호 연계성과 그것들에 대한 환경적 변화와 영향력 등을 종합적으로 사고하는 것을 말한다. 이러한 체제적 사고를 위해서는 [그림 1-3]과 같은 분석적 사고, 비판적 사고, 창의적 사고를 필요로 한다.

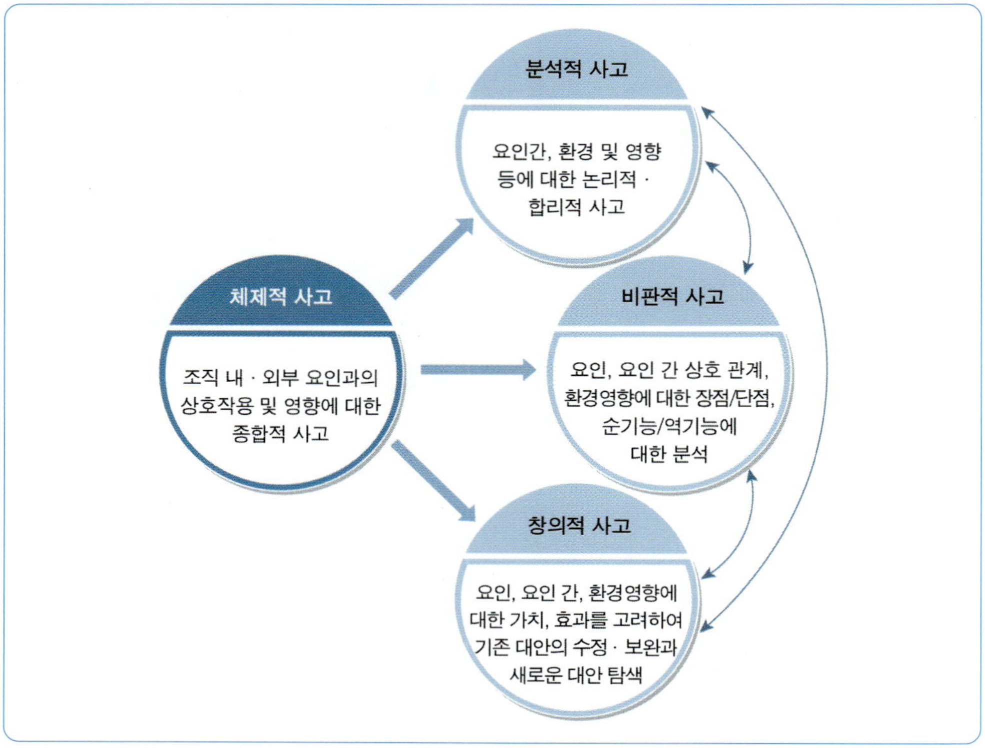

그림 1-3 체제적 사고유형과 관계

분석적 사고(analytic thinking)는 조직 내・외부 요인, 요인 간, 환경 및 그 영향에 대해 논리적이고 합리적으로 사고하며 분석하는 것을 말한다. 이것은 문제해결을 위하여 주어진 단위 요소로서의 자료나 정보간의 논리적 관계를 분석하는 것, 즉 비교・대조, 속성 및 요소 파악(인과 관계, 내포・외연 관계 등), 핵심 아이디어 식별, 오류 확인 등과 관련된 사고라고 할 수 있다(교육학용어사전, 2011). 즉, 논리적 사고는 문제와 관련된 조직 하위요소나 환경 영향 등에 대한 전후 관계나 논리적 관계를 살피고, 그것에 대해 여러 원인과 문제 및 해결대안을 구체적이고 다각적으로 모색하는 것을 말한다. 이러한 점에서 분석적 사고는 합리적 사고(rational thinking)라고도 할 수 있다.

비판적 사고(critical thinking)는 조직 내·외부 요인, 요인 간 상호관계, 환경 및 그 영향에 대한 가치(강점과 약점), 효과(순기능과 역기능)을 객관적이고 균형 있게 판단하는 것을 말한다. 이것은 어떤 사태에 처했을 때 감정 또는 편견에 사로잡히거나 권위에 맹종하지 않고 합리적이고 논리적으로 분석·평가·분류하는 사고과정, 즉, 객관적 증거에 비추어 사태를 비교·검토하고 인과관계를 명백히 하여 여기서 얻어진 판단에 따라 결론을 맺거나 행동하는 과정을 말한다(교육학용어사전, 2011). 또한 비판적 사고는 선입견과 편견을 버리고 주어진 상황과 관련된 모든 것들에 대해 객관적으로 사고하고, 어떤 주제나 주장 등에 대해서 적극적으로 분석하고 종합하며 평가하는 사고라고 할 수 있다(이애화, 2016).

창의적 사고(creative thinking)는 조직 내·외부 요인, 요인 간, 환경과 그 영향에 대한 가치와 효과를 종합적으로 분석한 결과를 바탕으로 기존의 조직 정책, 절차나 방법을 수정·보완하거나 새로운 것으로 대체하는 것을 말한다. 이것은 당면한 문제를 해결하기 위해 이미 알고 있는 경험지식을 해체하여 새로운 아이디어를 다시 도출하는 것으로, 개인이 가지고 있는 경험과 지식을 통해 새로운 가치 있는 아이디어로 다시 결합함으로써 참신한 아이디어를 산출하는 사고라고 할 수 있다(이애화, 2016).

5) 교육경영과 학교경영

교육행정의 개념은 학교경영과 구별된다. 교육행정은 공공적 가치를 추구하는 활동으로서 공공성을 가지며, 고도의 합리적인 협동적 행위를 강조한다. 또한 정부의 목표를 달성하기 위한 공공 관리의 성격을 지니며, 공공 목표를 위해 효율성을 강조한다. 반면에 교육경영은 교육성과의 극대화를 위하여 조직 목표와 과정의 합리적·과학적 관리를 강조하며, 고객의 요구와 서비스 만족에 민감하며 경쟁적 시장행위를 강조한다(신현석 외, 2012).

한편, 학교경영은 학교가 적합한 목표를 수립하고, 수립된 목표를 달성하기 위하여 교육적 · 인적 · 물적 · 재정적 자원을 적절한 수준으로 확보하고 이를 공정하게 배분하여 능률적으로 활용함으로써 효과적으로 학교교육목표를 달성하기 위한 기획 · 운영 · 평가활동이다. 학교경영은 다음과 같은 특수성에서 교육행정과 구별된다.

① 학교의 목표는 기업의 목표보다 구체적으로 규정하기가 쉽지 않다. 학교는 개인의 능력을 개발시키고 공인된 가치와 신념을 가르치고 수업 시간을 정해서 학생을 가르친다. 그리고 다음 단계인 교육이나 취업을 위하여 학생들을 준비시킨다.

② 학교교육은 교육목표가 제대로 성취되고 있는지 측정하는 것이 어렵다. 학교조직에서는 인간의 행동 변화나 교육경영 목표의 측정이 불가시적인 경우가 많고, 교육의 효과는 일생 동안 지속되거나 오랜 기간이 지나야 나타나기 때문이다.

③ 학생들은 기업의 원료처럼 쉽게 가공 처리되거나 조작될 수 없으며, 또한 학교에서 학생의 질은 선천적 · 후천적으로 형성된 개인차에 상당히 의존한다.

④ 학교는 공유된 가치, 훈련 및 경험을 가진 동일한 전문적 배경을 가지고 있는 교원들이 운영한다. 전문가로서의 교사는 교수학습과정에서 자율성을 부여받는다. 학교경영은 일반 행정에서 강조하는 규정이나 감독보다는 비교적 전문적 개량과 판단을 강조하여 교사가 담당하는 학습 상황과 방법에 대한 질적 통제가 어렵다.

⑤ 학교조직은 내적으로 이중 구조화되어 있고, 외적 조직 · 경영 구조의 영향을 받는다. 학교조직은 교원조직과 학생조직으로 이중화되어 있으며, 학교단계가 높아지면 높아질수록 이들 조직 간의 관계는 평등해진다.

⑥ 학교의 구성원들은 고정되어 있지 않고 유동적이어서 책임의 한계가 모호하다. 학교를 경영하는 경영자나 중간 관리자 및 실무자들은 공립학교의 경우 일정 기간이 되면 순환 근무를 하여야 한다. 또한 책임은 한 개인에게만 귀속되는 것이 아니고, 집단에 귀속되기 때문에 책임의 한계가 모호한 경향이 많다.

Chapter

02

교육과정과 경영

1. 2015 개정 교육과정
2. 교육과정 운영을 위한 학교조직

1 2015 개정 교육과정

1) 교육과정의 성격

우리나라 교육과정은 [그림 2-1]과 같이 미군정기 교육과정부터 2015 개정 교육과정까지 12차례 개정되었다.

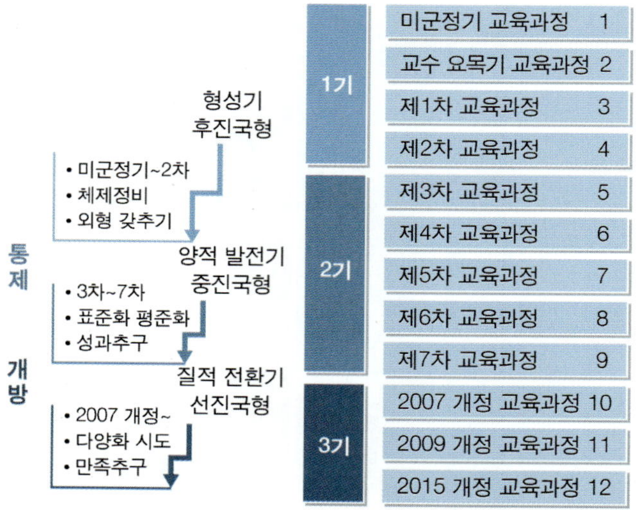

출처: 정광순(2010). 교육과정에 기초한 초등통합 교과지도.

그림 2-1 우리 나라 교육과정의 변천 과정

2015 개정 교육과정은 「초·중등교육법」 제23조 제2항에 의거하여 고시한 것으로, 초·중등학교의 교육목적과 교육목표를 달성하기 위한 국가 수준의 교육과정이다. 여기서는 초·중등학교에서 편성·운영하여야 할 학교교육과정의 공통적, 일반적인 기준이 제시되어 있다. 2015 개정 교육과정의 성격은 다음과 같다.

① 국가 수준의 공통성과 지역, 학교, 개인 수준의 다양성을 동시에 추구하는 교육과정이다.

② 학습자의 인성 함양과 창의성 신장을 위한 학생 중심의 교육과정이다.

③ 학교와 교육청, 지역사회, 교원 · 학생 · 학부모가 함께 실현해 가는 교육과정이다.

④ 학교교육 체제를 교육과정 중심으로 구현하기 위한 교육과정이다.

⑤ 학교교육의 질적 수준을 관리하기 위한 교육과정이다.

2) 추구하는 인간상, 핵심역량, 인재상과의 관계

2015 개정 교육과정은 현행 교육과정(2009 개정 교육과정)이 추구하는 인간상을 기초로 창조경제 사회가 요구하는 핵심역량을 갖춘 '창의융합형 인재'상을 제시하였다. 창의융합형 인재는 인문학적 상상력, 과학기술 창조력을 갖추고 바른 인성을 겸비하여 새로운 지식을 창조하고, 다양한 지식을 융합하여 새로운 가치를 창출할 수 있는 사람을 의미한다. 또한 이를 구현하기 위한 인간상으로 자주적인 사람, 창의적인 사람, 교양있는 사람, 더불어 사는 사람과 창의융합형 인재가 갖추어야 할 핵심역량으로 〈표 2-1〉과 같이 자기관리 역량, 지식정보처리 역량, 창의적 사고 역량, 심미적 감성 역량, 의사소통 역량, 공동체 역량을 제시하였다.

표 2-1 6개 핵심역량과 의미

핵심역량	의 미
자기관리 역량	자아정체성과 자신감을 가지고 자신의 삶과 진로에 필요한 기초 능력과 자질을 갖추어 자기주도적으로 살아갈 수 있는 능력
지식정보처리 역량	문제를 합리적으로 해결하기 위하여 다양한 영역의 지식과 정보를 처리하고 활동할 수 있는 능력
창의적 사고 역량	폭넓은 기초 지식을 바탕으로 다양한 전문 분야의 지식, 기술, 경험을 융합적을 활용하여 새로운 것을 창출하는 능력

심미적 감성 역량	인간에 대한 공감적 이해와 문화적 감수성을 바탕으로 삶의 의미와 가치를 발견하고 향유하는 능력
의사소통 역량	다양한 상황에서 자신의 생각과 감정을 효과적으로 표현하고, 다른 사람의 의견을 경청하여 존중하는 능력
공동체 역량	지역 · 국가 · 세계 공동체의 구성원으로서 요구되는 가치와 태도를 가지고 공동체의 발전에 적극적으로 참여하는 능력

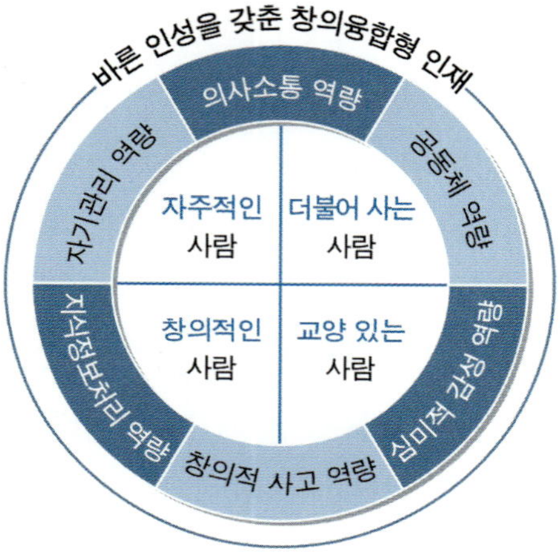

그림 2-2 추구하는 인간상, 핵심 역량, 인재상의 관계

3) 교육과정 개정 방향

2015 개정 교육과정 주요 개정 방향은 다음과 같다. 첫째, 인문 · 사회 · 과학기술에 관한 기초 소양 교육을 강화한다. 이를 위해 초 · 중등 교과 교육과정을 개편하여 인문학적 소양을 비롯한 기초 소양 함양교육을 전반적으로 강화한다. 특히 고등학교에 기초 소양 함양을 위해 문 · 이과 구분 없이 모든 학생이 배우는 공통 과목(국어, 수학, 영어, 한국사, 통합사회, 통합과학, 과학탐구실험)을 도입하고, 통합적

사고력을 키우는 '통합사회' 및 '통합과학' 과목을 신설한다.

둘째, 학생들의 "꿈과 끼"를 키울 수 있는 교육과정을 마련한다. 단위학교의 교육과정 편성·운영의 자율성을 확대하여 학생의 진로와 적성을 고려한 다양한 선택과목 개설이 가능하도록 하고, 자유학기제 전면 실시(2016년)에 대비하여, 중학교 한 학기를 '자유학기'로 운영할 수 있는 근거를 마련하였다.

셋째, 미래 사회가 요구하는 핵심역량의 함양이 가능한 교육과정을 마련한다. 교과별로 꼭 배워야 할 핵심 개념과 원리 중심으로 학습내용을 정선하여 감축하고, 교수학습 및 평가 방법을 개선하여 학생들의 학습 부담을 줄이고 진정한 배움의 즐거움을 느낄 수 있도록 한다. 교과교육에 관한 국제적 경향으로 싱가포르를 비롯한 선진국의 교과교육과정은 적은 양을 깊이 있게(less is more) 가르쳐 학습의 전이를 높이고, 심층적인 학습이 이루어지도록 하여 학습의 질을 중시하고 있다.

4) 학교급별 주요 개정사항

2015 개정 교육과정의 학교급별 주요 개정사항은 다음과 같다.

첫째, 초등학교의 경우, 1~2학년(군)에 한글교육을 강조하는 등 유아교육과정(누리과정)과 연계를 강화하고, 초등 1~2학년 수업시수를 주당 1시간 늘리되, 학생들의 추가적인 학습 부담이 생기지 않도록 창의적 체험활동 시간을 활용해 체험 중심의 '안전한 생활'을 편성·운영하도록 하였다. 안전한 생활은 생활안전, 교통안전, 신변안전, 재난안전의 4개 영역으로 설정하여 지식보다는 체험 중심 학습으로 자연스럽게 안전한 생활습관과 의식을 습득하게 하였다.

둘째, 중학교는 한 학기를 '자유학기'로 운영할 수 있는 근거를 마련함으로써, 학생들이 중간·기말고사에 대한 부담에서 벗어나 체험 중심의 교과활동과 함께 장래 진로에 대해 마음껏 탐색할 수 있도록 하였다. 또한 학생들이 소프트웨어에 대한 기초 소양을 충실히 갖추어 나갈 수 있도록, 소프트웨어 교육 중심의 정보 교과를 필수 과목으로 지정하여 재미있고 흥미로운 교육과정을 개발하였다.

셋째, 고등학교는 학생들이 '공통과목'을 통해 기초소양을 함양한 후 학생 각자의 적성과 진로에 따라 맞춤형으로 교육받을 수 있도록 '선택과목'(일반 선택/진로 선택)을 개설하도록 하고, 학생의 진로에 따른 선택권을 확대하기 위해 진로 선택과목을 3개 이상 이수하도록 하는 지침을 마련하였다. 아울러, 기초교과 영역(국어, 수학, 영어, 한국사) 이수단위를 교과 총 이수단위의 50%를 넘을 수 없도록 하여 균형 학습을 유도하고, 특성화고 교육과정은 전문교과를 공통과목, 기초과목, 실무과목으로 개편하여 국가직무능력표준(NCS)과 연계를 강화하였다.

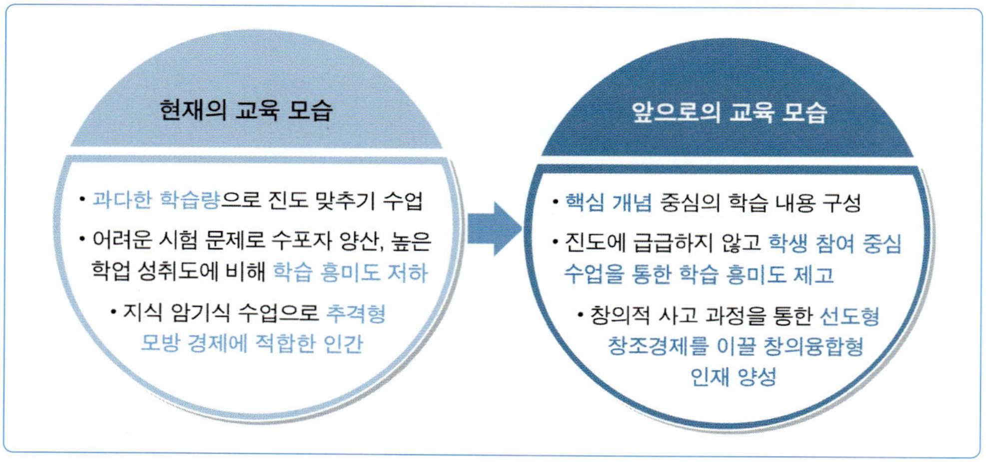

그림 2-3 교과교육과정 주요 개정 내용

5) 교과별 주요 개정사항

2015 개정 교육과정의 교과별 주요 개정사항은 다음과 같다.

첫째, 국어의 경우, 초등 저학년(1~2학년)의 한글교육을 체계화·강화하여 학생들이 입학 후 최소 45차시 이상 꾸준히 배울 수 있도록 하고, 체험 중심의 연극수업 강화, 1학기 1권 독서 후 듣기·말하기, 읽기, 쓰기가 통합된 수업활동을 통해 인문학적 소양을 갖출 수 있도록 하였다. 이러한 의미 있는 독서경험은 학생들을 성인이 된 후에도 꾸준히 책을 읽는 평생 독자로 이끌 것으로 기대된다. 초등학교 5·6

학년군 국어 연극 대단원 개설, 중학교는 국어 연극 소단원이 신설되었다.

둘째, 수학의 경우, 초등학교 1학년에서 고교 공통 과목까지는 모든 학생들이 수학에 흥미와 자신감을 잃지 않도록 학생 발달단계와 국제적 기준(Global Standards)을 고려하여 학습내용의 수준과 범위를 성취기준 이수시기 이동, 내용 삭제 · 추가 · 통합 등의 방법으로 적정화하였으며, 이후에는 학생의 진로와 적성에 따른 맞춤형 교육과 수월성 추구가 이루어질 수 있도록 '실용 수학', '경제 수학', '수학과제 탐구', '심화 수학 I, II' 등을 신설함으로써 선택과목을 재구조화하였다. 아울러, 수학적인 논리적 사고력을 기르고 수학에 대한 흥미도를 높이기 위해 활동과 탐구 중심으로 교수학습방법을 제시하고, 수업 내용과 실제 평가와의 괴리가 발생하지 않도록 '평가방법 및 유의사항'을 신설하여, 교육과정을 벗어난 내용을 평가하지 않도록 안내함으로써 실질적인 학습부담 경감을 실현하고자 하였다.

셋째, 영어의 경우, 초 · 중학교에서는 '듣기'와 '말하기'에 중점을 두고 고등학교에서 '읽기', '쓰기' 학습을 강조하는 등 언어발달 단계와 학생발달 수준을 고려하여 의사소통 중심 교육을 강화하였다. 또한 국제경쟁력 차원에서 기본적으로 학습해야 할 어휘 수(3천 개)는 유지하되, 어휘 목록과 언어형식을 학교급별로 구분 제시함으로써 학생 발달수준에 따른 체계적인 교육이 가능하도록 하였다.

넷째, 사회의 경우, 지식의 단순 나열이 아니라 초-중-고의 계열성을 고려하여 사회과학적 핵심 개념과 일반화된 지식을 중심으로 교육과정의 내용구조를 체계화하였다. 고등학교 문 · 이과 공통으로 신설되는 '통합사회'는 인간을 둘러싼 자연과 사회 현상에 대해 시간적, 공간적, 사회적, 윤리적 관점을 적용하여 사회 현상을 종합적으로 이해하는 과목으로 개발하였다. 특히 협력학습, 프로젝트 수업 등 학생활동 중심의 수업을 통해 문제해결력, 의사결정력 등 핵심역량을 함양할 수 있도록 학습량을 적정화하고, 탐구활동의 예시를 제시함으로써 하나의 정답을 찾기보다는 '다양한 답이 가능한 수업'을 할 수 있도록 안내하였다.

다섯째, 과학의 경우 "모두를 위한 과학(Science for all) 교육"을 목표로, 초등 '슬기로운 생활', 초 · 중학교 '과학', 고교 1학년 '통합과학'까지는 주위의 자연현상에 대한 궁금증을 과학적인 기초 개념과 연결시켜 이해함으로써 앎의 즐거움을 경험하도록 재미있고 쉽게 구성하고, 고교 2학년 이후에는 자신의 진로를 고려하여 진로선택 과목 및 심화과목 이수가 가능하도록 유기적으로 과목을 구성하였다. 진로에 따라 물리학Ⅱ, 화학Ⅱ, 생명과학Ⅱ, 지구과학Ⅱ를 선택이수하고, 고급 물리학, 고급 화학 등 전문교과 과목을 통해 수월성 교육을 실시하며, 초·중학교 '과학'에 물의 여행, 에너지와 생활, 과학과 나의 미래, 재해·재난과 안전, 과학기술과 인류문명 등 통합단원을 신설하고, 고등학교 문·이과 공통 과목으로 '과학탐구실험'을 개설하는 등 탐구활동과 체험 중심의 학습을 강화하였다. 고등학교 학생들이 자연현상을 통합적으로 이해할 수 있도록 신설한 '통합과학'의 경우, 이론적 지식들을 학습자의 선행 경험과 연계하여 친근한 상황 속에서 학습할 수 있도록 학교 밖 현장체험, 실생활 학습 등을 통해 흥미롭고 재미있게 구성하였다.

여섯째, 초등 5~6학년 실과에 도입되는 소프트웨어 교육은 놀이 중심의 알고리즘 체험과 교육용 도구를 활용한 프로그래밍 체험을 통해 쉽고 재미있게 배움으로써 학생들의 학습 부담이 늘지 않도록 하고, 중·고등학교에서는 실생활의 문제들을 컴퓨터 과학의 원리를 활용하여 효율적으로 해결하는 능력을 함양하도록 구성하였다. 특히 창조경제 사회의 구성원으로서 학생들이 정보윤리 의식을 함양할 수 있도록 소프트웨어 저작권에 대한 이해와 정보기술의 올바른 사용법을 실천할 수 있도록 하였다.

표 2-2 2015 개정 교육과정의 주요 특징

<table>
<tr><th colspan="3">구분</th><th>2015 개정 주요 내용</th></tr>
<tr><td colspan="3">교육과정 개정 방향</td><td>○ 창의융합형 인재 양성
○ 모든 학생이 인문·사회·과학기술에 대한 기초 소양 함양
○ 학습량 적정화, 교수학습 및 평가방법 개선을 통한 핵심역량 함양교육
○ 교육과정과 수능·대입제도 연계, 교원 연수 등 교육 전반 개선</td></tr>
<tr><td rowspan="2">총론</td><td rowspan="2">공통 사항</td><td>핵심역량 반영</td><td>○ 총론 '추구하는 인간상' 부문에 6개 핵심역량 제시
○ 교과별 교과 역량을 제시하고 역량 함양을 위한 성취기준 개발</td></tr>
<tr><td>인문학적</td><td>○ 연극교육 활성화</td></tr>
</table>

<table>
<tr><td rowspan="5"></td><td rowspan="5"></td><td>소양 함양</td><td>- (초・중) 국어 연극 단원 신설
- (고) '연극'과목 일반선택으로 개설
○ 독서교육 활성화</td></tr>
<tr><td>소프트웨어 교육 강화</td><td>○ (초) 교과(실과) 내용을 SW 기초 소양교육으로 개편
○ (중) 과학/기술・가정/정보 교과 신설
○ (고) '정보' 과목을 심화선택에서 일반선택 전환, SW 중심 개편</td></tr>
<tr><td>안전교육 강화</td><td>○ 안전 교과 또는 단원 신설
- (초 1~2) 「안전한 생활」 신설(64시간)
- (초 3~고3) 관련 교과에 단원 신설</td></tr>
<tr><td>범교과학습 주제 개선</td><td>○ 10개 내외 범교과학습 주제로 재구조화</td></tr>
<tr><td>NCS 직업 교육과정 연계</td><td>○ 교육과정 구성의 중점 등에 반영</td></tr>
<tr><td rowspan="7">총론</td><td rowspan="4">고등학교</td><td>공통과목 신설 및 이수단위</td><td>○ 공통과목 및 선택과목으로 구성
○ 선택과목은 일반선택과 진로선택으로 구분
- 진로선택 및 전문교과를 통한 맞춤형 교육, 수월성 교육 실시</td></tr>
<tr><td>특목고 과목</td><td>○ 보통교과에서 분리하여 전문교과로 제시</td></tr>
<tr><td>국・수・영 비중 적정화</td><td>○ 기초 교과(국・수・영・한국사) 이수단위 제한 규정(50%) 유지 (국・수・영 90단위 → 84단위)</td></tr>
<tr><td>특성화고 교육과정</td><td>○ 총론(보통교과)과 NCS 교과의 연계</td></tr>
<tr><td>중학교</td><td>자유학기제 편제 방안</td><td>○ 중학교 '교육과정 편성・운영의 중점'에 자유학기제 교육과정 운영 지침 제시</td></tr>
<tr><td rowspan="2">초등학교</td><td>초1~2 수업시수 증배</td><td>○ 주당 1시간 증배, '안전한 생활'신설
- 창의적 체험활동에서 체험중심 교육으로 실시</td></tr>
<tr><td>누리과정 연계 강화</td><td>○ 초등학교 교육과정과 누리과정의 연계 강화(한글교육 강화)</td></tr>
<tr><td colspan="3" rowspan="2">교과교육과정 개정 방향</td><td>○ 총론과 교과교육과정의 유기적 연계 강화</td></tr>
<tr><td>○ 교과교육과정 개정 기본방향 제시
- 핵심개념 중심의 학습량 적정화
- 핵심역량을 반영
- 학생참여 중심 교수학습방법 개선
- 과정중심 평가 확대</td></tr>
<tr><td colspan="2" rowspan="2">지원체제</td><td>교과서</td><td>○ 흥미롭고 재미있는 질 높은 교과서 개발</td></tr>
<tr><td>대입 제도 및 교원</td><td>○ 교육과정에 부합하는 수능 및 대입 제도 도입 검토
- 수능 3년 예고제에 따라 2017년까지 2021학년도 수능 제도 확정
○ 교원양성기관 질 제고, 연수 확대</td></tr>
</table>

2 학교교육과정 운영을 위한 학교조직

1) 단위학교 교과서 결정

학교에서의 교과서 선정 절차는 초・중학교에서는 검정도서 선정을 위해 전시본 교과서 및 교사용 지도서, e-교과서, 검정심사 결과표, 수정・보완 대조표, 집필진 해설서, 교과별 평가자료, 권장목록을 참고하여 검정도서 선정 계획을 수립하여야 한다. 또한 고등학교에서는 검정도서 선정을 위해 전시본 교과서 및 교사용 지도서, e-교과서, 검정심사 결과표, 수정・보완 대조표, 집필자 해설자료, 교과별 평가자료를 참고하여 검정도서 선정 계획을 수립하여야 한다(교육과학기술부, 2011).

단위학교의 교과서 결정 추진절차는 '추천→심의→확정→주문'의 4단계로 이루어지며, 구체적인 내용은 [그림 2-4]와 같다.

1단계 (추천)	동일 교과 전 교사의 개인별 평가표를 합산하여 3종을 선정한 후, 순위를 정해 학교운영위원회에 추천
2단계 (심의)	학교운영위원회는 추천된 검정도서의 선정 기준, 선정 절차 등을 심의한 후, 그 순위를 정하여 학교장에게 통보
3단계 (확정)	학교장은 선정할 검정도서를 최종 확정
4단계 (주문)	최종 확정된 검정도서를 NEIS를 통해 학생 수를 고려하여 주문

그림 2-4 교과서 결정 추진 절차

(1) 1단계: 교과협의회의 추천

교과협의회에서 학생 수준, 지역 및 학교의 여건(동일 교과 및 학년 교사수 등)을 고려하여 교과서 선정 기준 항목과 검정기준(공통기준 및 교과기준) 및 검정심사 결과표를 고려하여 선정기준 평가표를 작성한다. 교과서 선정 기준은 검정기준과 달리 교과서 활용의 측면에서 검토되어야 한다. 검정을 통과한 교과서는 이미 일정 수준을 만족하는 교과서이므로 교사들은 교과협의회를 통해 각급 학교의 실정에 알맞은 항목을 추출하여 학교단위의 선정 기준표를 새롭게 작성하도록 한다.

표 2-3 교과서 선정기준표 작성 예시

평가 영역	출판사 평가내용	항목별 점수	1	2	3	4	5	6	7	8	9	10	11	12	13	14	15	16
학습분량의 적절성	학습분량이 단원별로 균형 있게 구성되어 있는가?	10																
교수학습 활동의 유용성	학습주제에 적절하며, 실현 가능한 학습활동 및 방법을 제시하고 있는가?	20																
	⋮																	
	⋮																	
	⋮																	
합 계		100																
순 위																		
〈종합의견 및 추천의견〉																		

교과·학년별 협의회를 통해 선정기준 항목별 점수를 결정하고, 교과서 심사 방법(단원별 심사, 평가기준별 심사 등)을 결정한 후 작성한 선정기준 평가표를 바탕으로 교과서를 심사한다. 교과별 협의회 검토 후 '추천 검정도서 및 추천의견서'를 작성하여 담당 부서에 제출하고, 담당 부서에서는 교과별 추천의견서를 수합하여 학교운영위원회에 제출한다.

(2) 2단계: 학교운영위원회의 심의

추천된 검정도서의 선정기준, 선정절차 등의 타당성 등을 심의하고, 필요한 경우 해당 교과 대표 교사의 설명을 청취한 후 학교운영위원회 심의 후 추천 검정도서 3종에 대한 순위를 명기하여 학교장에게 추천도서 심의의견서를 제출한다. 이때 교과서 선정 관련 이해관계자(저작자, 발행사, 대리점 관계자 등)는 학교운영위원이라도 교과서 선정 심의에는 참여할 수 없다.

(3) 3단계: 확정

학교장은 학교운영위원회가 정한 심의 결과를 존중하여 선정하고, 심의 결과와 다르게 시행하고자 하는 경우, 이를 학교운영위원회와 관할 교육청에 서면으로 보고(국·공·사립 동일)하여야 한다.

(4) 4단계: 주문 및 학교 홈페이지 공개

학교의 교과서 업무 담당자는 NEIS를 통하여 차년도 사용예정 교과서의 물량을 파악 후 주문을 한다. 그리고 학교 홈페이지를 이용하여 교과서 선정 기준표, 절차, 결과, 학부모·학생 의견개진 방법 등을 공개하여야 하며, 공개 시기는 학교에서 자체적으로 결정하되, 외부의 영향을 예방하기 위하여 선정 기준을 최종 선정 전 공개하고, 선정 절차 및 선정 결과는 최종 선정 후 공개한다. 선정 결과 공개 시 교사 및 학교운영위원의 개인별 평가 결과 및 평가 의견 등이 공개되지 않도록 유의하여야 한다.

2) 교육과정 계획

학교 교육과정을 계획하는 데에 학교교육과정위원회는 학교교육과정의 편성·운영을 위해서 학교의 특색 있고 실천 가능한 교육실천 방안을 모색하여, 학교장이 교육과정 운영에 관한 의사결정을 하는 데 자문 역할을 하는 조직이다. 교육과정의 합리적 편성과 효율적 운영을 위하여 교원, 교육과정(교과교육) 전문가, 학부모 등으로 구성하여 운영할 수 있다.

(1) 학교교육과정위원회의 필요성

학교교육과정위원회는 [그림 2-5]와 같이 교원, 학부모, 학생, 지역인사 등이 참여하여 연간 계획에 의거하여 학교교육과정의 합리적 편성과 효율적 운영을 위해서 교과서 중심의 학교교육을 교육과정 중심의 학교교육으로 바꾸고, 주어지는 교육과정에서 만들어가는 교육과정을 지향점으로 하고 있다.

	이전 교육과정	2015 개정 교육과정
주 체	각종 협의회 (교사 중심의 기획 위원회, 교과 협의회, 학년 협의회 등)	학교교육과정위원회 (교원 · 학부모 · 학생 · 지역 인사 등)
활동시기	수시 계획에 따른 활동	연간 계획에 따른 활동
교육과정 편성 · 운영	교육과정의 일방적 편성과 비효율적 운영	교육과정의 합리적 편성과 효율적 운영
활동목표	교과서 중심의 학교교육	교육과정 중심의 학교교육
지향점	주어지는 교육과정	만들어 가는 교육과정

그림 2-5 학교교육과정위원회의 필요성

(2) 학교교육과정위원회의 역할

학교교육과정위원회의 역할은 [그림 2-6]과 같이 '계획 → 실천 → 평가'에 따라 학교 교육과정 편성 · 운영계획 수립, 지원활동, 관련 연수, 교과 및 창의적 체험활동 운영 계획, 효율적인 편성 · 운영방안, 교육과정 편성 · 운영에 대한 평가로 이루어진다.

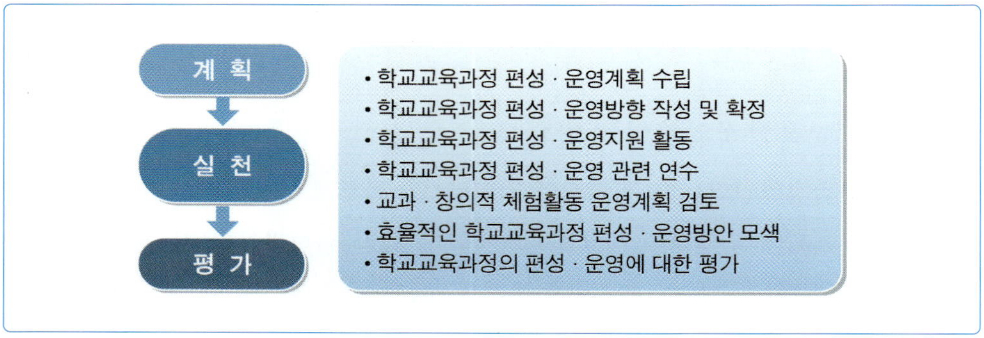

그림 2-6 학교교육과정위원회의 역할

(3) 학교교육과정위원회의 구성

학교의 특성에 따른 다양한 구성방법들을 구안 · 적용할 필요가 있다. 위원회를 별도로 구성하는 방법, 기존의 각종 학교 조직이나 협의회(교직원 회의·기획위원회·학년협의회·교과협의회 등)를 활용하는 방법, 업무(기획·조정 분과, 편성·운영 분과, 교과활동 분과, 특별·재량활동 분과, 자료 개발 분과, 평가 분석 분과 등)를 분담하여 운영하는 방법, 자문기관(지구별장학위원회·교과연구회, 교원양성 대학 · 지역 유관단체 · 교육전문기관의 교수나 자문위원·학부모 등)을 활용하는 방법 등이 있다.

(4) 학교교육과정위원회의 운영

연간 학교교육과정위원회의 운영 일정을 예시로 보면 〈표 2-4〉과 같다. '조직 → 준비 → 편성 및 운영 → 평가'로 제시된 내용은 예시적인 성격이므로, 학교 실정에 따라 융통성 있게 운영할 수 있다.

표 2-4 학교교육과정위원회 연간활동 계획 예시

영역	시 기	주요활동	활동 내용
조직	12~3월	위원회 조직 및 활동	◦ 기존의 행정 중심 교무조직을 교육과정 운영 중심 교무조직으로 개편 ◦ 학교교육과정위원회와 교과협의회의 활성화
준비	1~2월	교육과정 편성의 기본 계획 수립	◦ 운영의 편의를 위하여 교육목적을 희생하지 않도록 유의 ◦ 교육청·학교 지정과목 및 학생 선택과목 개설 방침, 학생 선택 희망 과목 개·폐강의 기준, 수강신청 절차 등에 대한 원칙 미리 수립 ◦ 학교 여건에 따라 운영이 가능한 집중이수 과정 개설 검토 ◦ 학생들의 진로 개척을 도울 수 있는 집중이수 과정 간의 차별성 제고 ◦ 국가 수준 교육과정과 교육청 지침 준수여부 확인 ◦ 대학수학능력시험 요강에서 요구하는 과목이수를 고려한 교육과정 편성
편성 및 운영	3~12월	학교교육과정 편성 및 운영	◦ 학생들의 진로·적성을 반영하여 과목이수를 고려한 교육과정 편성 ◦ 진로 안내, 교과목 안내자료 수집(제작) 활용 ◦ 진로·적성검사 실시 ◦ 진로선택 안내수업 및 진로상담 ◦ 교육청·학교 지정 재량활동 과목 결정 ◦ 선택 중심 교육과정 편성·운영 ◦ 수강신청 방법 결정 ◦ 수강신청 전산 프로그램 제작 ◦ 수강신청 안내자료 제작 ◦ 수강신청 및 조정 ◦ 집중이수 과정별 반 편성
평가	12월	각 분야별 교육과정 평가	◦ 다양한 평가 도구와 방법 적용을 통한 학교교육과정 평가 ◦ 학교교육과정 수정 및 재편성을 위한 기초자료 조사 ◦ 교사 수급 및 교실부족 문제해소 등에 관한 계획 사전 수립

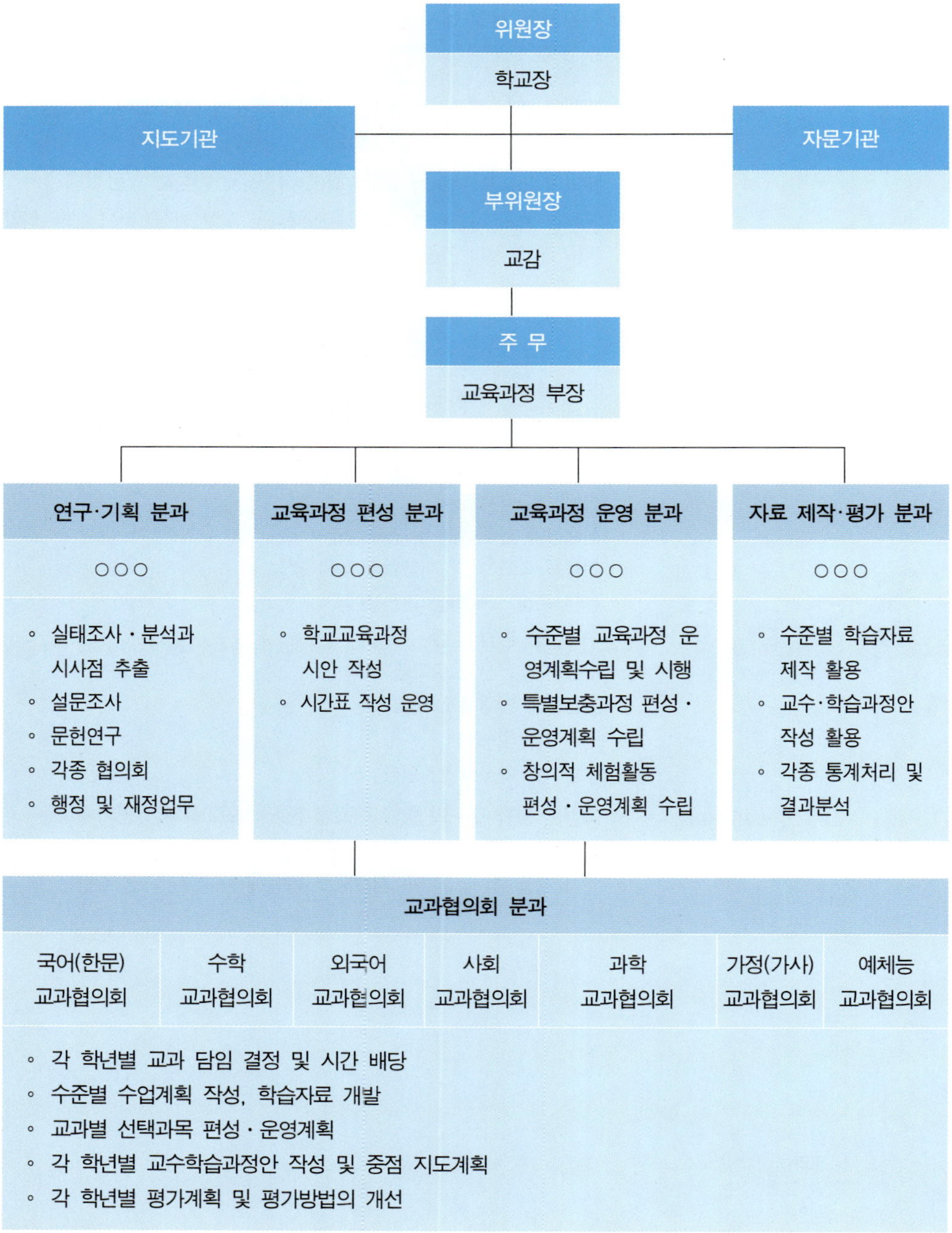

그림 2-7 학교교육과정위원회 조직 예시

3) 수업편성

대구광역시교육청(2016)에 제시된 대구행복역량교육과정을 참고로 하여 중학교와 고등학교 수업편성에 대해 제시하고자 한다.

(1) 중학교

① 편제 및 시간 배당 기준

중학교 교육과정은 교과(군)와 창의적 체험활동으로 편성한다. 교과(군)는 국어, 사회, 수학, 과학, 진로와 직업, 체육, 예술(음악/미술), 선택으로 한다. 선택교과는 재활, 여가활용, 정보통신활용, 생활영어, 보건 등의 과목으로 한다. 창의적 체험활동은 자율활동, 동아리활동, 봉사활동, 진로활동으로 한다.

표 2-5 시간 배당 기준

구 분		1 ~ 3학년
교과(군)	국어	442
	사회	442
	수학	374
	과학	238
	진로와 직업	612
	체육	340
	예술(음악/미술)	306
	선택	204
창의적 체험활동		408
총 수업시간 수		3,366

① 이 표에서 1시간 수업은 45분을 원칙으로 하되, 기후 및 계절, 학생의 발달 정도, 학습내용의 성격 등과 학교 실정을 고려하여 탄력적으로 편성·운영할 수 있다.
② 학년군 및 교과(군)별 시간 배당은 연간 34주를 기준으로 한 3년간의 기준 수업 시수를 나타낸 것이다.
③ 총 수업시간 수는 3년간의 최소 수업 시수를 나타낸 것이다.

② 교육과정 편성·운영 기준

첫째, 학교는 3년간 이수해야 할 교과목을 학년별, 학기별로 편성하여 학생과 학부모에게 안내한다.

둘째, 교과(군)의 이수 시기와 그에 따른 수업 시수는 학교가 자율적으로 결정할 수 있다. 학교는 해당 학년군 교육과정을 적용하되, 필요한 경우 타 학년군의 교과 내용으로 대체하여 운영할 수 있다.

셋째, 학교는 학교의 특성, 학생·교사·학부모의 요구 및 필요에 따라 자율적으로 교과(군)별 30% 범위 내에서 시수를 증감하여 편성·운영할 수 있다. 단, 체육, 예술(음악/미술) 교과는 기준 수업 시수를 감축하여 편성·운영할 수 없다.

넷째, 학교는 학습 부담을 적정화하고 의미 있는 학습활동이 이루어질 수 있도록 학기당 이수 교과목 수를 8개 이내로 편성한다. 단, 체육, 예술(음악/미술) 교과는 이수 교과목 수 제한에서 제외하여 편성할 수 있다.

다섯째, 전입 학생이 특정 교과목을 이수하지 못할 경우, 교육청과 학교에서는 보충학습 과정 등을 통해 학습 결손이 발생하지 않도록 한다.

여섯째, 학교가 선택과목을 개설할 경우, 2개 이상의 과목을 개설함으로써 학생의 선택권이 보장되도록 한다. 학교는 필요한 경우 새로운 선택과목을 개설할 수 있다. 이 경우 교육청이 정하는 지침에 따라 사전에 필요한 절차를 거쳐야 한다. 학년을 달리하는 학생을 대상으로 복식 학급을 편성·운영하는 경우에는 교육내용의 학년별 순서를 조정하거나 공통 주제를 중심으로 교재를 재구성하여 활용할 수 있다.

일곱째, 학교는 창의적 체험활동의 영역을 학생들의 발달 수준, 학교의 여건 등을 고려하여 자율적으로 편성·운영한다. 창의적 체험활동은 학교스포츠클럽 활동 및 자유학기에 이루어지는 다양한 활동들과 연계하여 운영할 수 있다. 학교는 필요한 경우 학생의 장애 특성 및 요구에 따른 교육내용을 창의적 체험활동으로 편성·운영할 수 있다.

여덟째, 학교는 학생들이 자신의 적성과 미래에 대해 탐색하고, 학습의 즐거움을 경험하여 스스로 공부하는 자기주도적 학습 능력과 태도를 기를 수 있도록 자유학기를 운영한다. 중학교 과정 중 한 학기는 자유학기로 운영하며, 자유학기에는 해당 학기의 교과 및 창의적 체험활동을 자유학기의 취지에 부합하도록 편성・운영한다. 자유학기에는 지역사회와 연계하여 진로탐색활동, 주제선택활동, 동아리활동, 예술・체육활동 등 다양한 체험 중심의 자유학기활동을 운영하며, 협동학습, 프로젝트 학습 등 학생 참여형 수업을 강화한다. 자유학기에는 학생의 학습과 성장을 지원하는 과정 중심의 평가를 실시하고, 자유학기에는 학교 내외의 다양한 자원을 활용하여 진로탐색 및 설계를 지원한다.

아홉째, 학교스포츠클럽 활동은 창의적 체험활동의 동아리 활동으로 편성한다. 학교스포츠클럽 활동은 학년별 연간 34~68시간(총 136시간) 운영하며, 매 학기 편성하도록 한다. 학교 여건에 따라 연간 68시간 운영하는 학년에서는 34시간 범위 내에서 학교스포츠클럽 활동을 체육으로 대체할 수 있다. 학교스포츠클럽 활동의 시간은 교과(군)별 시수의 20% 범위 내에서 감축하거나, 창의적 체험활동 시수를 순증하여 확보한다. 다만, 여건이 어려운 학교의 경우 68시간 범위 내에서 기존 창의적 체험활동 시간을 활용하여 확보할 수 있으며, 학교스포츠클럽 활동의 종목과 내용은 학생들의 희망을 반영하여 학교가 정하되, 다양한 종목을 개설함으로써 학생들의 선택권이 보장되도록 한다.

(2) 고등학교

① 편제와 단위 배당 기준

고등학교 교육과정은 교과(군)와 창의적 체험활동으로 편성한다. 교과(군)는 국어, 사회, 수학, 과학, 진로와 직업, 체육, 예술(음악/미술), 선택으로 한다. 선택교과는 재활, 여가활용, 정보통신활용, 생활영어, 보건 등의 과목으로 한다. 창의적 체험활동은 자율활동, 동아리활동, 봉사활동, 진로활동으로 한다.

표 2-6 단위 배당 기준

구 분		1 ~ 3학년
교과(군)	국어	26
	사회	24
	수학	20
	과학	12
	진로와 직업	48
	체육	18
	예술(음악/미술)	18
	선택	12
창의적 체험활동		26(442시간)
총 이수 단위		204

① 1단위는 50분을 기준으로 하여 17회를 이수하는 수업량이다.
② 이 표에서 1시간의 수업은 50분을 원칙으로 하되, 기후 및 계절, 학생의 발달 정도, 학습내용의 성격, 학교 실정 등을 고려하여 탄력적으로 편성·운영할 수 있다.
③ 학년군 및 교과(군)별 단위 배당은 연간 34주를 기준으로 한 3년간의 기준 수업 시수를 나타낸 것이다.
④ 총 이수 단위는 고등학교 3년간 이수해야 할 '최소 이수 단위'를 나타낸 것이다.

② 교육과정 편성·운영 기준

첫째, 학교는 3년간 이수해야 할 교과목을 학년별, 학기별로 편성하여 학생과 학부모에게 안내한다.

둘째, 교과(군)의 이수 시기와 그에 따른 이수 단위는 학교가 자율적으로 결정할 수 있다. 학교는 해당 학년군 교육과정을 적용하되, 필요한 경우 타 학년군의 교과 내용으로 대체하여 운영할 수 있다.

셋째, 학교는 학교의 특성, 학생·교사·학부모의 요구 및 필요에 따라 자율적으로 교과(군)별 30% 범위 내에서 시수를 증감하여 편성·운영할 수 있다. 단, 체육, 예술(음악/미술) 교과는 기준 이수 단위를 감축하여 편성·운영할 수 없다. 학교는 학습부담을 적정화하고 의미 있는 학습활동이 이루어질 수 있도록 학기당 이수 교과목 수를 8개 이내로 편성한다. 단, 체육, 예술(음악/미술) 교과는 이수 교과목 수의 제한에서 제외하여 편성할 수 있다.

넷째, 진로 · 직업교육은 '진로와 직업' 교과 외에도 선택중심 교육과정의 전문 교과 중에서 학교의 여건에 맞는 것을 선택적으로 편성할 수 있다.

다섯째, 학교가 선택과목을 개설할 경우, 2개 이상의 과목을 개설함으로써 학생의 선택권이 보장되도록 한다. 학교는 필요한 경우 새로운 선택과목을 개설할 수 있다. 이 경우 교육청이 정하는 지침에 따라 사전에 필요한 절차를 거쳐야 한다.

여섯째, 학교에서 개설하지 않은 선택과목 이수를 희망하는 학생이 있을 경우, 그 과목을 개설한 다른 학교에서의 이수를 인정한다. 학교 및 학생의 필요에 따라 지역사회의 학습장에서 이루어진 학습을 이수 과목으로 인정할 수 있다. 이 경우 교육청이 정하는 지침에 따른다. 학교는 필요에 따라 교과의 총 이수 단위를 증배 운영할 수 있다.

일곱째, 학교는 창의적 체험활동의 영역을 학생들의 발달 수준, 학교의 여건 등을 고려하여 자율적으로 편성 · 운영하고, 학생의 진로와 연계하여 다양한 활동이 이루어질 수 있도록 한다. 학교는 필요한 경우 학생의 장애 특성 및 요구에 따른 교육내용을 창의적 체험활동으로 편성 · 운영할 수 있다.

여덟째, 체육, 예술, 진로와 직업 등 교과를 중심으로 중점 학교를 운영할 수 있으며, 이 경우 교과(군)별 50% 범위 내에서 시수를 감축하여 해당 교과로 편성할 수 있다. 단, 체육, 예술(음악/미술) 교과는 기준 수업 시수를 감축하여 편성할 수 없다. 학교는 '진로와 직업' 교과의 교육과정 내용과 관련이 있는 현장실습을 다양한 형태로 운영할 수 있으며, 이와 관련한 구체적인 사항은 교육청이 정한 지침을 따른다.

아홉째, 학년을 달리하는 학생을 대상으로 복식 학급을 편성 · 운영하는 경우에는 교육내용의 학년별 순서를 조정하거나, 공통 주제를 중심으로 교재를 재구성하여 활용할 수 있다.

4) 시간표 작성

수업시간표는 다음의 〈표 2-7〉에 제시된 교육과정 편성표의 학년, 학기에 배정된 교과별 기준시수에 의거하여 시간표를 작성하게 된다.

표 2-7 2016학년도 대구 동중학교 교육과정 편성표

구 분			2016학년도 3개학년 교육과정					
			1학년(2016 입학)		2학년(2015 입학)		3학년(2014 입학)	
			1학기	자유학기	1학기	2학기	1학기	2학기
교과 (군)	국어		85	85	68	68	68	68
	사회 (역사포함) /도덕	도덕	34	34	51	51		
		사회	51	34			34	34
		역사			51	51	34	34
	수학		68	51	68	68	68	68
	과학/ 기술·가정	과학	68	51	68	68	68	68
		기술·가정	34	34	51	34	34	17
	체육	체육	51		34	34	51	51
	예술	음악	17	0	17	17	17	34
		미술	34	34	17	17	17	17
	영어		68	68	51	68	68	68
	선택	한문			34	34		
		중국어					51	51
	교과 시수 합계		510	408	510	510	510	510
창의적 체험 활동	자율활동		12	·	12	12	12	12
	동아리활동		17	·	17	17	17	17
	봉사활동		5	·	5	5	5	5
	진로활동		17	·	17	17	17	17
	창체 시수 합계		51	·	51	51	51	51
자유 학기 활동	진로탐색		·	34	·	·	·	·
	예술·체육	음악	·	34	·	·	·	·
		미술	·	·	·	·	·	·
		체육	·	34	·	·	·	·
	동아리		·	34	·	·	·	·
	주제선택	인문사회	·	17	·	·	·	·
		탐구	·	17	·	·	·	·
		교양	·	·	·	·	·	·
	자유학기 활동 시수 합계		·	170	·	·	·	·
교과 시수 + 창체 시수			561	·	561	561	561	561
학교스포츠클럽 활동			17	·	34	34	17	17
총 수업시간 수			578	578	595	595	578	578
학기당 이수 과목 수 (예·체·교양과목 제외)			7	7	8	8	8	8

표 2-8 2016학년도 대구 동중학교 1학기 학사일정(96일)

월	주	수업일수	월	화	수	목	금	토	비 고
3 (22)	1	3		1 삼일절	2 개학, 입학식	3	4	5	
	2	5	7	8 교과학습진단평가(1, 2, 3학년)	9	10	11	12	
	3	5	14	15	16	17	18	19	
	4	5	21	22	23	24	25	26	
	5–1	4	28	29	30	31			
4 (20)	5–2	1					1	2	
	6	5	4	5 영어듣기(1)	6 영어듣기(2)	7 영어듣기(3)	8	9	
	7	4	11	12	13 국회의원선거일	14	15	16	
	8	5	18	19	20	21	22	23	
	9	5	25	26	27	28	29	30	
5 (20)	10	3	2 중간고사	3 중간고사	4 중간고사	5 어린이날	6 재량휴업일	7	
	11	5	9	10	11	12	13 체육대회	14	
	12	5	16	17	18	19	20 반일제동아리	21	
	13	5	23	24	25	26	27	28	
	14–1	2	30	31					
6 (21)	14–2	3			1	2	3 2학년 현장체험학습	4	
	15	4	6 현충일	7	8	9	10	11	
	16	5	13	14	15	16	17 전일제동아리	18	
	17	5	20	21 국가수준학업성취도평가(3학년)	22	23	24	25	
	18–1	4	27	28	29	30			
7 (13)	18–2	1					1	2	
	19	5	4	5 기말고사	6 기말고사	7 기말고사	8	9	
	20	5	11	12	13	14	15	16	
	21	2	18	19 방학식					
1학기	96		1년 19, 2년 19, 3년 19	1년 20, 2년 20, 3년 20	1년 19, 2년 19, 3년 19	1년 19, 2년 19, 3년 19	1년 19, 2년 19, 3년 19		

표 2-9 2016학년도 대구 동중학교 2학기 학사일정(95일)

월	주	수업일수	월	화	수	목	금	토	비고
8 (10)	1	2				18 개학	19	20	
	2	5	22	23	24	25	26	27	
	3–1	3	29	30	31				
9 (19)	3–2	2				1	2	3	
	4	5	5	6 영어듣기(1)	7 영어듣기(2)	8 영어듣기(3)	9	10	
	5	2	12	13	14 **추석연휴**	15 **추석**	16 **추석연휴**	17	
	6	5	19	20	21	22	23 공연관람 (2, 3학년)	24	
	7	5	26	27	28 중간고사 예술체험(1학년)	29 중간고사	30 중간고사		
10 (20)	8	4	3 **개천절**	4	5	6 대동제	7	8	
	9	5	10 1학년 야영 3학년졸업여행	11 1학년 야영 3학년졸업여행 2학년현장체험학습 (글로벌체험 100명)	12	13	14	15	
	10	5	17	18	19	20	21	22	
	11	5	24	25	26	27	28	29	
	12–1	1	31						
11 (22)	12–2	4		1 공연관람(1학년)	2	3	4 3학년기말고사	5	
	13	5	7 3학년기말고사	8 3학년기말고사	9	10	11 반일제동아리	12	
	14	5	14 예절체험교육 (1학년, ~29일)	15	16	17	18 전일제동아리	19	
	15	5	21	22	23	24	25	26	
	16–1	3	28	29	30				
12 (21)	16–2	2				1	2	3	
	17	5	5	6	7	8	9	10	
	18	5	12	13 2학년기말고사	14 2학년기말고사	15 2학년기말고사	16	17	
	19	5	19 꿈 · 끼 주간	20 꿈 · 끼 주간	21 꿈 · 끼 주간	22 꿈 · 끼 주간	23 꿈 · 끼 주간	24	
	20	4	26	27	28	29 방학식			
2 (3)	21	3	6 개학	7	8 졸업식, 종업식				
1학기	95		1년 19 2년 19 3년 19	1년 20 2년 20 3년 20	1년 19 2년 19 3년 19	1년 19 2년 19 3년 19	1년 18 2년 18 3년 18		

5) 창의적 체험활동

(1) 목적

창의적 체험활동은 교과와 상호 보완적 관련 속에서 심신을 조화롭게 발달시키기 위하여 실시하는 교과 이외의 활동이다. 창의적 체험활동은 근본적으로 집단활동의 성격을 지니고 있으나, 집단에 소속한 개인의 개성, 자율성, 창의성을 높이고, 삶에 필요한 여러 가지 규범을 익히고 가치관을 형성하며 심신의 조화로운 발달을 도모하는 데 중점을 둔다.

(2) 운영방침

첫째, 학교는 창의적 체험활동이 실질적 체험학습이 되도록 하며, 학생 요구와 학교・지역사회의 특성을 고려한 프로그램을 운영하여야 한다.

둘째, 교과와 창의적 체험활동의 효율적인 운영을 위하여 지역사회의 인적・물적 자원을 계획적으로 활용한다.

셋째, 학생의 적성과 진로탐색을 고려하고 교과활동과 연계하여 운영한다.

넷째, 창의적 체험활동에 배당된 시간 수는 학생의 요구와 학교의 실정에 기초하여 융통성 있게 배정하여 운영할 수 있다.

(3) 창의적 체험활동 영역별 시간 배당

표 2-10 고등학교 시간 배당 기준

구 분 \ 학년		1학년	2학년	3학년
창의적 체험활동 기준 단위(시간)		4(136)	4(136)	4(136)
자율 활동	주제탐구활동(민주시민, 철학, 예술, 성교육 포함)	20	20	19
	자치활동	13	12	13
	적응활동	25	25	25
	학교 특색(행사활동)	44	52	30
동아리활동		34	34	34
봉사활동		9	2	1
진로활동		49	49	42
이수 단위(시간)		4(194)	4(194)	4(194)

출처: 2016 세교고 학교교육과정 운영계획서. p.46.

(4) 창의적 체험활동 연간 지도 계획표

표 2-11 창의적 체험활동 연간 지도 계획표

월	주	기간	영역별 배당시간							활동시간 및 내용	비고
			자율활동				동아리	봉사	진로		
			자치	적응	행사	창특					
3	1	2-4	1	1	1	1			1	• 2일 입학식(1년)/개학식(2, 3년) • 창특(민주시민, 철학, 예술), 진로 • 5교시 자치활동-학급회 조직 • 6교시 적응활동-학교폭력 및 가정 폭력예방	2일 입학식(1년) 개학식(2, 3년)
	2	7-11				1	2		1	• 창특(민주시민, 철학, 예술), 진로 • 5, 6교시 동아리 부서조직 및 부서 활동	10일 전국연합평가 (3년)
	3	14-18					2	1	1	• 창특(봉사활동 교육), 진로 • 5, 6교시 동아리	17일 학부모 총회
	4	21-25	1/0/0	1	0/1/1	1			1	• 창특(민주시민, 철학, 예술), 진로 • 5교시 자살예방교육(1, 3년)/시력 검사(2년) • 6교시 학급회의(1년)/자살예방교육 (2년)/시력검사(3년)	
	5	28-1		1			2		1	• 창특(장애이해교육), 진로 • 5, 6교시 동아리	
4	6	4-8		1	2				1	• 창특(친구사랑의 날), 진로 • 5, 6교시 과학경진대회	6일 전국연합평가 (3년)
	7	11-15		1			2		1	• 창특(인권 및 생명 존중 교육), 진로 • 5, 6교시 동아리	13일 국회의원선거
	8	18-22	1	2					1	• 창특(학급회의), 진로 • 5교시 흡연 예방교육 • 6교시 성폭력 예방교육	19-21일 영어듣기평가
	9	25-29				1			1	• 창특(민주시민, 철학, 예술), 진로	26-29일 1차 지필평가
5	10	2-6				1			1	• 창특(민주시민, 철학, 예술), 진로	5일 어린이날 6일 개교기념일
	11	9-13			21/28/8	1			8/1/1	• 창특(민주시민, 철학, 예술), 진로 • 9-10일 국토순례(1년), 9-11일 수학여행(2년)	

										• 11일 진로의날(1년) • 10일 3년 PAPS • 13일 체육대회(1,2년), 현장체험학습(3년)	
	12	16-20			1		2		1	• 창특(양성 평등 글짓기 대회), 진로 • 5, 6교시 동아리	
	13	23-27	1	2					1	• 창특(정보통신윤리교육), 진로 • 5교시 성매매예방교육 • 6교시 학급회의	
	14	30-3		1			2		1	• 창특(다문화 이해 교육), 진로 • 5, 6교시 동아리	2일 전국연합(1, 2년) 대수능모의(3년)
	15	6-10	1		2				1	• 창특(학급회의), 진로 • 5교시 수학경시대회 • 6교시 나라사랑 실천 대회/독도교육, 태극기 사랑	
6	16	13-17				1	2		1	• 창특(민주시민, 철학, 예술), 진로 • 17일 5, 6교시 동아리	
	17	20-24			2	1			1	• 창특(민주시민, 철학, 예술), 진로 • 5교시(인문학경진(사회)/과학경시대회) • 6교시 영어 말하기 대회	21일 국가수준 학업 성취도평가(2년)
	18	27-1				1			1	• 창특(민주시민, 철학, 예술), 진로	30-5일 2차 지필평가
	19	4-8	1				2		1	• 창특(학급회의), 진로 • 5, 6교시 동아리	6일 전국연합 평가(3년)
7	20	11-15	2	1					1	• 창특(안전 교육), 진로 • 5, 6교시 학생회장선거	
	21	18-22			1	1			1	• 창특(민주시민, 철학, 예술), 진로 • 19일 방학식	19일 방학식
	소계		8/7/7	11	30/38/18	10	16	1	28/21/21		

출처: 2016 세교고 학교교육과정 운영계획서. p.50.

표 2-12 창의적 체험활동 연간 지도 계획표

월	주	기간	영역별 배당시간							활동시간 및 내용	비고
			자율활동				동아리	봉사	진로		
			자치	적응	행사	창특					
8	1	15-19	1				2		1	• 창특(학급회의), 진로 • 5, 6교시 동아리	15일 광복절 16일 개학식
	2	22-26		2		1			1	• 창특(민주시민, 철학, 예술), 진로 • 5교시 학교폭력 및 가정폭력 예방교육 • 6교시 성희롱 예방교육	
	3	29-2				1	2		1	• 창특(민주시민, 철학, 예술), 진로 • 5, 6교시 동아리	1일 대수능모의(3년)
9	4	5-9	1	1	1				1	• 창특(학급회의), 진로 • 5교시 영어 어휘력 대회 • 6교시 어울림(1년)/독도교육(2, 3년)	
	5	12-16				1			1	• 창특(민주시민, 철학, 예술), 진로	14–16일 추석연휴
	6	19-23		1			2		1	• 창특(친구사랑의 날), 진로 • 5, 6교시 동아리	20–22일 영어듣기평가
	7	26-30		1					1	• 창특(장애이해교육), 진로	30일 재량휴업일
10	8	3-7				1	2		1	• 창특(민주시민, 철학, 예술), 진로 • 5, 6교시 동아리	3일 개천절
	9	10-14		1					1	• 창특(다문화 이해교육), 진로	11일 전국연합 평가(3년) 12일–17일 1차 지필평가
	10	17-21	1	2					1/8/1	• 창특(학급회의), 진로 • 18일 봉사체험(1년), 진로체험(2년) • 5교시 정보통신윤리교육 • 6교시 문화예술강연	18일 봉사체험(1년) 진로체험(2년)
	11	24-28				1	2		1	• 창특(민주시민, 철학, 예술), 진로 • 5, 6교시 동아리	

11	12	31-4			2/2/1	1	0/0/2		1	• 창특(민주시민, 철학, 예술), 진로 • 5교시 직업인초청특강(1, 2년)/동아리(3년) • 6교시 우리말사랑대회(1, 2년)/동아리(3년)	
	13	7-11	0/0/1	0/0/1	2/2/0	1			1	• 창특(민주시민, 철학, 예술), 진로 • 5교시 가우스와의 만남(수학캠프(1, 2년)/친구사랑의 날(3년) • 6교시 우리역사바로알기대회(1, 2년)/학급회의(3년)	
	14	14-18	1	2					1	• 창특(학급회의), 진로 • 5교시 친구사랑의 날 • 6교시 평화교육	17일 대학수학능력시험
	15	21-25		1/1/0	1/1/0	1/1/0			1/1/0	• 창특(철학, 예술), 진로 • 5교시 공연(1년), 글쓰기(2년) • 6교시 글쓰기(1년), 공연(2년)	21–28일 2차 지필평가(3년) 23일 전국연합(1, 2년)
12	16	28-2		1			2		1	• 창특(생명 존중 교육), 진로 • 5, 6교시 동아리	
	17	5-9			0/0/6	1			1	• 창특(민주시민, 철학, 예술), 진로 • 체험학습(3년)	8–13일 2차 지필평가(1, 2년)
	18	12-16		1					1	• 창특(흡연예방교육), 진로 • 5, 6교시 동아리	
	19	19-23			5/5/0	1	4/4/2	1/1/0	1	• 창특(민주시민, 철학, 예술), 진로 • 20일 합창대회(1, 2년) • 23일 청량제(동아리 발표회)(1, 2년) • 5, 6교시 동아리(3년)	20일 합창대회 23일 청량제(동아리 발표회)
	20	26-30							1	• 창특(안전교육), 진로 • 30일 방학식	30일 방학식
2017 02	21	6-10	1						1	• 창특(학급회의), 진로 • 7일 개학식 • 9일 졸업식(3년) • 10일 종업식(1, 2년)	7일 개학식 9일 졸업식 10일 종업식
	소계		5/5/6	14	14/14/12	10/10/9	18	8/1/0	21/28/20		

출처: 2016 세교고 학교교육과정 운영계획서. p.51.

6) 현장체험학습 실시

교육부(2016)에서 제시한 현장체험학습 매뉴얼에 있는 현장체험학습 추진절차는 [그림 2-8]과 같다.

1. 기본 계획 수립 : 실시 시기, 목적, 방법(소규모/학년 단위) 등
2. 학부모 동의 및 학생 선호도 조사
3. 「수학여행 · 수련활동 활성화위원회」 운영
   - ▶ 학부모 · 교원으로 구성, 시기 · 장소 · 프로그램 · 활동경비 등을 심의
   - ▶ 소규모 · 테마형 수학여행 여부, 계약방식 등에 따라 다양한 기능으로 운영
4. 현장답사
5. 「학교운영위원회」 심의
6. 학교장 결재 : 학교운영위원회 심의 사항 존중
7. 계약
8. 시행 직전 사전답사
9. 사전 안전교육 : 안전사고 및 학교폭력(성범죄) 예방
10. 운영
11. 경비 집행 및 정산
12. 만족도 조사
13. 실시과정 및 평가 결과 탐재

그림 2-8 현장체험학습 추진절차

(1) 기본 계획 수립

학교교육계획서에 현장체험학습 대상, 기간 등을 명시하고, 학교교육계획서에 반영되지 않은 수학여행·수련활동을 실시할 경우, 사전에 충분한 의견을 수렴하여 별도의 계획수립 후 추진한다. 학교구성원의 다양한 의견 수렴과정을 통해 활동의 목적, 테마, 지역, 운송, 숙박, 식사, 프로그램, 학생별 역할분담 등을 계획한다.

(2) 학부모 동의 및 학생 선호도 조사

수익자 부담의 교육활동이므로 활동내용, 부담금액 등에 대하여 사전에 안내한 후 학생·학부모의 동의를 받아 추진한다. 장소 및 시기, 체험활동 구성에 대한 학생 선호도 조사를 실시하여 반영한다.

(3) 현장답사

수학여행·수련활동·숙박형 현장체험학습은 현장답사를 한다. 계약 전과 실시 전 2회 현장답사를 실시하되 시기, 방법, 대상 등은 당해 계약방식 및 학교 사정 등을 고려하여 추진한다. 1일형 현장체험학습은 사전답사를 1회 실시한다. 단, 현장체험학습 안전대책이 확보된 경우 학교장 책임 하에 생략할 수 있다. 현장답사는 학부모, 교사, 수학여행·수련활동 활성화위원회 위원 등이 함께 참여하고, 시행 직전 답사는 실제 업무 담당자 또는 인솔자 중심으로 운영 가능하다.

(4) 현장체험학습 운영 심의

수학여행·수련활동 활성화위원회는 학교운영위원회 연계형 소위원회로서 프로그램 개발, 업체 심의 등 핵심적인 역할을 수행하며, 학교운영위원의 일부가 수학여행·수련활동 활성화위원회에 참여함으로써 두 위원회의 연계성 및 심의의 연속성을 확보한다. 구성위원은 위원장외 10명 이하로 구성하되, 학부모의 경우 50% 이상 확보해야 하며, 교사, 학교운영위원회 학부모 위원, 학년 학부모 대표 등으로 구성한다. 역할로는 학부모 위원이 현장답사에 참여 및 현장체험학습 운영심의, 실시결과를 평가하고 다음 연도 실시의 개선 필요사항 등을 건의한다.

(5) 학교운영위원회 심의(자문)

수학여행・수련활동 활성화위원회에서 심의한 현장체험학습 운영 안건을 학교운영위원회에서 심의(자문)한다. 심의(자문) 내용은 현장체험학습 운영과 실행에 관한 전반적인 사항심의(자문)와 계약방법에 따른 학교운영위원회 심의(자문)사항이다.

표 2-13 계약방법에 따른 학교운영위원회 심의(자문)사항

방법		심의(자문)사항
1인 견적 제출 가능 수의계약	1인 견적	・활성화 위원회 심의결과 확정
	2인 이상 견적	・활성화위원회의 복수안 심의결과 검토・계약 우선순위 부여
2인 이상 견적 수의계약		・입찰조건 및 제한조건 심의
일반(제한) 입찰		・입찰조건 및 제한조건 심의
2단계 입찰		・적격성 평가 실시결과 확정
다수공급자계약 (MAS)	5,000만 원 미만	・계약 우선순위 부여결정에 대한 심의
	5,000만 원 이상 (2단계 경쟁)	・적격성 평가 실시결과 확정

(6) 학교장 결재

학교운영위원회의 심의사항을 존중하여 학교장이 현장체험학습 계획에 대한 결재를 실시한다.

(7) 계약

계약방법으로 다수공급자계약(MAS), 수의계약, 입찰이 있다. 계약의 원칙은 일반입찰이며, 예외적으로 수의계약을 실시할 수 있다. 추정가격은 인솔자 비용을 포함하여 산정한다.

계약 시 유의사항으로 소정의 계약서를 사용하되, 기타사항에 상호 협의사항 명시 가능, 안전・위생사고 발생 시의 관련 대책 포함 여부 확인, 시설의 숙박정원은 소재지 시·군·구에서 허가받은 정원 준수, 학생보호 강화를 위한 보험가입(종류, 보상 범위 등) 여부 확인, 운전기사 음주운전 및 졸음운전 방지, 안전운행에 지장이 있는 과다한 운행일정 편성금지 등이 있다.

계약 시 필수 반영사항(여행, 숙박·식당업체 공통사항)으로는 학생 안전보호 조항을 반드시 명시, 재난 및 안전·위생사고 발생 시 처리방안과 책임의 소재, 책임의 범위를 반드시 계약서에 포함, 계약 시 표준약관 적용 및 여행자 보험가입 등이 있다.

(8) 시행 직전 사전답사

현장체험학습 실시 전 현장답사를 실시하되 시기, 방법, 대상 등은 당해 계약방식 및 학교사정 등을 고려하여 추진한다. 시행 직전 답사는 실제 업무 담당자 또는 인솔자 중심으로 운영 가능하다.

(9) 사전 안전교육

현장체험학습과 관련된 교육자료·현장정보 등을 학생들에게 미리 제공하고 사전교육을 실시한다. 학부모 홍보를 통해 가정교육과 연계할 수 있도록 안내, 현장체험학습 실시 전 교과 및 창의적 체험활동 시간을 활용하여 차량·시설이용, 교육프로그램 안내, 안전사고 예방교육 등을 실시, 학교장은 인솔자에게 유사시에 대비하여 응급처치 요령, 안전지도 요령, 비상탈출 방법 등에 대한 사전연수를 실시한다. 정부 재난 안전정보 포털 앱(안전디딤돌)을 인솔자·학생이 다운받아 설치 및 활용법을 숙지하고, 미참가 학생의 경우 지도계획을 철저히 수립하여 지도한다.

(10) 운영

교육프로그램 담당교사는 사전에 준비된 안전하고 체계적인 프로그램을 통해 학생들을 교육한다. 현장체험학습 출발 당일 발열체크 등을 통해 학생 건강상태 유무를 확인하고, 수학여행시 인솔자는 학급당 2명 이상 확보를 권장하되, 학교 여건에 따라 교직원, 학부모, 자원봉사자, 안전요원 등을 활용한다. 비상시에 대비한 상비

약품을 준비하여 소지하고, 이동·체험활동 장소의 각종 시설 등에 대해 안전점검을 실시하고, 이동 또는 체험활동 중 상황별로 적합한 생활지도 및 학생 안전교육 매뉴얼을 활용하여 안전교육을 실시하며, 식중독 등 집단환자가 발생하지 않도록 유의한다.

(11) 경비 집행 및 정산

경비 집행방법으로 수학여행 경비는 회계 관련 규정에 따라 학교장 책임 하에 집행하고, 현지에서 직접 집행해야 할 경비는 임시 출납원을 임명하여 집행하며, 학교법인카드를 사용하고, 인솔자의 여비 및 시간외 근무수당을 지급한다. 현장체험학습 경비는 회계 관련 규정에 따라 학교장 책임 하에 정산하며, 현장체험학습 종료 후 10일 이내에 정산하고 정산일로부터 10일 이내에 사업 추진 내역을 학부모에게 공개하며, 잔액이 있을 경우 환불한다.

(12) 만족도 조사

수학여행·수련활동 실시 후에는 학생·학부모·교사 대상의 만족도 조사 실시 및 결과를 평가한다. 학교에서는 평가 및 만족도 결과를 다음 연도 운영계획, 업체 및 장소 선정, 프로그램 질 개선 등의 자료로 적극 활용한다. 현장체험학습 실시 결과는 학교생활기록부 '창의적 체험활동 상황'의 자율활동(행사활동) 영역에 특기사항을 기록하고, 학생이 체험하고 느낀 소감 또는 보고서 등 학습체험을 에듀팟에 누적 기록하여 진로탐색 등에 활용한다.

(13) 실시과정 및 평가 결과 탑재

현장체험학습 정보를 투명하게 공개하여 학교행정에 대한 신뢰도를 제고하고, 만족도 공개 등을 통하여 업체의 책무성 제고 및 운영 프로그램의 질을 개선하는 것이 목적이다. 공개방법은 해당 시·도 교육청 홈페이지 현장체험학습 공개방에 탑재를 한다. 공개항목은 수학여행·수련활동 및 기타 숙박형 현장체험학습의 이동경로, 학부모 동의율 등을 필수적으로 공개해야 한다.

Chapter

03

교수학습과 경영

1. 학습이론
2. 수업공개의 변화
3. 수업지도안의 변화
4. 수업과 배움 중심의 학교경영

교육학에서는 학생들을 학습할 의지가 있는 존재로 전제하며, 학생의 배움을 강조한다. 교육을 바람직한 행동의 변화라는 측면에서 정의한다면, 수업 및 학습으로 학생의 배움이 있어야 하며, 그 배움의 주체는 학생이 되어야 하고 교사는 이를 위해 함께 배우는 조력자가 되어야 한다.

이러한 측면에서 전통적인 교육학은 교사의 가르침을 강조하는 반면, 학생의 배움을 간과하고, 이로 인해 교사는 객관적 지식을 전달하는 권위자로 여겨 왔으며, 학생은 교사의 가르침을 일방적으로 받아들여야 하는 대상으로 이해하였다. 물론 그렇다고 하여 배움만을 강조하다 보면 또 다른 오류에 빠질 수도 있다. 교육에서의 배움은 교육과정 혹은 교사가 의도한 대로 진정한 배움이 일어났는지에 초점을 두어야 한다. 이를 위해 가르침과 배움을 둘 다 중요하게 여기는 교실 수업이 이루어져야 하며, 그동안 가르침에 더 많은 강조점을 두어 왔다면, 이제는 의도적으로 배움을 강조하면서 이 둘의 균형을 맞추어야 한다.

지식 정보사회로 일컬어지는 현대사회에서는 매일 매일 많은 양의 지식과 정보들이 쏟아져 나오고 있으며, 학교에서 배운 지식을 실생활에 적용하는 것은 점점 불가능한 일이 되어가고 있다. 또한 이러한 시대적 변화에 따라 기존의 교과서와 교사 중심의 설명식으로 이루어지던 보편화된 교실 수업에서 벗어나 학생 중심, 활동 중심, 배움 중심, 학습 중심의 다양한 수업방법을 강조하게 되었다. 즉, 이러한 정보기술과 학습이론이 진보하는 시대적 변화, 그리고 아이들의 학습과 배움을 강조하는 사회적 변화로 인해 교수이론 혹은 교수학습이론에 새로운 패러다임을 강조하게 되었다.

1 학습이론

학습이란 경험이나 연습의 결과로 발생하는 비교적 지속적인 행동의 변화를 의미하는 것으로, 질병이나 약물 등에 의한 일시적인 변화나 성숙에 의한 자연적인 행동의 변화는 제외된다. 수업은 교사가 주체가 되어 일정한 목표를 가지고 인간을 가르치고 만들기 위해서 일방적으로 이루어진다는 의미가 강한 반면, 학습은 아이가 주체가 되어 한 인간을 기르기 위해 상호작용하며 능동적으로 이루어진다는 의미가 강하다. 이로 인해 흔히 "수업한 것을 학습하게 된다."라고 말을 하기도 한다.

1) 객관주의 학습이론 vs 주관주의 학습이론

학습을 어떻게 바라보느냐에 따라 학습이론은 크게 객관주의 학습이론과 주관주의 학습이론으로 구분된다. 객관주의 학습이론으로는 행동주의, 인지주의 학습이론이 있으며, 주관주의 학습이론으로는 구성주의 학습이론을 제시할 수 있다. 객관주의 학습이론과 주관주의 학습이론을 비교하면 〈표 3-1〉과 같다.

표 3-1 객관주의 학습이론 vs 주관주의 학습이론

	객관주의	주관주의(구성주의)
지식	개인의 경험이나 사고의 특성에 상관없이 외부에 존재하는 것이 지식으로, 학생들은 다양한 매체를 통해 진리와 지식을 받아들이고 형성하게 되는 것이 지식	교사가 가르쳐 준 지식을 그대로 받아들이는 것이 아니라, 알려준 지식을 자신의 경험과 사고에 비춰 검토한 후 스스로 이해될 때 형성되는 것이 지식
학습자	• 학습자는 지식을 수용적으로 받아들이는 수동적인 존재 • 교사가 전달하는 지식을 정확하게 받아들이고, 많은 것을 기억하는 학생이 가장 성공적인 학습자	• 학습자는 능동적으로 지식을 구성해가는 자율적, 주체적으로 책임감을 가지고 있는 존재 • 자신의 지식을 스스로 구성해 나가는 교육의 핵심적인 주체가 되는 학습자
교수학습	• 교수학습은 추상적, 보편적인 지식을 표준화된 방법으로 전달하는 과정을 의미 • 학습내용은 미리 체계적이고 구체적으로 짜여지며, 이러한 내용을 학습자들이 그대로 묘사하도록 만드는 것이 교육목표	• 학습의 주체인 학습자가 능동적인 인지적 작용과 상호작용을 통해 끊임없이 구성해나가는 것이 바로 학습 • 학습내용은 미리 짜여지기 어려우며, 다양한 상황적 맥락에서 스스로 지식을 구성해 나갈 수 있는 역량을 길러주는 것이 교수학습의 목표

교사	교사는 객관적, 절대적 지식을 이미 알고 있는 존재로, 이미 정답과 해결책을 가지고 있으며 지식을 전달하고 교육을 직접 실행하는 존재	교사는 정답을 가지고 있지 않으며, 학습자들이 스스로 자신의 맥락에 맞게 지식을 구성할 수 있도록 도움을 제공하는 조력자, 조언자, 안내자, 학습 촉진자, 공동 학습자

학습과 배움에 초점을 두는 교수학습이론은 학습자를 수동적인 학습자에서 능동적인 학습자로 변화시켜야 하고, 맥락을 고려하지 않은 일반화되고 보편화된 지식이 아니라 아이들의 삶의 모습과 이야기가 녹아 있는 진정한 의미에서의 학습과제와 지식이 중심이 되어야 하며, 고정된 학습시간이 아니라 융통성 있는 학습시간을 허용하는 것이 중요하다.

교수학습이론의 새로운 패러다임, 즉 학생들의 학습과 배움에 초점을 둔 교수학습이론은 그들의 삶, 생활과 관련된 진정한 의미에서의 실제 과제를 팀 단위로 협동하여 모두가 주도권을 가지고, 함께 학습하고 배울 수 있도록 융통성 있는 지침을 제공해야 한다.

지식정보화 사회가 요구하는 교육 쟁점이 학습자들이 스스로 학습에 대한 주도권을 가지고서 능동적으로 학습하고 배울 수 있는 존재가 되어야 함을 강조하고 있음을 감안한다면, 이 시대가 요구하는 교육 패러다임은 위에서 언급한 주관주의 학습이론, 즉 구성주의로 귀결된다고 할 수 있다.

2) 구성주의에 입각한 교수학습방법[1)]

구성주의에 입각한 교수학습을 실천하기 위해서는 과거처럼 한 차시 수업을 통해 보편화된 교과지식을 보편화된 방식으로 가르치고, 암기시키며, 평가하고 얼마나 많은 것을 기억하고 있는지 확인하는 것이 중요한 것이 아니라, 충분한 시간적 여유를 가지고 학습자들에게 그들의 상황적 맥락에 따라 지식을 스스로 구성할 수 있도록 해야 한다. 이를 위해서는 토의·토론, 아이디어의 발산과 수렴, 협동하여 문

1) 최경민, 김규태(2015). 『거꾸로 배움, 교실에서 찾은 아이들의 행복열쇠』를 요약 발췌하여 수정한 내용임.

제를 해결하는 과정, 자신의 경험을 비판적으로 검토하는 과정, 허용적인 분위기, 스스로 질문을 제기하고 함께 질문을 해결하는 과정, 결론을 함께 도출하는 과정 등이 필요하다.

즉, 구성주의에 입각한 교수학습을 실천하기 위해서는 과거에는 간과하여 온 문제기반학습, 프로젝트 기반학습, 팀기반학습, 플립러닝, 액션러닝학습 등을 포함하는 학습에 대한 다양한 접근이 필요하다.

(1) 액션러닝학습과 문제기반학습

최근 학교에서는 학생들의 적극적인 참여와 다양한 경험을 통한 학생 중심의 교육에 대한 관심이 높아지고 있다. 학습자 중심의 교육은 토의, 경험, 문제해결, 발표 등 다양한 방법으로 이루어질 수 있다. 액션러닝은 이 모든 것을 포함하는 교수학습방법이라고 할 수 있다(장경원, 고수일, 2015).

전통적 교육은 교실에서 학생들이 앉아서 선생님의 모습과 강의 내용을 들으면서 정보를 수동적이고 소극적으로 받아들이는 방식이다. 하지만 학습자 중심의 교육은 학습자들이 능동적이고 주도적으로 참여하며, 교사는 학생들의 학습환경이 될 실제적 맥락의 문제를 제공하고 안내하는 안내자 혹은 촉진자 역할을 하는 방식이다. 그것은 학생과 교사는 동등한 관계에서 서로 도움을 주고받으며, 융통적으로 서로의 역할이 이루어지며, 학습과정에서 경험한 것을 성찰할 수 있는 기회를 제공해주어서 진정한 의미의 학습이 이루어지는 방식이다. 이러한 과정을 모두 포함하고 있는 학습법이 바로 액션러닝이라 할 수 있다(장경원, 고수일, 2015).

흔히 액션러닝학습과 문제기반학습이 유사하다고 알고 있다. 두 개의 학습법 모두 학습자들의 직접적인 경험을 통한 의미 있는 학습을 강조하며, 실제적 과제해결을 통해 학습이 이루어진다. 또한 학생들은 자기 주도적으로 과제를 해결하기 위해 필요한 자료를 수집, 분석, 종합, 적용하게 되며, 이때의 교사는 내용 전달자가 아니라 학습의 조력자 역할을 하게 된다. 또한 둘 모두 팀원의 협동을 중요시 여기며, 협동하는 과정을 거치면서 과제해결능력이 향상되며, 과제활동 후 이루어지는 성찰

시간을 통해 진정한 의미에서의 학습이 이루어진다. 이처럼 액션러닝학습과 문제기반학습은 유사한 면이 많이 있기는 하지만, 〈표 3-2〉와 같은 차이점도 가지고 있다.

표 3-2 문제기반학습과 액션러닝학습 차이

	문제기반학습	액션러닝학습
실제성	학생들의 삶과 간접적으로 관련된 실제적인 과제	학생들의 삶과 직접적으로 관련된 실제 과제
과제해결 프로세스	과제의 명확화 → 과제해결을 위한 연구 → 해결안 모색 → 실행	문제중심학습과 동일한 과정을 거치지만 과제의 성격 및 맥락에 따라 다른 방식으로 세분화된 절차나 과제해결 도구 활용을 강조
조력자(교사) 역할	조언자, 동료학습자	안내자, 조력자

〈표 3-2〉에서 알 수 있듯이, 액션러닝을 활용한 교수학습방법을 개발하기 위해서 중요한 것은 다양한 학습기회를 제공하는 것, 과제가 학생들에게 중요한 것, 실제적이며 비구조화된 과제 선정이다. 이를 위하여 교실에서는 비구조화된 과제를 통해 학생들이 스스로 실제적이면서도 중요한 과제를 선정하고, 팀별로 함께 그 과제를 해결하는 활동을 통해 유의미한 학습기회를 제공해주도록 노력할 필요가 있다.

(2) 팀기반학습

팀기반학습은 공동의 목표를 달성하기 위해 팀원이 서로 비전을 공유하고, 효율적인 의사소통 체계를 갖추고, 팀원 간의 활발한 상호작용을 통하여 성과를 달성하는 팀 체계에 바탕을 둔 교수학습방법이다(Larry, Arletta, & Kningt, 2009). 이것은 최상의 성과를 산출하는 학습 팀이 되도록 지원하고, 그러한 팀들이 유의미한 학습과업에 임할 수 있는 기회를 제공한다. 또한 팀기반학습은 특별한 순서를 가지고 있는 학습활동의 집합으로 [그림 3-1]과 같은 과정을 거치게 된다.

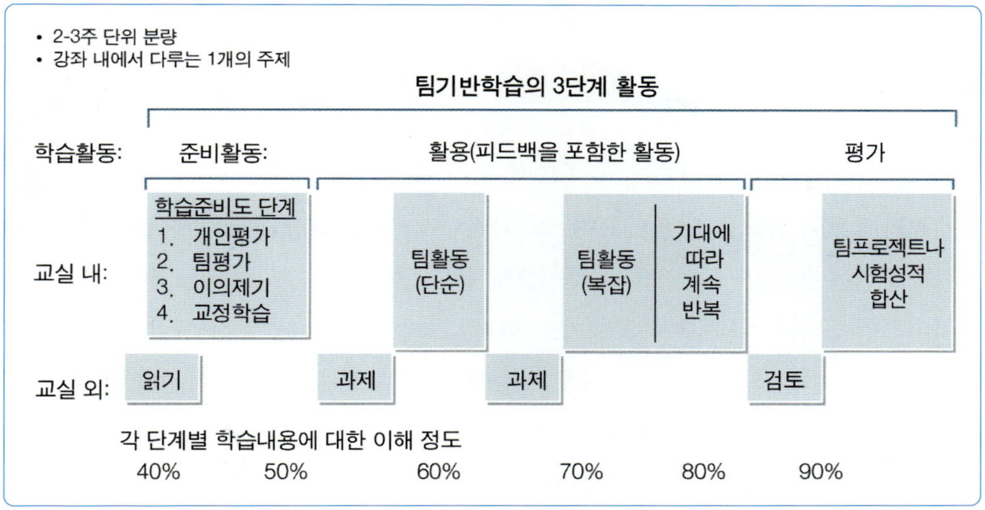

그림 3-1 팀기반학습의 활동단계

흔히들 팀기반학습과 협동학습을 혼동하여 사용을 하는 경우가 많지만, 팀기반학습과 협동학습은 팀은 〈표 3-3〉과 같은 차이점을 가지고 있다.

표 3-3 협동학습과 팀기반학습의 차이

	협동학습	팀기반학습
집단유지 기간	반 학기	전체 학기
집단의 크기	4명 이하	5~7명
역할분담 활용	활용함	활용하지 않음 (오히려 역효과)
집단활동 성적	때에 따라	매우 중요
집단학습과정 분석하고 설명하기 위한 시간 활용	매우 중요	좋은 생각이지만 매우 중요하지 않음
즉각적인 피드백 제공	좋은 생각이지만 매우 중요하지 않음	매우 중요
동료평가 사용	때에 따라	매우 중요

출처: Larry, Arletta, & Kningt, 2009, p. 47.

〈표 3-3〉에서 알 수 있듯이, 팀기반학습과 협동학습은 서로 구별되는 점들이 있다. 그중에서도 집단활동에 대한 성적의 중요성과 동료평가의 측면에서 주요한 차이를 보인다. 집단이 효과적인 팀으로 변화하기 위해서는 보상이 필요하며, 얼마나 훌륭한 성과를 올렸는가에 대한 피드백 역시 중요하다. 그리고 동료평가를 통해 팀이 효과적으로 목표를 달성했으며, 그 과정에서 모든 구성원이 각자 맡은 부분들에 대해 공헌을 한다면 동일한 점수를 받게 된다. 물론 개인별 공헌도가 다양할 경우에는 개인별 성적이 따로 제공되기도 한다. 그리고 협동학습보다 많은 팀원 구성으로 보다 다양한 생각과 아이디어를 산출하는 것을 중요시한다. 하지만 역할분담은 오히려 역효과를 불러오기 때문에 활동에 따라 각각의 역할을 팀에서 스스로 결정하는 것을 강조한다. 또한 협동학습의 경우에는 학습내용보다는 학습구조를 강조하는 면이 강하지만, 팀기반학습은 협동학습에 비해서 학습내용적인 측면을 강조하는 면이 강하다. 그리고 팀기반학습은 읽기자료를 기본으로 하여 학생들이 교실 외에서 학습을 하고, 개인별로 읽기자료를 통해 학습한 정도를 평가를 통해 확인하면서 단원별 수업이 진행이 된다.

팀기반학습은 읽기자료를 통해 가정에서 미리 학습을 하고, 학습한 정도에 대한 평가를 실시한 후 팀별로 다양한 활동이 이루진다는 점에서 플립드러닝(거꾸로 교실)과 유사한 성격을 띠는 면도 많다. 그래서 교실에서는 팀기반학습을 기초로 하여 단원별로 교육과정을 재구성하고 각 단원별 읽기자료를 제작하며, 본 수업활동에서는 팀별로 이루어질 수 있는 다양한 교수학습방법을 개발하고 적용하는 수업을 할 수 있다. 또한 교수학습방법 개발에 있어서 다양한 학습구조를 통하여 모든 팀원의 적극적인 참여를 유도할 수 있다는 협동학습의 장점을 적용하여, 협동학습에서 사용하는 다양한 협동학습 구조를 활용할 수도 있다.

(3) 플립드러닝(거꾸로 교실)

최근 우리 교육에 플립드 러닝(flipped learning)이 소개가 되면서 일선 교사들은 수업모형의 교육적 의미를 고찰하고, 새로운 수업방법에 대한 관심을 보이기 시작했다. 플립드 러닝은 기존 교육방식을 '뒤집다(flip)'라는 의미로, 교실에서 수업을 하고 가정에서 과제를 해결하던 기존의 전통적인 수업 방식을 뒤집는 수업이다. 즉, 강의 영상을 통해 온라인으로 학생들이 스스로 학습을 하고, 학생들이 해결하지 못한 문제나 심화된 학습활동을 동료 학습자들과의 토론이나 교사의 도움을 얻어 해결하는 수업방식을 의미한다.

흔히들 알고 있는 거꾸로 교실이란 이러한 플립드 러닝이 우리나라에 들어오면서 재해석된 용어이다. 하지만 그것은 하나의 수업 형태로서, 수업의 출발점이 되어야 하며, 목표가 되어서는 안 된다. 거꾸로 교실의 의미가 무엇이든지 간에 분명한 것은 거꾸로 교실은 그 자체가 목표가 되어서는 안 되기 때문이다. 그것은 교사 중심이 아닌, 학생들 중심의 거꾸로 배움이 일어나도록 도움을 주는 하나의 수업방법에 불과하다는 것이다.

이런 의미에서 거꾸로 교실이 꼭 동영상을 제작을 하거나, 동영상을 통해서만 가정에서 학습이 이루어지지 않아도 된다는 것을 알려주고자 한다. 즉, 학생들에게 학습 차시와 관련된 내용을 스스로 공부하거나 다양한 생각이나 아이디어를 알아올 수 있도록 도움을 주고, 학교에서는 학생들이 미리 생각해온 아이디어를 바탕으로 다양한 학생활동 중심의 교육방법을 운영한다면, 그것이 바로 거꾸로 교실이며, 이것이 바로 거꾸로 교실이 진정으로 추구하고자 하는 거꾸로 배움이라 할 수 있다. 이러한 학습과정을 통해 학생들의 다양한 생각, 창의적인 사고를 이끌어 내어 주고, 동료 친구들과 함께 문제를 해결하게끔 해주는 것, 학생들 스스로 학습이 일어나도록 도와주는 것이 거꾸로 교실이며, 거꾸로 교실이 진정으로 나아가고자 하는 거꾸로 배움이라고 강조하고 싶다. 다시 말하지만, 거꾸로 교실은 학생 중심의 배움이 일어나기 위한 또 다른 형태의 학습방법일 뿐이며, 이 또한 진정한 배움이 일어나도록 도움을 주는 출발점이자 시작점일 뿐이라는 사실을 반드시 기억해야 한다.

(4) 토의·토론학습

토의·토론학습은 토의를 통하여 학생들의 창의력을, 토론을 통해 학생들의 논리력을 키우기 위해 사용되어지는 교수학습방법이라고 할 수 있다. 즉, 토의·토론학습은 토의의 특성을 통해 다양한 아이디어를 얻고, 토론의 특성을 통해 다양한 아이디어 중 가장 효과적이며 효율적인 생각을 논리적으로 판단하도록 도와주는 학습법이라고 할 수 있다(정문성, 2013). 이처럼 토의와 토론은 서로 다른 개념이지만, 엄격히 구분하기는 힘들다. 특히 학교의 학습 상황에서는 수업목표를 달성하기 위해 수단으로 사용하는 것이 토의와 토론이기 때문에 구태여 분리할 필요는 없다. 그래서 토의·토론학습이라고 사용하는 것이 바람직하다(정문성, 2013).

학생들은 수많은 의사결정 과정을 통해 학습을 하게 되며, 그들이 앞으로 살아가게 될 삶 역시 수많은 의사결정의 과정을 통해 살아가게 될 것이다. 그래서 학교에서는 다양한 토의·토론학습을 통해 학생들에게 의사결정능력을 길러줌으로써 학생들 스스로 현명한 삶을 영위할 수 있도록 해주어야 하는 책임이 있다(정문성, 2013). 또한 학생활동 중심의 토의·토론학습방법 적용을 통해 토의·토론활동에 대한 흥미와 관심을 높여주어야 한다.

토의·토론수업은 함께 공부하고, 서로 가르쳐주는 학습으로 학생들이 지식과 경험을 풍부하고 정확하게 이해하도록 도와줄 뿐만 아니라, 다양한 고급사고력을 향상할 수 있는 기회를 제공해 준다(정문성, 2013). 또한 토의·토론수업은 학생들의 자발적인 학습을 유도하고, 상호작용에 의해 인지적, 정의적 피드백을 통해 객관적이고 일반화된 사고로 발전시킬 수 있도록 도와준다. 그래서 학생들은 다양한 토의·토론과정을 통해 자신의 생각보다는 집단이 함께 생각해낸 아이디어 및 결과가 더욱 정확하고 다양하며, 합리적이고 창의적임을 알게 되면서, 집단사고에 대한 중요성을 스스로 인식하게 된다. 학생들은 팀별로 이루어지는 다양한 교수학습활동 속에서 서로의 상호작용을 통해 스스로 지식을 구성해 가는 동시에 다양한 토의·토론을 통해 상대방의 생각이나 아이디어를 분석하고, 평가하며, 종합하고, 적용해 보는 과정을 거침으로써 비판적 사고, 문제해결력, 창의력, 논리력, 의사결정력, 메타인지와 같은 고급 사고력을 경험하고 배양하는 기회를 가지게 된다. 특히 토의·토론수업은 [그림 3-2]에서도 살펴볼 수 있듯이, 학생들의 수업 몰입도를 높이는 데도 큰 도움이 된다.

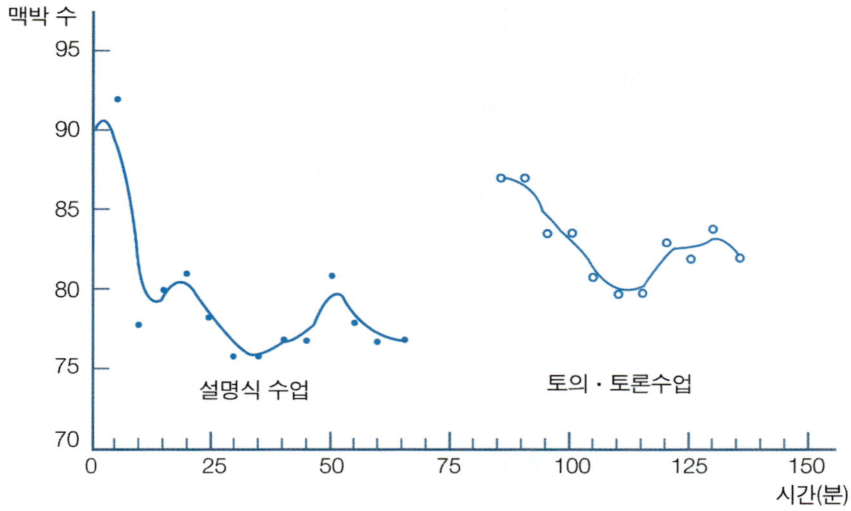

출처: 정문성(2014). p. 31.

그림 3-2 설명식 수업과 토의 · 토론수업의 맥박 수 비교

[그림 3-2]의 그래프는 설명식 수업과 토의 · 토론식 수업을 받을 때의 학생들의 맥박 수를 비교한 것이다. 맥박 수가 높다는 것은 그만큼 학생들이 수업에 몰입을 하고 있다는 의미이다(정문성, 2013). 그래프를 보면 설명식 수업은 수업이 진행이 될수록 맥박 수가 줄어드는 것에 비해서, 토의 · 토론식 수업은 수업이 진행이 되는 동안 전반적으로 높은 맥박 수를 지속적으로 유지하고 있음을 알 수 있다. 이를 통하여 토의 · 토론수업은 학생들의 높은 수업 몰입도를 이끌어 내며, 이를 통해 수업 효과가 더욱 높아질 수 있는 교수학습방법임을 알 수 있다.

(5) 프로젝트 학습

프로젝트 학습이란 프로젝트에 의한, 프로젝트를 통한 학습을 의미한다. 프로젝트 학습은 학습자가 학습의 전 과정에 주도적으로 참여를 하며, 다양한 탐구활동의 결과에 대한 표현활동까지를 포함하게 된다. 즉, 학생들이 스스로 만들어가는 학습의 과정이 바로 프로젝트 학습이라고 할 수 있으며, 학습자 스스로 생각하고 있는 것을 구체적으로 실현하고, 형상화하기 위하여 계획을 세우며, 일정한 프로젝트를 수행하고 연구하는 방식의 교수학습방법을 의미한다(김대현 외, 1999).

학생들은 프로젝트 학습으로 학습내용을 전체적으로 볼 수 있는 안목을 키울 수 있으며, 협동 및 의사소통 능력을 신장할 수 있다(박혜옥, 최완식, 2007). 또한 프로젝트 학습은 학습자의 내적 동기를 유발시킴으로써 학습의 효과를 높이고, 후속 학습에 대한 의욕을 고취하게 된다. 그리고 학습자 자신의 책임감, 긍정적 자아개념, 협동심, 다양한 사회적 기술, 문제해결력, 탐구활동과 표현활동 능력, 사고의 유연성을 길러줄 수 있다. 여기에 교사의 준비와 노력, 학습자들의 헌신이 뒷받침되고 적극적인 참여가 더해질 때 비로소 진정한 의미의 프로젝트 학습의 효과가 발현될 수 있다.

현재의 학교 현장에서는 어렵지 않게 프로젝트 수업을 실천하는 교사를 발견할 수 있다. 그러나 이들이 사용하는 프로젝트 수업은 주제수업, 토픽수업, 문제해결수업, 교과통합수업과 유사하게 활용되어지고 있음을 발견하게 되기도 한다. 이에 Kilpatrick은 "프로젝트 개념은 유목적적인 활동이 중요한 요소"임을 밝히고 있다. 또한 Kilpatrick은 "The Project Method"를 통해 프로젝트 학습의 기본원리를 다음과 같이 밝히고 있다(김경하, 2016).

첫째, 학습은 학생에게 유목적이어야 한다. 여기서 유목적이어야 한다는 말은 학생들이 전심전력을 다해 활동에 참여함을 의미하는 것으로, 목적의 종류에 따라 두 가지로 구분이 된다. 하나는 학생이 그 목적을 정하는 것으로, 학생 스스로 자신이 수행할 목적을 정하고, 그에 따라 필요한 활동을 계획하며 수행하는 과정을 거친다면 학생은 스스로 그 활동에 몰두하고 집중하게 된다. 다른 하나는 학교교육으로 정해져서 학생에게 제공되는 유목적적인 활동이다. 학교교육 혹은 교실수업에서는 목표라는 것을 무시할 수 없다. 이에 킬패트릭은 두 가지 경우 모두 유목적적인 활동이기는 하지만, 학습자들이 전심전력을 다해서 참여하기 위해서는 전자의 경우가 보다 효과적이며 교육적인 모습을 보인다고 주장한다.

그렇다면 어떻게 하면 교육적인 목표를 달성하면서도 학생들이 스스로 목적을 정하고 활동을 계획하고 수행할 수 있게 하는 것이 가능할까? 그것은 바로 학생들의 선택권에 비밀이 숨겨져 있다. 교사는 교육적인 목표에 도달하기 위해 학생들이 다양한 선택지를 가질 수 있도록 제공하고, 학생들에게 그러한 선택지 중에서 스스로 선택할 수 있는 기회를 제공한다면, 그 목표에 도달하기 위해 더욱 전심전력하게 될 것이기 때문이다.

둘째, 학습내용은 심리적이어야 한다. 흔히 심리적이라는 말을 사용하면 논리적이라는 말과 함께 사용된다. 학생들이 학습의 결과로 알아야 하는 것은 논리적인 것이 되지만 학습자가 아직은 모르지만 교사가 논리적으로 설명하는 것에 대해서 학습자들은 우선 심리적인 것으로 먼저 받아들이게 된다. 즉, 학습자들은 지식을 심리적인 것에서 받아들여서 점차 논리적인 것으로 옮아가게 되는 것이다.

그러나 지금까지의 학교교육은 결과물로서의 논리적인 지식에만 집중한 나머지 아이들이 스스로 가지고 있는 심미적인 측면을 바라보지 못하였다. 지식을 학습하도록 가르치기 위해서는 학생이 지식을 알아가는 과정에서 집중적으로 드러나는 내용의 심리적 측면을 고려해야 한다. 즉, 우리가 흔히 학교에서 교육하는 내용은 객관화되고 보편화된 진실의 집합체로써 논리적인 성격이 강하게 드러난다. 그러나 학생들은 지식을 습득하는 과정에서 처음 만나는 지식 혹은 처음 알게 되는 내용들을 최초에는 우선 심리적인 것으로 인식하게 되는 것이다.

셋째, 활동은 계속적으로 이어져야 한다. 학습함에 있어서 학생들의 내적 동기를 가지는 것이 가장 중요한 요소라고 할 수 있다. 학습의 유목적성을 강조하는 것 역시 이러한 내적 동기를 높여주기 위한 한 방법이라 할 수 있다. 학생들이 지금 이 시간에 어떠한 활동을 해야 할지 모른다는 것은 지금 활동이 끝나면 다음에 이어지는 활동이 없다는 의미이기도 하며, 이런 경우에 학생들은 어떤 활동을 하고 싶다는 내적 동기를 가질 수 없게 된다.

물론 프로젝트 학습에 대한 쟁점도 많이 존재한다. 특히 그 중에서도 국가수준

교육과정이라는 것이 존재하는 우리나라의 경우, 학교나 교실에서 교사가 가르쳐야 하는 것이 주어져 있더라도 프로젝트 학습이 과연 가능할까라는 것이 가장 큰 쟁점이라고 할 수 있다. 프로젝트 수업은 분명히 학습자들이 자신의 흥미에 맞는 목적 또는 활동을 정하고, 수업을 통해 그것을 풀어가며 해결하는 과정임은 분명하다. 이러한 점 때문에 우리나라 교육에서는 프로젝트 수업을 할 수 없다는 생각이 만연하기도 하다.

그러나 Kilpatrick은 외부에서 주어진 목적, 즉 국가수준 교육과정이 존재하는 우리나라의 경우에서도 프로젝트 수업이 가능하다고 말을 하고 있다. 교사가 가르쳐야 할 국가수준 교육과정을 이면에 놓고, 학생이 하고자 하는 것을 적극적으로 외면에 드러내어 수업을 조직하고 수행한다면, 그 또한 학생들에게 유목적적인 활동이 될 수 있으며, 교육적 목적을 달성하는 동시에 아이들의 흥미와 관심을 높이고 전심전력하여 활동에 참여하게 하는 프로젝트 수업이 될 수 있기 때문이다.

두 번째 쟁점은 위의 쟁점과 연결되어 있는 것으로, 학생이 해야 할 것을 정해야 하는 유목적적 활동이 과연 가능하냐는 것이다. 학생들이 해야 할 것으로만 수업의 내용과 활동을 온전히 선정하게 될 경우 학생들은 재미있는 활동만 하자고 할 것이며, 이에 교사가 가르쳐야 하는 내용과 상충하거나 교육적이지 않다고 생각되는 것들에 대해서는 어떻게 해야 할지 고민이 생긴다는 것이다. 이런 이유들로 프로젝트 수업의 이상적인 모습과 효과에 대해서는 동의하지만, 현실적으로 우리나라 학교현장에서 프로젝트 수업은 실천될 수 없다는 인식이 만연해 왔다.

그러나 Kilpatrick은 이에 '유목적적(purposeful)'이라는 용어를 사용함에 있어서, 학생만이 정해야 하는 것이라고 설명하지 않았다. 유목적적(purposeful)은 누가 결정했는가에 초점을 두면서 교사가 제안할 수 없다는 의미라기보다는, 활동이 학생들에게 유의미하게 느껴지는지, 학생들 스스로 활동을 유목적적인 것으로 느끼고 있는가를 강조하는 단어라고 할 수 있다. 교사가 제안한 것을 학생들이 찬성한 활동이더라도 학생들이 유목적이라고 받아들이고 수행한다면 그 또한 프로젝트 학습이 될 수 있다는 것이다.

학교 현장에서는 프로젝트 학습에 대한 오해가 많다. 교육과정의 재구성과 함께 항상 따라오는 말이 프로젝트 학습으로서, 교육과정 재구성을 통해 수업을 하기 위해서는 프로젝트 학습을 반드시 실천해야 한다고 흔히들 생각한다. 본 저자가 여기서 언급하고 있는 프로젝트 학습은 기존에 강의 혹은 연수 등을 통해 배운 여러 가지 다양한 학습방법과는 확실히 다른 차이점을 가지는 교수학습 방법이라고 말하고 싶다. 우선 프로젝트 학습은 기존에 배운 학습 방법처럼 어떠한 정해진 과정이나 방법이 정해져 있는 것이 아니라, 아이들의 진정한 배움을 위한 하나의 프로세스에 불과하다는 것을 알려주고 싶다. 학생들이 원하는 것, 해결하고자 하는 문제를 찾고, 그 문제를 함께 해결하는 경험을 제공하며, 어떠한 결과물(산출물)을 만들어내는 과정 자체가 프로젝트 학습이라는 것이다. 그리고 그러한 과정 중에 필요하다면 교사들은 설명식 수업, 토의토론수업, 액션러닝식 수업, 거꾸로 교실(플립드 러닝), 협동학습, 팀기반학습 등 다양한 수업방법을 필요에 따라 어떠한 것을 사용해도 무방하다.

프로젝트 학습의 목적은 학생들로 하여금 학습과 배움에 흥미와 관심을 가지게 하는 것이며, 그러한 흥미와 관심, 몰입을 높이기 위해서 배움과 학습의 내용을 학생들이 스스로 찾게 함으로써 유목적적인 활동이 되도록 하는 것이다. 그리고 활동 결과물에 대한 평가보다는 결과물을 얻기까지의 과정을 중요시 여기며, 이러한 과정 중에 함께 문제를 해결하면서 서로 느끼고, 깨닫고, 체득하게 되는 능력을 강조하고 있으며, 이러한 과정 중에 체득하게 되는 능력이 바로 인성이 되기도 하고, 핵심역량이 되기도 하는 것이다.

바른 인성 함양, 2015 개정교육과정에서 강조하는 6대 핵심역량[2] 함양은 교사의

---

2) 자기관리 역량, 지식정보처리 역량, 창의적 사고 역량, 심미적 감성 역량, 의사소통 역량, 공동체 역량
- 자아정체성과 자신감을 가지고 자신의 삶과 진로에 필요한 기초 능력과 자질을 갖추어 자기주도적으로 살아갈 수 있는 자기관리 역량
- 문제를 합리적으로 해결하기 위하여 다양한 영역의 지식과 정보를 처리하고 활용할 수 있는 지식정보처리 역량
- 폭넓은 기초 지식을 바탕으로 다양한 전문분야의 지식, 기술, 경험을 융합적으로 활용하여 새로운 것을 창출하는 창의적 사고 역량
- 인간에 대한 공감적 이해와 문화적 감수성을 바탕으로, 삶의 의미와 가치를 발견하고 향유하는 심미적 감성

일방적인 수업을 통해서는 불가능한 것이다. 아이들이 스스로 체험하고 활동하며 깨달으면서 몸소 체득해야 가능한 것으로, 이를 실현할 수 있는 학습방법으로 가장 적합한 것이 바로 프로젝트 학습이라고 말할 수 있을 것이다.

2 수업공개의 변화

교사의 교수학습을 확인하고 평가하는 방법으로 그동안 다양한 공개수업을 교육청 차원, 학교차원, 개인적 차원에서 실천하고 있다. 그런데 학부모 공개수업, 동료교사 공개수업, 상시 공개수업, 시・도 단위 공개수업 등 다양한 공개수업으로 인해 교사는 언제나 수업을 통해 평가를 받기 위해 존재하고 있는 듯하다. 이는 수업을 공개하는 것은 교사의 능력을 평가 받거나 평가를 하기 위함이며, 공개수업을 참관하러 온 교사 혹은 평가단에게 수업을 얼마나 잘했느냐 못했느냐를 측정받기 위한 것이라는 인식이 만연하기 때문이다. 그래서 현직 교사들은 수업장학, 수업컨설팅, 수업연구 등에 대해서 좋지 않은 인식이 많다. 교사는 언제나 평가를 받아야 하는 존재가 되고, 지도를 받아야 하는 존재가 되어가면서 교사는 언제나 늘 주의의 시선과 평가를 신경써야 하면서 스스로에게조차 자유롭지 못한 존재가 되고 있다.

이제는 수업공개에 대한 인식이 변화되어야 한다. 교수학습 정도를 확인하고 분석하며, 이를 바탕으로 평가를 하기 위한 것이 공개수업이 아니라 한 교사가 성장하고 발전하고 있는 그 과정과 그 과정 속에서 어떠한 교수학습을 실천하고 있는지를 이해하는 데 초점을 두어야 한다. 수업을 참관하거나 평가하는 교사 혹은 관리자의 생각과 판단에 따라 수업자의 행위를 나만의 틀로 판단하려 하면 안 된다.

역량
- 다양한 상황에서 자신의 생각과 감성을 효과적으로 표현하고, 다른 사람의 의견을 경청하며 존중하는 의사소통 역량
- 지역・국가・세계 공동체의 구성원에게 요구되는 가치와 태도를 가지고, 공동체 발전에 적극적으로 참여하는 공동체 역량

수업공개에 대한 인식 변화로 인해 최근에는 수업행위를 예술적으로 바라보기, 학생의 배움을 중심으로 수업 바라보기, 교사의 내면을 중심으로 수업 바라보기 등 다양한 형태의 수업 협의회 방식이 등장하고 있다. 이들의 새로운 형태의 수업 협의회는 공통적으로 교사를 측정과 평가, 분석의 대상으로 바라보지 않고 교사의 새로운 성찰을 이끌어내는 형태로 바라보는 것이다(김태현, 2016). 이러한 수업 협의회 방식에서는 교사들로 하여금 새로운 시각을 갖게 하고, 수평적 분위기에 서로의 이야기를 가지고 소통하게 되며, 서로에게 조언을 들을 수 있게 된다. 하지만 이러한 수업 협의회에서도 중요한 것을 잊으면 안 된다. 바로 교사가 중심이 되어야 한다는 것이다. 각자의 틀에서 수업을 해석하는 것이 아니라, 교사의 삶의 모습, 교사의 시선에서 수업을 바라봐야 한다. 그러나 최근의 다양한 수업 협의회에서도 각자의 수업이야기를 바탕으로 한 좋은 수업 나누기로 인해 교사 모의현상은 여전히 문제점으로 남아 있기도 하다.

교사가 오늘의 수업을 위해 어떠한 고민을 거쳤고, 어떤 교육적 행위를 실천했는지를 이야기하고 함께 나눌 수 있어야 하며, 교사의 시선에서 수업 이야기를 해야 한다. 그리고 이러한 분위기가 가능하도록 관리자는 분석과 평가를 위한 수업공개가 아니라, 수업자의 수업 이야기를 들어보고 함께 새로운 성찰의 기회를 가질 수 있는 수업공개가 가능하도록 학교조직문화를 형성해야 할 것이다.

3 수업지도안의 변화

수업지도안에는 학습지도안, 수업설계안, 교수학습 과정안, 교수학습 계획안 등 다양한 이름이 들어 있다. 요즘에는 대부분 교수학습 과정안이 표준적인 명칭으로 자리하고 있으며, 세안과 약안으로 구분된다. 세안은 단원 전체에 대한 분석이 포함되는 것으로, 단원명, 단원의 개관, 단원목표, 과제분석, 교재연구, 학생실태 조사,

단원지도 계획, 본시 학습전개 계획, 참고문헌, 학습자료 등이 포함된다. 약안은 이 중에서는 본시 학습전개 계획만을 의미하는 것으로 대부분 표의 형식으로 만들어진다(이규혁, 2013).

암묵적으로 우리는 수업지도안을 작성할 때 세 가지 측면을 고려하게 된다. 첫째, 매우 상세하게 작성해야 한다는 것이다. 수업지도안은 어느 누가 보더라도 수업지도안을 가지고 수업이 가능하도록 자세하게 작성해야 한다고 한다. 그리고 계획을 치밀하게 세워야 성공적으로 수업할 수 있으며, 그것이 바로 좋은 수업이라는 인식이 많았다. 그러나 이는 교실의 복잡한 상황과 현실을 고려하지 못한다는 단점을 가진다. 교사는 학생의 요구와 변화에 따르지 못하고, 자신이 세운 계획에 따라 얽매여 꼼짝하지 못한 채 수업을 계속 진행할 수밖에 없는 것이다. 수업전문가로서 교사는 수업지도안에 세워진 계획에 얽매이기보다는, 학생들의 반응에 따라 교육적 의미를 통찰하여 배움이 일어날 수 있도록 유연하게 수정할 수 있는 능력을 갖추고 있어야 할 것이다.

둘째, 수업지도안은 일정한 형식에 얽매어 있다. 대부분의 수업지도안에는 학습주제, 학습목표, 학습모형, 집단조직, 자료, 판서계획 등이 포함되어 있다. 그 모양과 들어있는 유형에는 차이가 있을지라도 대부분의 수업지도안에는 이러한 내용들이 포함되어 있다. 그리고 도입, 전개, 정리로 구분되는 수업과정과 각 단계별로 할당되는 시간계획도 포함된다. 이러한 수업지도안의 형식은 그 자체가 가르치고 배우는 활동이 무엇인지를 특정한 방식으로 사고하고 행동하도록 만들게 한다. 그 예로 학습모형을 들 수 있다. 학습모형은 수업을 어떻게 하는 것이 좋은지 구상한 아이디어라고 할 수 있다. 그런데 수업을 함에 있어서 알려져 있는 수업모형을 적용하는 것이 유리한 수업이 있기도 하지만, 수업모형을 적용하지 않는 편이 적합한 수업도 존재한다. 이런 상황에서 어떤 수업모형이 지도안의 고정된 형식으로 자리잡게 되는 순간, 선택된 수업모형에 따라 수업내용을 변환할 수밖에 없는 되는 주객이 전도되는 현상이 발생하게 된다.

셋째, 수업지도안은 지식을 시간 단위(초등 40분, 중 45분, 고 50분)로 분절되어서 제시하며, 이러한 분절된 지식은 다시 도입, 전개, 정리활동의 단위로 구분되어 가르칠 수 있도록 계획된다. 그러나 지식은 이처럼 균일하게 분절하는 것이 사실상 불가능하다. 위계적 순차성을 기초하여 누적적으로 학습하는 것이 불가능한 지식이 많음에도 불구하고, 우리들의 수업지도안은 지식을 표준화와 등분화가 가능한 것으로 여기고 있는 것이다. 이러한 수업지도안에 대한 인식이 만연한 교실문화로 인해 앞에서 설명을 한 프로젝트 학습이 그동안 실현되지 못한 건지도 모를 일이다.

넷째, 행동적 목표 진술에 대한 문제점이다. 행동주의 및 행동적 목표 진술을 찬성하는 교사들은 수업목표를 행동적 용어로 진술해야 한다고 한다. 그래야 수업을 효율적으로 진행할 수 있으며, 얼마나 많은 아이들이 수업목표를 달성했는지를 눈으로 확인할 수 있다고 한다. 이는 행동적 용어로 진술하면 수업전개를 구체적으로 제시할 수 있고, 수업운영의 내적 일관성을 유지할 수 있으며, 종착점(수업목표)을 분명하게 제시함으로써 명확한 평가지침을 제공할 수 있기 때문이다.

그러나 현재 학교교육에서 강조하고 있는 바른 인성 함양 및 핵심 역량 함양의 측면에서 바라봤을 때, 이러한 교육목표 진술로 불가능한 것들이 많음을 알 수 있다. 인성과 역량 함양은 가시적 행동의 변화로 확인하기 어려운 점이 많기 때문이다. 또한 수업은 매우 역동적이며, 수업에서 교사와 학생의 만남을 통해 수업과정이 변화되고, 이러한 과정 중에 수업목표가 바뀔 수도 있고 발현될 수도 있기 때문이다. 이에 교수학습은 매우 역동적이라는 인식을 가지고 있는 구성주의적 관점에서는 행동주의적 목표 진술을 비판하고 있으며, 획일적인 목표 진술 대신에 교사와 학생의 소통을 통해 아이들이 관심과 흥미를 가질 수 있는 유의미한 맥락 지향적 수업목표 설정을 권장하고 있기도 하다.

지금까지 언급한 수업지도안에 대한 다양한 쟁점에 대한 문제점도 있지만, 더욱 중요한 것은 학교 현장의 교사들 대부분은 이러한 수업지도안을 거의 작성하지 않는다는 것이다. 이는 교사들이 이미 수업에서 무엇을 해야 할지 능숙하게 적응해있기 때문이다. 그런데 공식적인 수업지도안은 이런 교사들의 상황에 관심을 기울이지 않고, 촘촘하게 설계하여 수업을 진행하게 함으로써 교사 중심적으로 수업공개를 하게 만든다. 즉, 계획된 스케줄에 따라 수업시간을 관리하게 하고, 예기치 않은 학생의 질문에는 대답을 하지 못하는 경우가 생기게 되며, 지도안의 계획대로 진행이 되지 않을 경우 교사는 수업역량이 부족하다는 평가를 받게 될 수도 있다. 계획된 스케줄에 따라 이루어지는 수업에서는 교사와 학생이 함께 즐거움을 공유하는 순간은 존재하지 않으며, 계획된 지도안에 종속되어 교사가 소외되는 교실 장면을 발견하게 될 것이다.

그래서 이제는 수업지도안에도 변화가 필요한 시점이라고 할 수 있다. 관리자들 또한 세세한 수업지도안의 형식에 얽매이기보다는 수업 아이디어를 다른 교사와 소통하면서 서로 도움을 받을 수 있는 측면에 초점을 맞추어서 수업지도안의 형식을 자유롭게 허용할 필요성이 높아졌다고 할 수 있다. 수업을 잘하기 위해서, 그리고 수업 아이디어를 서로 공유할 수 있다는 두 가지 측면이 고려되어진 수업지도안으로, 형식에 얽매인 지도안에서 탈피한 수업지도안으로, 교사들의 협의와 성찰, 수업 나눔이 중심이 될 수 있는 학교조직문화가 형성되기를 희망해 본다. 실제 저자의 학교에서는 기존의 수업지도안에서 탈피한 '배움과정안'이라고 이름 지어진 수업지도안을 만들어서 적용해보았다. 이를 구체적으로 살펴보면 다음과 같다.

참고

배움과정 안으로 수업을 함께 계획하기로 약속한 우리들[3)]

가르치는 행위는 예술에 비유한다. 여기에는 몇 가지 의미가 내포되어 있다. 하나는 전통과 관습에 얽매이지 않고 창의적인 수업을 실천하라는 것이다. 그리고 또 다른 하나는 목적과 수단이 분리되어서는 안 된다는 것이다. 그럼에도 불구하고, 우리는 수업을 하기 전에 수업의 방향과 목적을 이미 설정하고 있다. 그 어떠한 예술작품도 방향과 목적을 미리 설정하고 시작하지 않는다. 최종 작품을 완성하기 까지 무엇을 만들려고 하는지 알지 못한다. 수업도 그래야 한다. 교사와 학생의 만남에서 시작을 하고 함께 구성해나가야 한다. 하지만 이러한 말이 무책임한 준비 없는 수업을 말하는 것이 아님을 모두 알고 있을 것이다.

수업을 하기도 전에 우리는 모두 수업목표를 미리 정해놓고 있다. 그리고 학생들에게 동기유발을 통해 목표가 무엇인지 예상하게 한다. 과연 동기유발이 정말 잘 되었다고 하여 이번 시간 수업목표를 아이들이 유추해내는 것이 가능할까? 아이들과 교사의 정해진 규칙에 의해 보여주기식 수업으로 아이들이 미리 알고 있는 것을 발표하게 하는 것은 아니었는지 스스로에게 물어봤다.

필자 역시 그러하였다. 동기유발은 오늘 학습할 문제 혹은 목표를 아이들이 맞출 수 있도록 만들어져야 하며, 동기유발 후에는 아이들이 목표나 문제를 유추해야 한다고 생각하였다. 그래서 사용한 방법이 문장을 적어 놓고, 핵심 단어에 괄호를 넣는 것이었다. 그러면서 행동적 언어로 목표를 기술해야 한다고 한다.

우리들은 함께 모여서 배움 중심, 학습 중심 수업에서 그 결과를 가시적으로 아는 것이 가능한가? 행동적 언어로 표현될 수 있는가라는 질문을 던져보았다. 배움이라는 것은 눈으로 보이지 않기 때문에 수많은 선생님들이 고민하고 걱정한다. 과연 우리 아이들이 배우고 있는지? 내가 원하는 배움이 일어나고 있는지?

그런데 모든 배움이 행동적 목표로 진술이 가능하다면 이러한 고민이 필요가 없는 것이다. 즉, 행동적 목표로 진술이 될 수 없는, 그것이 바로 진정한 의미에서의 배움이라는 생각을 하게 되었고 이로 인해 우리는 행동적 목표 진술 대신에 배움을 강조하는 맥락 지향적 수업목표를 설정하고자 하였다. 그러면서 우리는 프로젝트 별로 1개 혹은 2개의 지도안은 공동 지도안을 작성하여 함께 수업을 해보기로 하였다. 물론 이러한 이야기가 계기가 되어 우리 학교에서의 교사 대상 공개수업지도안은 공동지도안을 작성하게 되었다.

그리고 우리는 수업지도안에 대해서도 다시 한 번 꼼꼼하게 살펴보았다. 그동안 우리 학교에서는 지도안을 작성할 때 세세하게 작성할 것을 요구하였고, 계획을 치밀하게 세우도록 요구받았다. 지도안을 보고서 어느 선생님이라도 그러한 수업을 할 수 있도록 말이다. 그리고 이렇게 세세하게 계획을 세워야 수업이 성공한다는 인식이 깔려 있었다. 수업의 성공을 어떻게 발견할 것인가? 행동적 목표도 사용하지 않기로 결정한 우리 동 학년인데, 수업의 성공을 어떻게 무엇으로 발견하겠는가? 그래서 우리는 수업지도안을 버리고자 하였다.

단, 수업지도안을 버리고 바꾸기 위해서 우리는 수업 아이디어를 서로 공유하고 서로에게 도움이 될 수 있는 방향으로 만들어가기로 하였다. 그리고 수업지도안이라는 말에서 배움과정안이라는 말로 바꾸었다.

흔히 수업지도안에는 목표와 내용, 학습자 특성, 교수환경과 맥락적 요소가 들어가게 된다. 우리는 과감하게 이 모든 것을 지워버리기로 하였다. 또한 프로젝트 학습을 통해 한 차시 수업이 아니라 연차시 수업의 계획이 많은 우리들에게 기존 수업지도안은 매우 불편한 것이 많았다. 수업지도안에 들어가 있는 모든 수업 요소를 매번 검토하는 것도 큰 어려움이 있었다.

그래서 우리는 다음의 그림과 같은 배움과정안을 만들어 보았다.

배움과정안 **마음** 주제 입력하기 **주제차시: 종 차시**

1. 이런 의도로

관련 성취기준	재구성 이유

2. 계획하고

인성 교육 전략	기본 인성 요소								주요 인성덕목	인성교육 중점
	존중	협동	자존	효능	배려	자신	책임	조절		

주제 재구성 개요	

차시	차시별 활동내용	관련 교과 및 단원	차시별 주제	교수학습방법

3. 실천해서

차시별 내용 및 주제 넣기

4. 성찰해요

우리들의 이야기로	이렇게 발전시켜요

살펴보면서 어떠한 생각이 들었는가? 아주 간단하게 만들었다. 우리가 계획하는 프로젝트 주제가 교육과정에서 제시하는 어떠한 성취기준에서 출발한 것인지 알아보고, 재구성을 한 이유도 적어보게 하였다. 그리고 어떠한 인성 요소를 길러주기 위함인지 알아보고, 주제 재구성에 대한 개요와 차시별 활동내용과 관련 교과, 단원, 차시별 주제 및 활용한 교수학습방법으로 계획하도록 하였다. 기존 수업지도안에서 제시해야 한다고 한 것에서 빠진 것이 있는가? 빠진 것이 있지만, 필요한 요소들은 모두 포함이 되었다. 그리고 '실천해서'의 차시별 내용 및 주제에서는 간략하게 아이들의 활동내용과 모습을 함께 만들어가기로 하였다. 마지막으로 우리가 제일 고민한 부분은 '성찰해요' 부분이다. 우리들이 함께 배움과정을 계획하고, 함께 실천함에 있어서 가장 중요하게 생각한 부분이 바로 우리들의 성찰이다. 계획과 실행을 통해 느꼈던 것, 그러한 과정 중에 반성하고, 다시 스스로 재구성한 활동에 대해 함께 모여서 반성하고 성찰하는 것이 배움과정 안을 함께 만들어가는 과정 중에서 가장 중요한 활동이라고 생각을 하였다.

그리고 수업성찰 부분에서는 김현섭(2013)의 저서 『수업을 바꾸다』에서 착안하여 일부 보완하여 운영하였다. 우리들이 함께 수업을 성찰하고 나눔을 실천한 방법이다. 이처럼 우리는 동 학년 중심의 학습공동체를 매우 중요하게 생각하고, 함께 많은 노력을 해왔으며 지금도 함께 진행하고 있다.

학습공동체는 어쩌면 지금 학교가 지니고 있는 문제점을 교사들이 함께 해결해나가게 해주는 최선의 방법일지도 모르겠다. 물론 그 형태가 연구 동아리, 학년 중심 체제, 학습공동체, 소모임 등 다양할 수는 있다. 그러나 한 가지 분명한 것은 이제 함께 해야 한다는 것이다.

사회적으로 학교가 붕괴되고 있다는 걱정을 많이 하고, 학교교육을 신뢰하지 못하여 학교에 다니게 하는 대신 홈스쿨링을 선택하는 학부모도 조금씩 증가하고 있는 추세라고 한다. 이러한 따가운 사회적 시선에서 우리가 벗어나고, 더욱 떳떳하게 우리들이 그러한 문제를 해결하는 방법은 교사들이 함께 서로의 수업을 나누고, 교육철학을 공유하고, 더욱 다양한 시각에서 수업을 바라보면서 우리들이 스스로 해결책을 찾아가고 실천하는 것이다. 그러한 관계지향적인 공동체를 중심으로 한 학교 조직 문화가 형성되기를 희망해 본다.

4 수업과 배움 중심의 학교경영

1) 수업코칭이 중심이 되는 학교조직문화[4]

김현섭(2013)은 『수업을 바꾸다』라는 저서를 통해 다음과 같은 경험을 밝혔다.

3) 최경민, 김규태(2016). 『학생 바보 교사의 용기』에서 요약 발췌한 내용임.
4) 김현섭(2013). 『수업을 바꾸다』의 내용을 요약·발췌하였음.

참고

2012년 싱가폴 탐방 시, 협동학습을 잘 실천하는 고등학교 교사를 만났고, 그 교사는 협동학습을 실천한지 2년차라는 말을 듣게 되었다. 2년차 교사로서 할 수 있는 수업이 아니라고 생각을 하였고, 어떻게 그렇게 실천을 할 수 있었냐는 질문에 해당 학교 교감 선생님은 이렇게 답을 하였다.

"협동학습 전문가를 초청하여 전체 연수를 실시하고, 그 중에서 자질이 갖추어진 다섯 명의 교사들을 희망자 중심으로 선발하여 전문가에게 수업코칭을 집중적으로 받았기 때문입니다."

현재 우리나라에서는 정답을 제시하는 연역적인 방법으로 수업공개 및 수업평가가 이루어지기 때문에 교사의 교실수업에 변화가 느리다는 것을 앞의 사례와의 비교를 통해 알 수 있다. 우리는 교사의 수업능력을 향상시키기 위해서 흔히 수업공개와 교사연수를 실시하게 된다. 그러나 수업공개는 현실적으로는 실적 남기기에 불과하며, 이 또한 평가의 방식을 따르고 있었다. 그리고 교사연수 또한 새로운 콘텐츠를 새로 배우더라도 교실 속에서 실제로 그것을 적용해 보고, 시행착오도 겪어보면서 자신의 것으로 만들어가는 과정이 필요함에도 불구하고 그러지 못하는 경우가 대부분이어서 교사연수가 교실수업과 실제로 연결되는 경우가 극히 드문 것이 사실이다.

이처럼 교수학습방법 개선, 교실수업 개선, 교실수업 혁신은 하나의 정답으로 몰아가는 연역적인 방법으로는 실현될 수 없다. 이는 교사들 각자에게 답이 있기 때문이며, 이에 대한 방법 중의 하나로 수업코칭을 들 수 있다. 수업코칭은 수업문제를 귀납적으로 접근하게 되며, 자기 수업성찰을 통해 스스로 수업에 대한 자신만의 답을 찾아가게 도와주기 때문이다. 수업코칭이 기존 수업접근 방식과 다른 점을 찾으면 〈표 3-4〉와 같다.

표 3-4 수업코칭과 기존 수업접근 방식의 차이점

비교	차이점
수업장학 vs 수업코칭	• 수업장학은 교사의 교수학습 행위 개선이 목적이며, 수업에 대한 정답을 제시하려 하며, 그 기준에 따라 수업을 평가하고 피드백을 함 • 수업코칭은 목적은 같으나 교사의 자발성을 중요시 여기면서, 교사 자신의 성찰을 더 강조하는 행위임
수업 평가 vs 수업코칭	• 수업평가는 교사의 수업능력을 측정하고 평가하는 것이 목적으로, 어떤 수업평가 도구를 사용했느냐에 따라 결과가 달라지게 됨 • 수업코칭은 특정한 수업평가 도구로 여러 형태의 수업을 평가할 수 없다는 점을 강조하며 실질적인 수업개선에 중점을 둠
수업비평 vs 수업코칭	• 수업비평은 수업을 다양한 관점에서 이해하고 해석하는 것으로, 관찰자의 관점에 따라 동일한 수업에 대해 다른 결과가 나올 수 있으며, 수업현상의 이해와 해석을 그 목적으로 두고 있음 • 그러나 수업비평은 구체적인 피드백 방식까지 제시하지 못하는 반면, 수업코칭은 성찰과 도전과제 수행과정 등을 통해 교사 스스로 자신의 문제를 극복하도록 도와 줌
배움공동체 vs 수업코칭	• 배움공동체는 최근 교육계에서 주목하는 것으로, 구성주의 관점으로 학교문화와 수업문화를 개혁하려는 목적을 가짐 • 그러나 배움의 공동체는 학생의 배움을 강조하면서 상대적으로 교사의 역할과 성찰을 덜 다루는 면이 존재한다. 수업코칭은 이에 비해 교사의 자발적인 참여를 강조하면서 내면 성찰을 중요하게 다룸
수업컨설팅 vs 수업코칭	• 수업컨설팅은 기존의 수업 장학 문제점을 비판하고, 기업에서 사용되던 컨설팅의 개념을 교육영역에 도입하여 만든 방법임 • 수업컨설팅은 교사의 자발성에 기초한다는 점에서 수업개선 효과가 크지만, 컨설턴트의 능력에 따라, 그리고 의존정도에 따라 그 효과에 차이가 있다는 단점을 가짐 • 수업컨설팅과 수업코칭은 유사한 점이 매우 많지만, 수업컨설팅이 교사가 요청한 도움을 중심으로 피드백이 이루어지는 반면, 수업코칭은 교사가 인식하지 못했던 근본적인 문제의 원인을 스스고 깨닫고 해결할 수 있도록 도와주는 차이점을 가짐

〈표 3-4〉에서 알 수 있듯이 수업컨설팅과 수업코칭은 매우 유사한 점이 많으며, 그 방법적인 측면에서도 동일한 점이 많다. 그러나 학교 관리자 혹은 교육정책 입안자들은 수업컨설팅을 수업 장학과 비슷한 개념으로 이해하는 경향이 많으며, 컨설팅과 장학의 개념을 혼합하여 '수업컨설팅 장학'이라는 개념을 새롭게 만들어서 사용하기도 하는 오류를 범하고 있다. 그래서 수업코칭이라는 개념 도입이 필요하며, 수업코칭이 중심이 되는 교실 수업개선, 수업 공개문화가 조성이 되는 학교조직을 형성하기 위하여 학교 관리자 및 교육부(청)에서는 많은 노력을 기울여야 할 것이다.

2) 수업코칭 원리와 학교경영

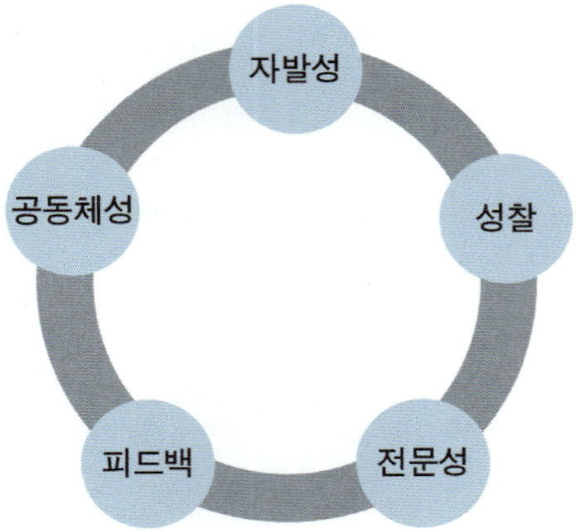

그림 3-3 수업코칭의 원리

수업코칭 원리는 [그림 3-3]처럼 자발성, 성찰, 전문성, 피드백, 공동체성으로 이루어진다. 각각의 원리에 따라 학교 관리자 및 교육부(청)에서는 〈표 3-5〉와 같은 사항을 고려하여 경영에 초점을 맞춘다면, 수업이 중심이 되는 학교조직 형성에 도움이 될 것으로 보인다.

표 3-5 수업코칭 원리에 따른 학교 경영

원리	내용	경영 관련
자발성	효과적인 수업코칭을 위해서 가장 우선적으로 고려해야 할 것이 바로 교사의 자발성이다. 열린 마음을 가지고 수업개선 및 혁신을 위해 자신의 의지에 따라 자발적으로 참여했을 때, 교사들 스스로 의미 있는 변화를 경험하게 될 것이기 때문이다.	학교 현장에서는 수업컨설팅 및 수업장학이 학교평가 점수에 들어가게 되면서, 학교 자체적으로 강제적으로 수업을 공개하고 컨설팅 및 장학을 받게 하는 경우가 많다. 강제로 이루어질 경우 교사의 마음을 닫게 하고 개선 효과에 오히려 역효과를 가져올 수 있다. 학교 관리자는 학교평가 점수보다는 교사 개개인의 성장과 발전에 초점을 맞추어서 자발적인 참여를 이끌어내는 학교조직문화를 형성하는 것이 우선 필요할 것으로 생각된다. 이를 위해 학교장의 일방적인 리더십을 발휘하기보다는 교사리더십, 분산적 리더십을 통해 교사들에게 임파워먼트를 제공하는 것도 하나의 좋은 방법이 될 것이다.

<table>
<tr><td>성찰</td><td>수업성장을 위해서는 수업에 대한 성찰이 전제되어야 한다. 나의 수업 속에서 나의 모습은 어떠한지(신체, 감정, 생각, 사고, 행동 등), 학생들의 모습(학습상황, 반응, 태도, 교실 분위기 등)은 어떠한지 알아차려야 한다.</td><td>그동안의 수업장학 및 컨설팅은 타인의 관점과 시선에 의해 나의 수업을 평가받고 분석받는 측면이 강하였다. 이러한 관점에서 벗어나서 스스로 자기 수업이 어떠한지 장단점을 객관적으로 살펴볼 수 있도록 자기 성찰의 시간을 충분히 제공하는 것도 중요할 것이다. 현장 교사들은 나의 수업을 녹화해서 살펴보는 시간을 대면할 때 매우 부끄러워지고 제대로 쳐다보지 못하는 경우가 많다. 나의 모습을 객관적으로 성찰해보는 기회를 가져본 적이 없기 때문이다. 자기 장학이라는 용어가 있었지만, 장학이라는 용어를 사용하게 됨으로써 왠지 스스로 나의 수업에 대해 비평하고 분석해야 한다는 의미가 강하였다. 그러나 장학이 아닌 스스로의 수업을 객관적으로 바라보기 위해서 수업에 대한 성찰의 과정이 반드시 필요하다고 생각을 한다. 하지만 반드시 기억해야 할 점은 수업성찰이 중요하다고 하여 이것 역시 정책으로 만들거나, 확인하고 평가하는 과정을 거쳐서는 안된다. 오롯이 교사가 자발적으로 실천할 수 있도록 격려하고 힘을 실어주어야 할 것이다.</td></tr>
<tr><td>전문성</td><td>어느 교사의 수업을 관찰하고 장단점을 파악하고 피드백을 주기 위해서는 전문성이 필요하다. 수업코칭이 효과적으로 이루어지기 위해서는 이러한 해당 분야의 교수학습 전문가가 필요하다.</td><td>수업코칭의 경우에는 각 분야별 전문가를 초청하여 코칭을 받는 것이 좋다. 이를 위해서 교육부(청)에서는 인프라 구축이 중요할 것으로 여겨진다. 교사의 내면을 바라봐줄 수 있는 상담 전문가, 교육철학을 담당할 수 있는 관리자, 그리고 교수학습방법 전문가인 수업전문가 등이 여기에 속한다고 할 수 있다. 교내 동료코칭이나 집단코칭 역시 각 영역별로 나누어서 접근하게 된다면 더욱 효과적인 수업코칭이 가능할 것이다. 이에 학교 관리자는 교내 교사들의 장단점을 파악하고, 그 나름대로의 역량과 능력을 파악하여 각 영역별 전문가를 배정하고, 함께 서로 코칭을 해줄 수 있는 기회를 제공해주는 것도 좋은 방법으로 생각된다.</td></tr>
<tr><td>피드백</td><td>수업코칭은 수업현상에 대한 해석과 평가를 넘어서 교사의 수업성장에 도달하는 것을 그 목적으로 두고 있다.</td><td rowspan="2">교사의 수업성장을 위해서는 일회성이 아닌 지속적인 수업코칭이 필요하다. 이를 위해서는 외부 전문가에 의한 코칭도 중요하지만, 교내에서 지속적으로 이루어지는 코칭이 더욱 중요하다고 할 수 있다. 상시 수업코칭 체제를 학교에서 구축하기 위한 방법으로 전문적 학습공동체 형성이 가장 바람직할 것으로 여겨진다. 이미 학습공동체에 대한 중요성이 높아지면서 교육부에서는 각 시도별로 학습공동체를 모집하고, 매년 일정한 예산을 공동체에게 제공하면서 공동체 활동을 적극 지원하고 있는 실정이다. 또한 수석교사 등 학교 내 수업코칭 전문가를 양성할 수 있으며, 수업 중심의 교육 연구 동아리 형성도 강조하고 있다. 이 밖에도 수업 친구 만들기, 혁신 학년제, 스몰 스쿨제, 학년 협의 및 교과 협의회, 학교별 특색 있는 수업동아리, 학교 차원의 수업공개 및 연수회 등을 활성화시키는 방안도</td></tr>
<tr><td>공동
체성</td><td>외부 전문가에 의한 코칭 방식도 중요하지만, 이는 일회성에 그칠 가능성이 높다. 수업나눔의 공간이 교사에게 안전하고 평안한</td></tr>
</table>

	공간이 되어야 하며, 이는 교사들의 전문적 학습공동체 안에서 이루어질 수 있을 것이다.	제시할 수 있다. 이를 위해서 학교 자체에서는 교사들의 수업나눔 및 수업코칭 활성화를 위한 예산편성이 필요할 것이다. 그동안 학교시설 개선에 초점이 맞추어졌던 예산편성에서 벗어나서 수업이 중심이 될 수 있고, 교사들의 수업 전문성 신장에 초점이 맞추어진 예산편성이 중요할 것으로 생각된다. 또한 학교 관리자는 전문성도 갖추어야 하지만, 그보다 더 중요한 것이 교사와의 신뢰적인 관계 형성에 초점을 맞추어야 할 것이다. 관계 형성이 되어 있지 않으면 교사는 학교 관리자와의 관계를 수직적이라고 인식을 하게 되며, 어떠한 것이든 자발적으로 참여하지 못한다. 교사에 대한 애정과 관심, 신뢰를 갖고 교사를 믿고, 그들의 이야기를 진심으로 경청하며, 진정성 있는 반응을 보일 수 있는 학교경영이 필요할 것으로 생각된다. 학교 관리자는 다른 어떠한 존재가 아닌 학교 내 교사가 중심이 될 수 있는, 그들의 이야기가 강조되는 학교를 만들어가는 경영자가 될 수 있다면 교사는 관리자와 신뢰관계가 형성이 될 것이다.

Chapter

04

생활지도와 경영

1. 생활지도
2. 진로지도

1 생활지도

1) 생활지도의 개념

생활지도는 영어의 'Guidance'를 번역한 것으로, '안내하다', '지도하다', '관리하다', '이끌다' 등의 의미를 갖는다. 생활지도는 학생 자신과 그를 둘러싼 현실 환경을 이해하여 건전한 적응이 가능하도록 돕는 활동으로서(이영덕 · 정원식, 1994), 일시적인 해결이나 구체적인 행동의 변화보다 인간의 전반적인 성장 및 발달을 촉진하여 학생의 자아실현을 돕는 행위를 의미한다(한용진 외, 2007).

생활지도는 한 개인이 가지고 있는 능력과 소질을 스스로 발견하게 하여 최대한으로 발달 · 발휘하고 육성시키도록 돕는 과정, 즉 자기지도를 이루게 하는 과정이라 할 수 있다(한은숙 · 김종두, 2008). 이러한 생활지도는 학교교육에서 교과활동 이외의 모든 교육으로서, 학생의 학업, 진로, 문제행동 등 전문적인 도움을 주는 활동과 예절교육, 청결위생, 생활습관 등 전반적인 지도를 하는 비전문적 활동까지 포함한다(한상길 외, 2007).

그러나 최근 생활지도는 단순히 문제학생의 지도나 훈육에 제한하는 것이 아니라, 문제학생이 발생하지 않도록 적극적인 예방활동까지 포함하고 있다. 생활지도는 학생 개개인이 자신과 자신의 주변 환경에 대한 이해를 바탕으로, 일상생활에서 직면하는 교육적 · 가정적 · 사회적 문제 등 다양한 문제를 스스로 해결하여 건전하게 성장 · 발달할 수 있도록 도와주는 조직적인 봉사활동이라고 볼 수 있다. 한편, 생활지도의 목적은 첫째, 자신을 올바르게 이해하도록 돕는다. 둘째, 자신의 잠재력을 발견하고 계발하도록 도운다. 셋째, 당면한 문제를 정확히 파악하여 스스로 해결할 수 있도록 도운다. 넷째, 신체적 · 인지적 · 정의적 · 사회적 측면이 골고루 성장 · 발달하도록 돕는다. 다섯째, 모든 환경에 건전하고 성숙하게 적응하도록 도우며 끝으로 민주시민의 자질을 갖추도록 돕는다(강갑원 외, 2006).

2) 생활지도의 원리

생활지도의 기본적인 방향은 모든 학생을 대상으로 해야 하고, 개인의 존엄성과 전인적 성장 및 발달에 중점을 두며 학생의 처벌이나 치료보다 선도나 비행의 예방에 초점을 두며, 문제 · 사안에 대한 자기결정 및 자기해결을 도와주어야 하고, 생활지도는 과학적으로 추진하며 관련 인사 또는 관계 기관과의 협동적인 노력이 필요하다(김운삼, 2003). 이러한 생활지도의 원리는 존엄성 인정과 수용의 원리, 자율성 존중의 원리, 적응의 원리, 인간관계의 원리, 자아실현의 원리 등 기본 원리와 계속 과정의 원리, 균등의 원리, 전인의 원리, 과학적 기초의 원리, 적극성의 원리, 협동성의 원리 등 실천 원리로 이원화하여 [그림 4-1]과 같이 구분할 수 있다(강갑원 외, 2006).

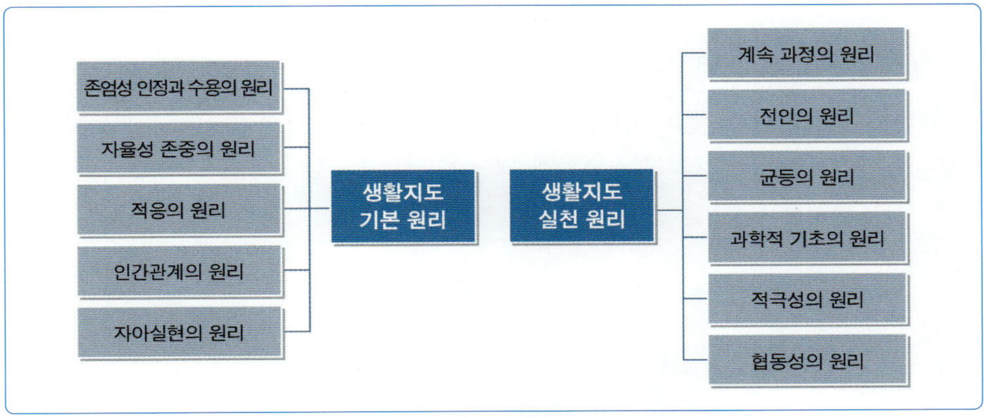

그림 4-1 **생활지도의 기본 원리와 실천 원리**

생활지도의 기본 원리로는 첫째, 존엄성 인정과 수용의 원리는 학생의 존엄성을 인정하고 어떤 경우이든 학생을 긍정적으로 수용하는 것을 의미한다. 둘째, 자율성 존중의 원리는 자신의 문제를 해결하는 데 있어서 스스로 판단하고 결정하는 것을 의미한다. 셋째, 적응의 원리는 개인의 능력과 특성을 살려 적극적으로 자신을 이끌어 가도록 하여 전반적인 생활에 적응하는 것을 의미한다. 넷째, 인간관계의 원리는 교사와 학생 간에 참다운 인간관계 유지하는 것을 의미한다. 다섯째, 자아실현의 원리는 개인의 자아실현 달성을 의미한다.

생활지도의 실천 원리로는 첫째, 계속 과정의 원리는 한 번으로 끝나는 것이 아니라, 계속적인 추수활동을 포함한다는 의미이다. 둘째, 전인의 원리는 개인의 특수한 영역이나 기능의 일부만 다루는 것이 아니라, 모든 측면을 통합적으로 지도해야 함을 의미한다. 셋째, 균등의 원리는 문제학생만 대상으로 하는 것이 아니라, 모든 학생을 대상으로 해야함을 의미한다. 넷째, 과학적 기초의 원리는 구체적이고 객관적 자료를 토대로 과학적 이론을 토대로 실천해야 함을 의미한다. 다섯째, 적극성의 원리는 문제행동의 치료에만 국한하는 것이 아니라, 예방에 더 초점을 두어야 함을 의미한다. 여섯째, 협동성의 원리는 담임교사나 생활지도 교사만이 아니라, 전 교직원, 부모, 지역사회 인사, 전문가 등의 상호 협력이 필요함을 의미한다.

3) 생활지도의 영역

생활지도의 영역은 교육 지도, 진로 지도, 인성 지도, 사회성 지도, 건강 지도, 여가 지도, 등 [그림 4-2]와 같이 분류할 수 있다(김병희 외, 2008).

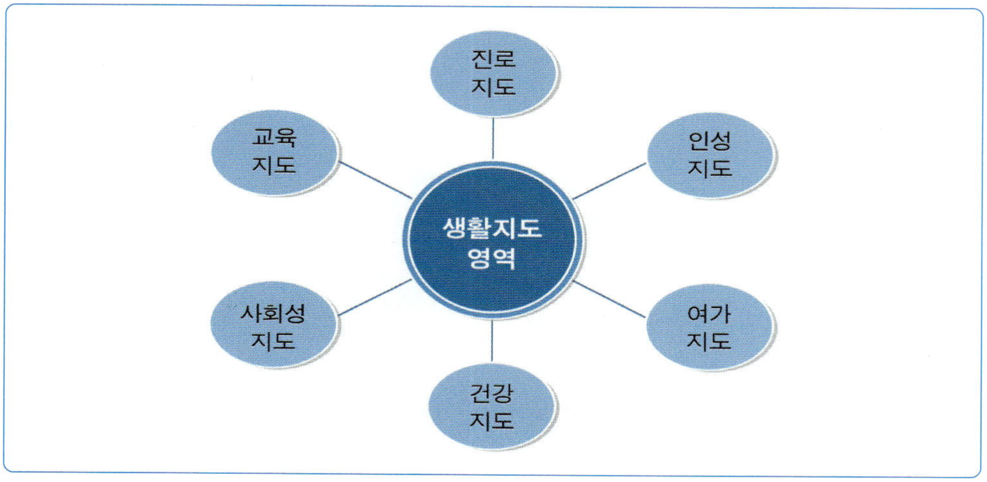

그림 4-2 생활지도의 영역

첫째, 교육지도는 학교교육에 필수적인 교과과정에 대한 안내와 효과적인 학습방법 및 올바른 학습습관지도, 학습부진지도, 학습동기 유발을 포함한 학업에 관한 모든 지도를 의미하며, 세부활동으로 신입생 오리엔테이션, 학업부진아, 학습방법지도, 독서, 기타 학업문제지도 등이 있다.

둘째, 진로지도는 학생의 욕구, 적성, 능력, 흥미 등을 파악하고 그에 따른 상급학교 진학이나 자신에게 적합한 직업을 선택하도록 돕는 활동으로, 세부활동으로 상급학교 진학 관련 정보, 다양한 직업세계에 대한 정보제공, 진학 및 취업상담, 직업적성 진단, 추수지도 등이 있다.

셋째, 인성지도는 학생 개인의 심리적·정서적 문제를 다루어 개인의 원활한 학교생활 적응을 돕는 활동으로, 세부활동으로 정서와 성격문제, 욕구불만의 진단과 해석, 습관 교정, 심리적 장애진단과 치료 등이 있다.

넷째, 사회성지도는 민주시민으로서 갖추어야 할 자질과 의무, 권한과 책임을 이해하고 민주적인 태도, 기능, 습관, 협동정신 함양을 의미하며, 세부활동으로 교우관계지도, 이성관계지도, 가족관계지도, 대인관계 문제지도, 사회에 대한 봉사정신지도 등이 있다.

다섯째, 건강지도는 학생 개인의 건강에 관한 중요성을 인식하고 자신의 건강을 위한 적절한 대책을 세울 수 있는 지도로, 세부활동으로 건강한 신체 유지를 위한 보건 및 건강교육, 각종 질병 예방방법, 사고 예방을 위한 안전지도 및 교육 등이 있다.

여섯째, 여가지도는 학생의 욕구, 흥미, 능력, 소질에 따라 다양한 과외활동을 할 수 있는 지도 및 조언을 의미하며, 세부활동으로 스포츠 활동, 취미활동, 독서, 음악 및 미술감상, 사회봉사활동, 놀이 등이 있다.

4) 생활지도의 활동

생활지도의 활동은 일반적으로 '조사활동 → 정보활동 → 상담활동 → 정치활동 → 추수활동' 등과 같이 요약할 수 있다(김병희 외, 2008; 이형행, 2007; 김운삼, 2003; 조영일, 2003).

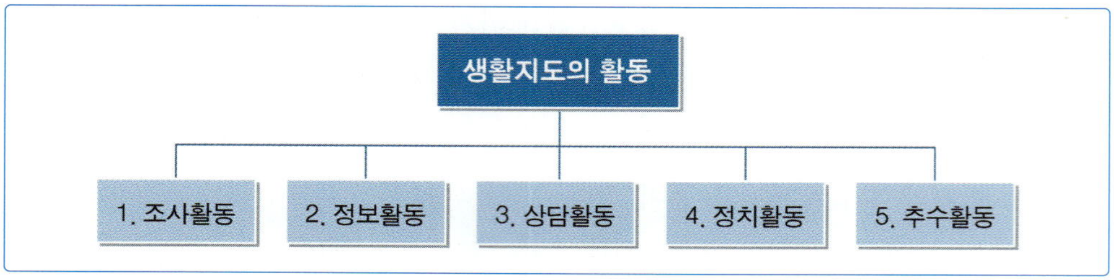

그림 4-3 생활지도의 활동

첫째, 조사활동은 계획이나 실천을 위해 보다 과학적이고 정확한 학생들의 실태를 파악하거나 학생들의 자기 이해를 돕기 위한 활동이다. 각종 표준화 검사, 학업성취도 검사, 환경조사, 질병조사, 생활사조사, 가족관계조사, 교우관계조사, 관찰에 의한 행동의 누가 기록하고, 학생의 현재, 미래활동에 대한 정확한 판단을 목적으로 학생에 대한 정보를 수집하는 과정하며, 학생의 개별성을 찾아내는 자료제공 및 학생이해활동, 학생평가활동 등이 필요하다.

둘째, 정보활동은 학생들이 필요로 하는 각종 정보 및 자료를 제공하여 학생들의 개인적 성장과 사회적 적응을 돕기 위한 활동이다. 교육정보, 직업정보, 개인적 및 사회적 정보를 의미하며, 정보는 학교 자체에서 조사하거나 인쇄물을 통해 수집, 정리, 보관하여 개인상담이나 집단상담 시 제공한다. 정보수집방법으로는 인터넷 정보, TV, 신문, 잡지, 각 분야 전문가, 각종 간행물 및 논문, 전문서적 등이 있으며, 정보제공방법으로는 강의, 개인 및 집단상담, 온라인상담, 안내책자, 게시판, 편지, 교내방송, 오리엔테이션, 현장견학, 전문가 초빙 등이 있다.

셋째, 상담활동은 상담자와 내담자 간의 관계에서 면접상담의 기술을 통해 학생들의 자율능력과 문제해결력을 기르는 동시에 학생들의 적절한 감정처리를 위해 조력함으로써 정신건강을 향상시키고 적응을 돕는 활동이다. 상담활동은 협력적인 '관계 형성→문제 탐색→문제 해석→방향 설정'의 과정으로 이루어지며, 상담활동의 목적은 학생들의 행동변화 촉진, 학교 적응능력 향상, 합리적인 의사결정 능력 배양, 대인관계 기술 증진, 학생 개인의 잠재능력 개발이다. 상담의 종류에는 개인상담, 집단상담, 전화상담, 쪽지상담, 온라인상담, 또래상담 등이 있다.

넷째, 정치활동은 자신의 적성 및 진로의 특성을 정확하게 이해하여 진로를 현명하게 선택하도록 도와주는 활동이다. 주로 진학지도, 취업지도, 상위학교나 계열, 학과선택 등이 해당된다. 정치활동은 학생에 대한 충분한 자료와 정보를 토대로 학생이 스스로 희망하는 분야를 선택할 수 있도록 조력하는 데 주안점이 있다.

다섯째, 추수활동은 지도를 받은 학생들의 추후 적응 상태를 확인하여 항상 보살피고 부적응에 대한 조력과 보다 나은 적응을 돕는 활동이다. 사후 점검활동으로 상담자나 교사가 학생에게 제공한 도움의 성과를 알아보기 위한 우발적인 추수활동과 사례연구의 대상이 되었거나 집중적인 교정지도를 받은 학생에 대한 추수활동, 졸업생, 중퇴자, 졸업예정자, 진학예정자에 대한 추수활동 등이 있다.

5) 생활지도를 위한 각종 위원회

학생의 생활지도에 만전을 기하기 위하여 교내에 생활지도협의회, 학생선도위원회, 학교폭력대책자치위원회, 규정개정위원회 등을 다음과 같이 조직·운영할 수 있다.

(1) 생활지도협의회

회장—교장, 부회장—교감, 간사—생활지도담당부장, 위원—전교직원 등으로 구성할 수 있으며, 「교육기본법」 제12조(학습자), 「초·중등교육법」 제18조(학생의 징계)와 「초·중등교육법 시행령」 제31조(학생의 징계 등) 및 학교교칙에 의거해 학생 징계를 민주적 절차와 교육적 방법으로 운영하여 학생을 올바르게 선도함을 목적으로 한다.

협의회는 생활지도담당부장이 주관하며, 협의회장의 명을 받아 선도 위주의 선도 및 선도규정 개정에 관한 학생생활 전반에 관한 사항과 각 지도위원이 제의하는 사항을 심의, 의결, 처리한다. 생활지도위원인 전 교직원은 학교 내외를 수시 순회하고 학생들의 생활을 지도한다.

(2) 학생선도위원회

위원장-교장, 부위원장-교감, 위원-생활지도담당부장, 교무부장, 진로상담담당부장, 생활지도담당교사, 학년부장 등으로 구성할 수 있으며, 학생선도위원회는 학생 선도 전반에 관한 사항, 학생 표창에 관한 사항(모범부문), 무결석 학급에 관한 표창 등과 같은 사항을 심의, 의결, 처리한다.

선도원칙으로는 첫째, 학생선도는 문제행위에 대한 처벌보다는 사전 예방지도에 중점을 둔다. 둘째, 학생징계는 당해 학생의 잘못된 행위의 경중과 본인 및 타 학생의 학교생활에 미치는 영향을 참작하여 타당성과 효율성이 이루어지도록 한다. 셋째, 학생에게 징계를 할 때에는 학생의 인격이 존중되는 교육적인 방법으로 하고, 가급적 징계의 종류를 단계별로 적용하여 개전의 기회를 준다. 또한 학교폭력과 관련되어 분쟁이 발생하였을 경우 학교폭력자치위원회를 소집하여 조정한다.

(3) 학교폭력대책자치위원회

위원장은 위원 간에 호선으로 정한다, 위원-교감, 생활지도담당부장, 진로상담담당부장, 교무부장, 생활지도담당교사, 담당경찰, 학부모운영위원 2인 등으로 구성할 수 있으며, 연 4회 이상의 정기적 협의회를 열고 학교내외 폭력 대책을 수립, 추진한다. 학교폭력의 예방과 대책에 관하여 필요한 사항들을 심의하여 피해학생의 보호, 가해학생의 선도·교육 및 피해학생과 가해학생 간의 분쟁조정을 통하여 학생의 인권을 보호하고 학생을 건전한 사회구성원으로 육성함을 목적으로 한다. 학교폭력대책자치위원회의 역할은 다음과 같다.

① 자치위원회는 학교폭력 예방 및 대책수립을 위한 학교의 체제를 구축하는 것이다.

② 자치위원회는 피해학생의 보호를 위하여 필요하다고 인정하는 때에는 피해학생에 대하여 해당하는 조치를 하도록 학교의 장에게 요청할 수 있다.

③ 자치위원회는 피해학생의 보호와 가해학생의 선도·교육을 위하여 가해학생에 대하여 해당하는 조치를 하도록 학교의 장에게 요청할 수 있다.

④ 자치위원회는 학교폭력과 관련하여 분쟁이 있는 경우에는 피해학생과 가해학생 간의 분쟁을 조정할 수 있다.

⑤ 자치위원회는 피해학생에 따른 조치를 요청하기 전에 피해학생 및 그 보호자에게 의견확인의 기회를 부여하는 등 적정한 절차를 거쳐야 한다.

⑥ 그 밖에 대통령령으로 정하는 사항(학교폭력의 예방 및 대책과 관련하여 법 제14조3항에 따른 책임교사 및 학생회 대표가 건의하는 사항)이 있다.

⑦ 자치위원회 또는 학교의 장이 피해학생 보호조치 및 가해학생 선도·교육조치에 따라 내린 조치에 대하여 이의가 있는 피해학생 또는 그 보호자는 그 조치를 받은 날로부터 15일 이내, 그 조치가 있음을 안 날로부터 10일 이내에 지역위원회에 재심을 청구할 수 있다(법률 제17조 제1항). 자치위원회가 가해학생 선도·교육조치 중 전학과 퇴학조치에 대하여 이의가 있는 학생 또는 그 보호자는 그 조치를 받은 날부터 15일 이내, 그 조치가 있음을 안 날로부터 10일 이내에 시·도 학생조치조정위원회에 재심을 청구할 수 있다(법률 제17조 2항).

⑧ 자치위원회는 해당 지역에서 발생한 학교폭력에 대하여 학교장 및 관할 경찰서장에게 관련 자료를 요청할 수 있다.

⑨ 자치위원회의 설치·운영 등에 필요한 사항은 지역 및 학교의 규모 등을 고려하여 대통령령으로 정한다.

학교폭력 대책자치위원회의를 운영하는 과정은 [그림 4-4]와 같다.

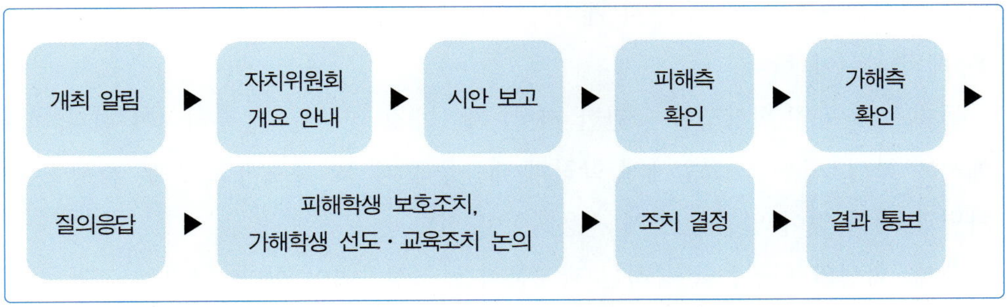

그림 4-4 학교폭력대책자치위원회 운영과정

(4) 규정개정심의위원회

위원장은 위원 간에 호선으로 정한다. 위원—학생 3명, 교사 3명, 학부모 2명, 전문가 1명 등으로 구성할 수 있으며, 학교생활인권규정 제・개정에 관한 업무를 수행한다. 위원회는 조례의 제정 후 각 학교의 학칙 및 각종 규정(아래 "학칙 등")이 조례에 부합하는지 검토・심의하고, 학칙 등이 조례에 위배되는 경우 그것을 제・개정하여 조례에 부합하도록 정비하고, 향후 학칙 등을 제・개정할 때에도 학생인권과 관련 있는 내용이 있는 경우 조례에 부합하도록 심의하는 기능을 수행하며, 위원회는 교육감이 제시한 규정 개정의 지침에 따라 학칙 등을 심의한다.

위원회의 활동내용은 '학칙 및 각종 규정이 조례에 부합하는지 검토・심의', '조례에 위배되는 학칙 등 규정의 정비', '학생인권과 관련 있는 내용이 있는 경우 조례에 부합하도록 심의' 등이다.

6) 학교생활지도 활성화 방안

학교에서 생활지도가 활성화되기 위해서는 학교생활지도를 효과적으로 이끄는 조직개편, 시대에 맞는 학교규칙 제정, 학교규칙 제정의 민주적 절차 도입, 공식적인 교사—학생 토론시간, 사제동행활동 활성화 노력, 학생자치활동 활성화 노력 등이 필요하다. 이를 정리하여 제시하면 다음과 같다.

첫째, 생활지도 협의체를 운영하여야 한다. 학교에서는 학생선도위원회를 구성하여 학생선도 사안발생 시 수시 개최하여 학생선도 전반에 대한 대책논의(학교폭력은 제외)하여야 한다.

둘째, 학교규칙(학생생활에 관한 사항) 제・개정 및 이를 준수하여야 한다. 학교에서는 학생, 학부모, 교원에게 학칙의 내용을 안내 및 홍보하고, 모든 학생들에게 차별과 예외 없이 일관성 있게 적용하여야 한다.

셋째, 학생의 인권을 존중하는 학교문화를 조성하여야 한다. 학생의 인권・자율・책임을 중시하는 생활지도를 위해 학생징계 시 반드시 학생 및 학부모의 의견진술 기회를 제공하고, 학생생활지도(체벌 등)상 문제가 발생하지 않도록 학교차원 예방 조치, 학생의 수치심을 유발하는 언어폭력 금지, 학생의 두발·복장에 대한 비교육적 지도방법을 지양해야 한다.

넷째, 담임 중심의 생활지도 책임제를 운영하여야 한다. 학년·학급별 학생생활지도 계획을 수립·추진하며, 선도학생 조기파악, 상담·결연지도, 상담활동 활성화, 결석 및 학업중단학생 없는 학급(년) 만들기, 비행 사전 예방지도 철저, 학업중단학생 복교 추진 및 학교 부적응학생 적응교육 프로그램 운영 등이 필요하다.

다섯째, 교외 생활지도를 운영해야 한다. 학교 취약지역 순회지도 및 학교주변 유해업소 교외 생활지도를 실시해야 한다.

여섯째, 학교폭력예방활동을 강화하여야 한다. 교실폭력 예방을 위한 교실안전지킴이 운영, 집단따돌림 및 또래조정 상담활동 예방교실 운영, 금품갈취 예방활동, 성희롱·성폭력 예방활동, 학교폭력 예방교육 등이 이루어져야 한다.

일곱째, 안전사고 예방교육, 생명존중 및 자살예방교육이 이루어져야 한다. 안전사고 예방을 위해 휴식, 식사시간, 청소시간 중점 지도, 학생 사고예방을 위한 비상체제 강화, 교통안전 지도 강화, 체험학습 시 안전지도 강화가 필요하다. 또한 생명존중 및 자살예방을 위해 학교별 자살예방위기관리위원회를 구성·운영하며, 생명존중 교육을 실시하여야 한다.

여덟째, 학생 비행예방 지도가 이루어져야 한다. 무단결석 예방지도, 가출 예방을 위한 특별지도 대책 수립, 약물 오·남용 예방 및 [음주]예방교육 지원강화, 단위학교별 음주예방교육 실시(학년 초, 행사 전, 방학 전 등), 음주 등 유해약물 예방에 대한 학교규정·규칙 정비 등을 실시하여야 한다.

아홉째, Wee프로젝트를 구축 및 운영하여야 한다. 최근 빈곤, 부모의 이혼, 다문화가정 등 가족의 위기와 학습부진, 학업중단 등 교육적 위기, 범죄, 가출, 성 경험, 폭력, 흡연 등 개인적 위기에 놓여 있는 위기학생들이 증가하고 있으며, 고위기군 학생들에 대한 단위학교 차원의 선도 및 치유에 한계를 느끼고 있다. 이에 '학교 → 교육청 → 지역사회'의 긴밀한 협력으로 종합적인 안전망을 구축 및 운영함으로써 학교부적응 학생해소 및 인적자원의 유실을 방지하여야 한다.

2 진로지도

1) 진로교육의 최근 동향

교육부(2016)는 자유학기제와 연계하여 학생들에게 꿈과 끼를 찾는 진로탐색 기회를 제공하고, 학교급별로 체계적인 진로교육을 실시하기 위한 중장기 발전방안으로 제2차 「진로교육 5개년 기본계획(2016~2020)」을 발표하였다. 기존 제1차계획은 초·중등학생을 대상으로 소질과 적성 중심의 진로선택을 위한 체험 위주의 진로교육 지원에 초점을 두었다. 이번 제2차계획은 「진로교육법」 시행과 더불어, 초등에서 대학까지 체계적으로 꿈과 끼를 살리는 행복한 진로를 설계할 수 있도록 개개인의 특성을 감안한 맞춤형 진로개발역량 신장과 국가진로교육센터 지정 등 범사회적 진로교육체계 구축을 통해 미래형 창의적 융합인재를 양성하는 데 주안점을 두었다.

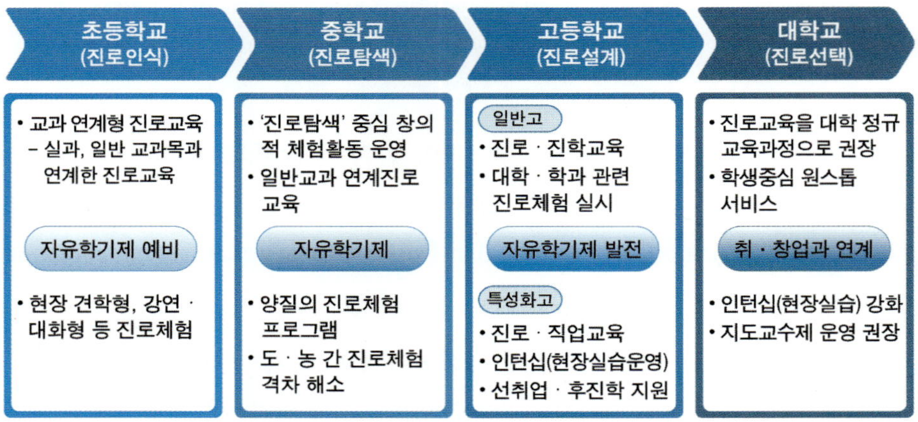

출처: 교육부(2016). 자유학기제 안착과 확산을 위한 제2차 진로교육 5개년 기본계획(안)(2016~2020). p.4.

그림 4-5 학교급별 진로교육 체계

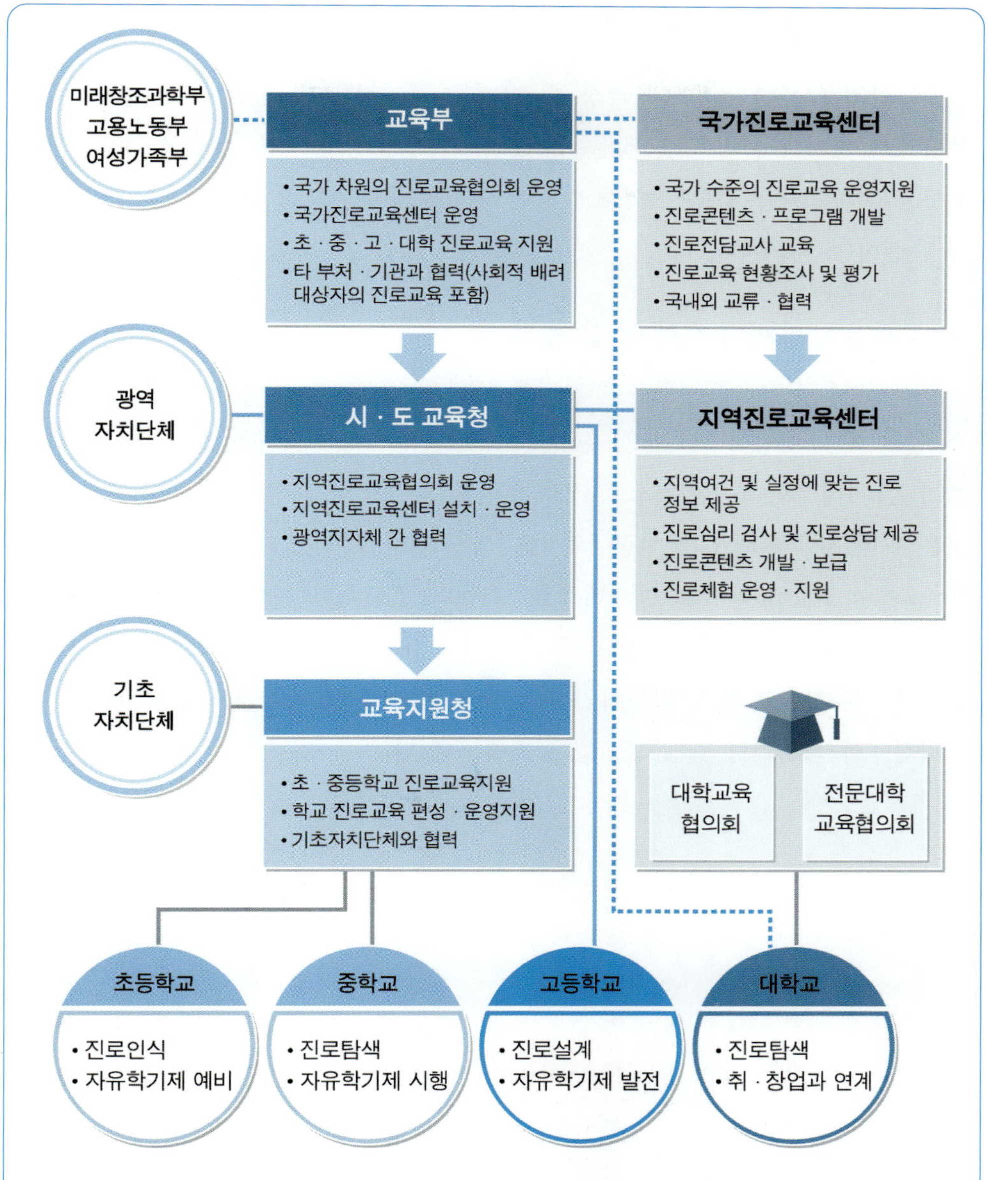

출처: 교육부(2016). 자유학기제 안착과 확산을 위한 제2차 진로교육 5개년 기본계획(안)(2016~2020). p.34.

그림 4-6 진로교육 추진체계

2) 중학교 자유학기제

자유학기제는 중학교 교육과정 중 한 학기를 학생들이 중간, 기말고사 등 시험 부담에서 벗어나 꿈과 끼를 찾을 수 있도록 수업운영을 토론, 실습 등 학생 참여형으로 개선하고 진로탐색활동 등 다양한 체험활동이 가능하도록 교육과정을 유연하게 운영하는 제도이다.

(1) 자유학기제 추진배경 및 목적

첫째, 청소년들에게 새로운 환경적응과 함께 적성과 소질에 맞는 진로를 탐색할 수 있는 계기(OECD의 DeSeCo 프로젝트(Defining and Selecting Key Competencies, 2005)는 미래사회에 필수적으로 갖추어야 할 핵심역량 규명)를 제공할 수 있다. 이것은 이미 시행하고 있는 선진국의 예에서도 찾아볼 수 있다. 아일랜드 전환학년제(Transition Year), 덴마크 애프터스쿨, 스웨덴 진로체험 학습, IB의 CAS(Creativity, Action, Service) 등을 들 수 있다. 또한 지식에 대한 수용과 암기보다 미래사회에 능동적으로 대처하기 위해 필수적인 핵심역량 중심 교육(「뉴질랜드」는 2005년 개정교육과정에서 핵심역량 개념도입)을 강조하고 있다.

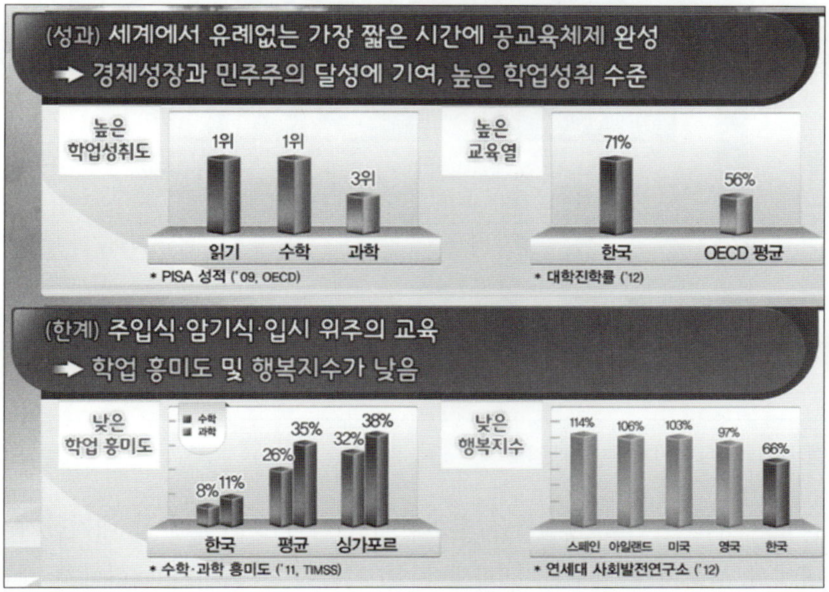

출처: 교육부(2013). 자유학기제 홍보자료.

그림 4-7 자유학기제 추진배경

둘째, 우리나라는 창의성, 문제해결력, 고등사고력 등 학생들이 미래지향적 역량을 함양할 수 있도록 다양한 노력(창의적 체험활동 국가교육과정에 도입(2009~), 스포츠클럽 활동을 국가교육과정에 편입(2012~), 진로교육 활성화 방안마련 등)을 기울이고 있으나, 학생들은 입시 위주의 경쟁으로 암기식·주입식 교육에 매몰되어 있고 학습흥미도 및 행복지수가 낮은 상황이다. 그리고 청소년교육의 전환기에 해당하는 중학교에서 장래희망 '없다'의 비율이 초등학교에 비해 급증하여 고등학교까지 지속된다는 문제점이 있다. 또한 장래희망을 결정하지 못한 주된 이유가 자기 자신에 대한 탐색·고민의 시간과 계기가 부족한 데서 오는 것이 문제이다.

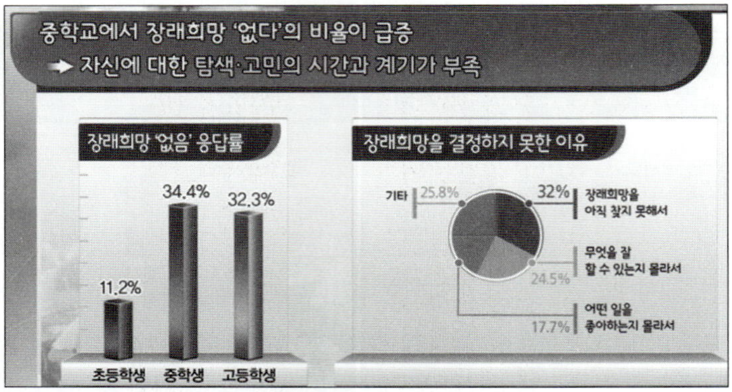

출처: 교육부(2013). 자유학기제 홍보자료.

그림 4-8 자유학기제 추진 배경

따라서, 학생들이 끼와 잠재력을 발현하며 변화하는 환경에 잘 대처하기 위해, 공교육 내에서 새로운 돌파구를 모색해야 할 시점이다. 이러한 맥락에서 2016년부터 전국 중학교에서 자유학기제를 시행하고 있다(교육부, 2013). 그 취지와 목적은 [그림 4-9]와 같다.

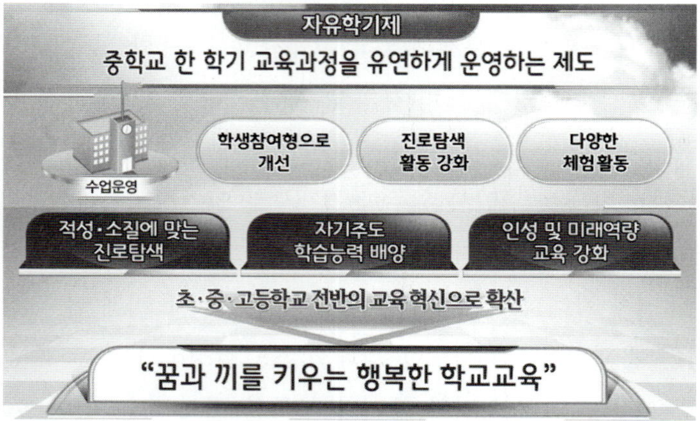

출처: 교육부(2013). 자유학기제 홍보자료.

그림 4-9 자유학기제 추진목적

(2) 자유학기제의 기본방향

교육부(2013)에서 제시한 자유학기제의 기본방향은 다음과 같다. 첫째, 자유학기에 집중적인 진로수업 및 체험을 실시하여 '초등학교(진로인식)－중학교(진로탐색)－고등학교(진로설계)'로 이어지는 진로교육을 활성화한다.

둘째, 꿈과 끼를 키우는 교육 프로그램 운영이 원활히 이루어질 수 있도록 학교의 교육과정의 자율성을 대폭 확대한다.

셋째, 자유학기제 대상학기는 학생들의 발달단계를 고려하여 결정한다.

넷째, 자유학기에 특정 기간에 집중되어 실시되는 중간·기말시험은 실시하지 않고, 학생의 기초적인 성취수준 확인방법 및 기준 등은 학교별로 마련한다.

다섯째, 자유학기를 교육과정 운영, 수업방식 등 학교교육방법 전반의 변화를 견인하는 계기로 활용한다.

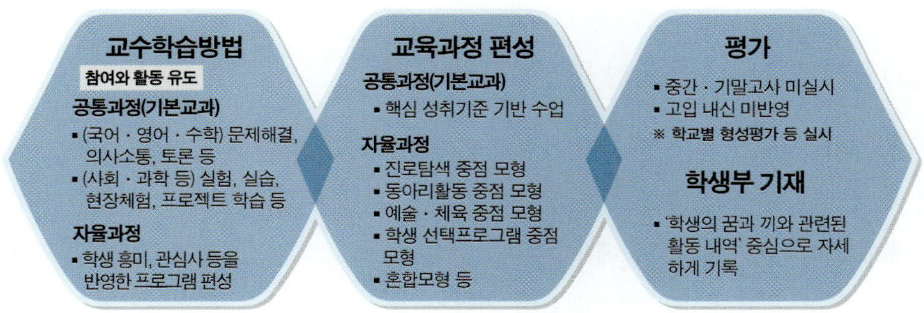

그림 4-10 자유학기제 운영체계

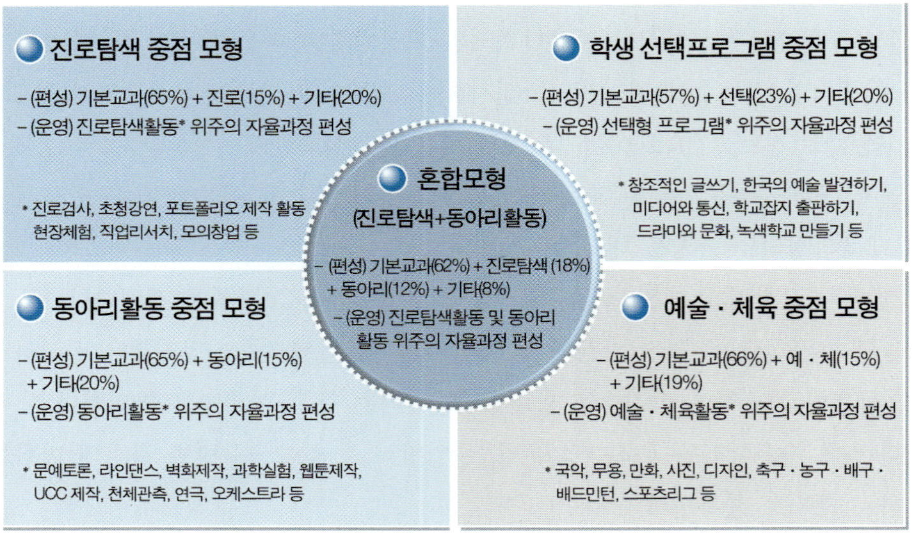

그림 4-11 자유학기제 운영모형

3) 중학교 진로교육과정 편성 · 운영

중학교의 진로교육은 학교진단을 통해 진로교육의 비전과 목표를 설정하고, 가용한 인적 · 물적자원을 활용하여 진로교육 연간 운영계획을 수립하며, 지금까지 연간 운영계획이 개별적인 차원에서 이루어졌다면, 앞으로는 '진로교육 목표 체계도'를 활용하여 보다 체계적인 계획수립이 가능하다. 진로교육 연간 운영계획은 진로교육의 비전, 목표, 세부 실천과제 등을 제시하는 연간 계획을 말하는 것으로, 추진절차와 방법은 다음 [그림 4-12]와 같다.

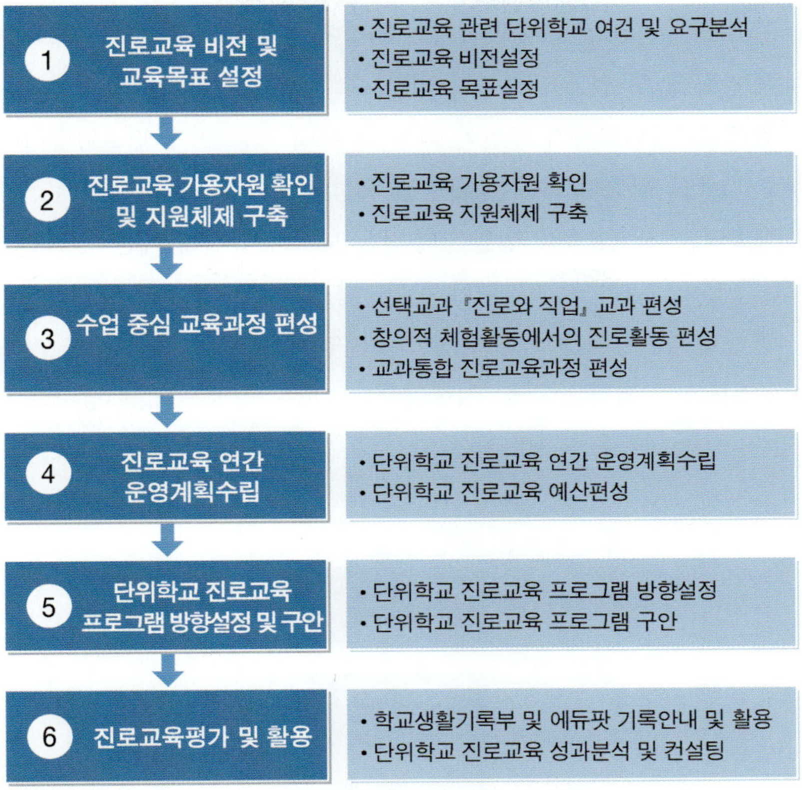

출처: 교육과학기술부(2012). 학교 진로교육 운영(중학교).

그림 4-12 중학교 진로교육 연간 운영계획수립 절차

학교교육계획은 2~3월에 결정되는데, 진로진학상담교사는 학교 내외의 가용 자원 및 전년도 진로교육 성과분석을 토대로 실현 가능한 단위학교 진로교육 연간 운영계획을 수립하여야 한다. 진로교육 연간 운영계획을 수립한 후에는 학교교육공동체에 가정통신문 발송, 학교홈페이지 안내 등 다양한 방법으로 홍보하고 참여를 유도하며, 선택교과 『진로와 직업』, 창의적 체험활동의 진로활동, 진로교육 관련 학교행사 등을 연간 운영계획수립 시 균형 있게 반영하도록 한다.

단위학교에서 진로교육 연간 운영계획을 수립할 때 고려사항은 다음과 같다.

첫째, 진로교육 연간 운영계획 작성의 과정에서 전 교직원이 진로교육에 대한 협력 체제를 강화할 수 있도록 하여야 한다.

둘째, 진로진학상담교사가 중심이 되어 각 부서 협조 아래 진로담당 교사들이 과년도 각종 자료를 참고로 하여 계획안을 작성한다.

셋째, 계획안은 진로교육의 원활한 추진을 도모하기 위해 학년회, 직원회, 교육과정위원회 등에서 충분히 검토하여야 한다.

넷째, 연간 운영계획에는 시도 방침이나 지역, 학교, 학생의 실정을 기초로 각 학년의 진로지도가 계획적으로 잘 시행될 수 있도록 운영목표, 배당시간, 지도내용, 지도방법이나 자료 등을 제시하여야 한다.

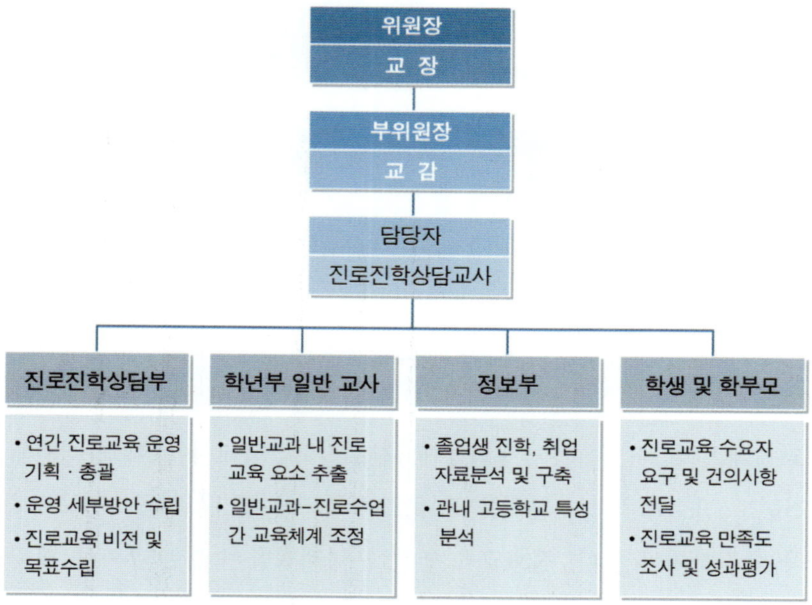

출처: 교육과학기술부(2012). 학교 진로교육 운영(중학교).

그림 4-13 진로교육위원회 구성(예시)

다섯째, 연간 운영계획의 내용에는 진로지도와 교과학습, 교과 이외의 교육활동 그리고 집단지도와 개별지도와의 관련이 고려되어야 한다.

여섯째, 연간 운영계획에서 목표, 주제, 내용, 방법, 자료 등의 필요항목이 실정에 맞게 구체적으로 설정되어야 한다.

일곱째, 학생, 학부모, 동료교사 등의 수요를 우선적으로 고려하여 연간 계획을 수립하여야 한다.

연간 교육과정 계획 시 진로진학상담교사가 참여하는 진로교육위원회를 구성할 것을 권장하며, 학교 전 구성원(교장, 교감, 진로진학상담교사, 학년부장, 일반교사, 학생 및 학부모 등)이 참여하는 진로교육과정 협의회를 구성하는 것도 가능하다.

『진로와 직업』 교과를 선택교과로 채택하여 수업시간에 진로교육을 실시하는 것을 수업 중심 진로교육이라고 하는데, 이는 창의적 체험활동 중 진로활동을 통한 진로교육 시 고정된 진로교육 시수가 확보되지 않아, 체계적이고 연속적인 진로교

표 4-1 중학교 교육과정 편제 및 시간 배당 기준(3년간 총 수업시간)

구 분		1 ~ 3학년
교과 (군)	국어	442
	사회(역사 포함)/도덕	510
	수학	374
	과학/기술·가정	646
	체육	272
	예술(음악/미술)	272
	영어	340
	선택(한문, 정보, 환경, 생활외국어, 보건, 『진로와 직업』)	204
창의적 체험활동		306
총 수업시간 수		3,366

출처: 교육부(2016). 2015 개정 교육과정 총론.

육이 실시되기 어려운 반면, 수업 중심 진로교육은 진로교육효과를 배가시킬 수 있는 장점이 있다.

진로교육의 강화정책 속에서 각 학교는 『진로와 직업』 교과를 선택교과로 선택할 수 있다. 교양교과는 과목 수에 포함시키지 않고 개설할 수 있으며, 예외가 인정되므로 기존 8과목이 편성되어 있더라도 선택교과로 개설이 가능하다.

4) 고등학교 진로교육과정 편성 · 운영

고등학교의 진로교육 연간 운영계획수립 절차는 중학교와 동일하므로 생략하기로 한다. 다만, 고등학교의 경우 학년별로 진로교육 운영계획이 다를 수 있으므로 예시를 통해 살펴보기로 한다.

표 4-2 고등학교 진로교육 연간 운영계획(공통진로활동 예시)

시 기	주 제	내 용
개학일	진로상담	진로탐색과정 안내 및 점검
매주 1회	커리어 포트폴리오 제작	다양한 표현방법(쓰기, 그리기, 영상, PPT 등)을 활용한 커리어 포트폴리오 제작
연중	직업인 특강*	전문 직업인, 지역 내 직업인, 학부모 직업인 등을 섭외하여 학교 사정에 따라 수회 진행 가능
5월	진로 설명회	〈학년별 진로설명회 동시 개최〉 • 공통: 중간고사 결과 분석을 통한 진학가능 대학 유형 • 1학년: 계열(문 · 이과) 안내, 입학사정관제의 이해 • 2학년: 계열별 진학가능 고등교육기관 특징 및 입시요강, 주요 학교별 수시전형 • 3학년: 계열별 주요 전공, 해당 연도 대입전형
	모의 창업 경진대회	사업계획서를 바탕으로 창업 아이디어 발표 및 시상
10월	진로 주간*	직업탐색 결과발표, 미래 직업 예측, 직업 관련 게임 등
연말	커리어 포트폴리오 발표 대회	연중 제작한 커리어 포트폴리오 발표 및 우수 포트폴리오 시상

* 3학년은 제외함.

표 4-3 고등학교 진로교육 연간 운영계획(1학년)

시 기	일 시	주제/진로목표	수 업	활 동
입학식 전	예비 소집일	진로교육 오리엔테이션		• 진로교육에 대한 이해 • 커리어 포트폴리오 작성법 • 성공한 졸업인 인터뷰 영상
1학기	개학일	진로상담		
	3월	자아이해와 사회적 역량개발	• 진로검사 및 결과해석	• 검사결과에 따른 모둠별 직업 탐색
	4월		• 대인관계 · 의사소통능력 향상	• 탐색결과 발표 및 공유
	5월(공통)	일과 직업 세계의 이해	• 변화하는 직업세계	• 진로 설명회, 모의 창업 경진대회
	6월		• 직업 윤리, 직업인의 태도	• 노동인권 특강, 직업윤리 게임
	7월	진로탐색	• 학습습관 점검 • 학습전략 수립	• 방학계획수립 • 대학탐방계획수립
방학		자기주도적 학습		대학 탐방
2학기	8월~9월	진로탐색	• 고등교육기관 탐색 • 평생학습의 개념과 실제 • 희망 직업정보 수집 • 직업인터뷰 사전교육	• 대학탐방 내용발표 및 공유 • 직업인 특강(공통) • 직업인 인터뷰
	10월(공통)	진로 디자인과 준비	• 진로의사결정 방식 분석 • 합리적인 진로 의사결정의 방법과 실제	• 진로 주간 준비 • 진로 주간
	11월		• 진학과 취업의 장단점 • 단기계획 수립	• 희망대학 및 학과 진학계획수립 • 커리어 포트폴리오 발표 준비
	12월(공통)		• 장기계획 수립	• 커리어 포트폴리오 발표 준비 및 발표
방학		자기주도적 학습		학과탐색

표 4-4 고등학교 진로교육 연간 운영계획(2학년)

시 기	일 시	주제/진로목표	활 동
1학기	개학일	진로상담	
	3월	교육기회의 탐색	• 다양한 고등교육기관 탐색 및 탐방
	4월		• 탐색 · 탐방결과 발표 및 공유
	5월(공통)		• 진로설명회 • 모의 창업 경진대회
	6월		• 대학생 멘토링 사전교육 및 준비 • 대학생 멘토링
	7월		• 멘토링 결과발표 및 공유 • 학과탐방계획 수립
방학	자기주도적 학습		학과탐방
2학기	8~9월	직업정보의 탐색	• 탐방내용 발표 및 공유 • 직업체험 사전교육 • 직업인 특강(공통) • 직업체험
	10월(공통)		• 진로 주간 준비 • 진로 주간
	11월		• 희망직업을 갖기 위한 자격사항 탐색 • 커리어 포트폴리오 발표 준비
	12월(공통)		• 커리어 포트폴리오 발표 준비 • 커리어 포트폴리오 발표 대회
방학	자기주도적 학습		전공선택 및 진학준비

표 4-5 고등학교 진로교육 연간 운영계획(3학년)

시 기	일 시	주제/진로목표	활 동
1학기	개학일	진로상담	
	3월	진로 디자인과 준비	• 진로장벽 및 갈등요인 파악 • 진로장벽 해결사례 및 역할극
	4월		• 진로계획 수립 및 점검 • 진로계획 상호평가
	5월(공통)		• 진로 설명회 • 모의 창업 경진대회

	6월		• 실패 대처 및 슬럼프 극복
	7월		• 방학 학습계획 수립
2학기	8~9월		• 전공선택 및 진학준비
	10월(공통)		• 전공선택 및 진학준비
	11월		• 커리어 포트폴리오 발표 준비
	12월(공통)		• 커리어 포트폴리오 발표 대회
졸업식			• 커리어 포트폴리오 책자 배포
졸업 후		Home Coming Day	• 대학생 멘토링, 졸업생 특강, 직업체험 참여

표 4-6 고등학교 교육과정 편제와 단위 배당 기준

	교과 영역	교 과(군)	필수 이수 단위		학교자율과정
			교과(군)	교과 영역	
교과(군)	기초	국어	15 (10)	45 (30)	학생의 적성과 진로를 고려하여 편성
		수학	15 (10)		
		영어	15 (10)		
	탐구	사회(역사/도덕포함)	15 (10)	35 (20)	
		과학	15 (10)		
	체육·예술	체육	10 (5)	20 (10)	
		예술(음악/미술)	10 (5)		
	생활·교양	기술·가정/제2외국어/한문/교양 (철학, 논리학, 심리학, 교육학, 종교학, 보건, 『진로와 직업』, 환경과 녹색성장)	16 (12)	16 (12)	
	소계		116(72)		64
창의적 체험활동			24(408시간)		
총 이수 단위			204		

5) 진로지도를 위한 위원회

학교 진로교육의 활성화를 위해 진로교육활동 관리위원회를 두며, 교감, 교무부장, 진로상담부장, 학년부장과 행정실장 등으로 구성할 수 있다. 위원장은 교감이 되고 교무부장이 부위원장, 간사는 진로교육 업무 담당자가 맡는다.

위원의 임무로는 위원장은 업무를 총괄하고, 부위원장은 위원장 유고 시 그 임무를 대신하며, 간사는 진로교육활동에 관한 제반 사무를 주관한다.

위원의 역할은 첫째, 진로교육활동의 교육과정 편성·운영 및 지원업무를 담당한다. 둘째, 진로적성검사 등 표준화 심리검사 실시에 따른 전반적인 사항을 심의한다. 셋째, 진로체험 등 진로관련 행사활동에 관련된 사항을 심의한다. 넷째, 진로교육활동 프로그램 개발과 운영에 참여한다. 다섯째, 기타 학교실정에 맞는 진로교육활동을 합리적으로 관리한다.

회의는 필요시 위원장 또는 위원 3인 이상의 발의에 의해 회의를 소집할 수 있으며, 의사결정은 본 위원회의 모든 안건은 재적 2/3 이상의 출석과 출석 과반수 이상의 찬성으로 의결하며, 가부 동수일 때는 위원장 직권으로 결정한다.

6) 학교 진로지도 활성화 방안

꿈과 끼를 키우는 개인 맞춤형 진로설계를 지원하기 위한 진로교육 기반은 지속적으로 확대 중이며, 자유학기제 시행, 학교 진로교육 역량강화 정책추진 등을 통해 학교 내 진로교육 기반조성, 학부모의 진로의식 개선 등을 통해 진로교육 기반과 관심이 확대된 상황이다. 하지만 단위학교의 진로교육과 현장 진로체험은 여전히 집단적·표준적 수준에 머무르고 있어 개인화·개별화가 필요하며, 학부모 진로의식 개선을 위한 교육 프로그램의 전체적인 확산이 부족하고, 학교와 지역사회 간 협력체제도 여전히 미약한 실정이다.

학교 진로지도 활성화 방안을 살펴보면 다음과 같다. 첫째, 학교에서 이루어지는 진로지도 내실화를 위해 단위학교를 개인맞춤형 진로설계 지원체제로 체질 전환이 필요하다. 단위학교별 연간 학교 진로교육계획은 수립・시행되나, 행사 위주의 형식적 프로그램 운영경향이 아직 남아 있다. 따라서 시기별, 계기별로 학생 개인의 요구를 반영한 맞춤형 진로체험 제공이 필요하고, 특히 중학교 자유학기제를 반영한 초・중・고 진로교육 연계체제의 구축이 필요하다.

둘째, 학부모 소통 및 참여를 통한 진로교육의 저변이 확대되어야 한다. 다양한 소통채널을 확보하여 학부모 진로교육의 질적 전환이 필요하고, 진로교육에서 학부모가 진로교육 지원자, 개인 맞춤형 진로설계 지원자로서 역할을 담당할 수 있도록 유도하여야 한다.

셋째, 지역사회와 협업체제를 구축하여야 한다. 지역사회와 유기적인 협업체제를 구축하여 진로교육을 확산하여 지역의 특성을 반영하고, 지역사회 자원을 활용한 창의적인 진로교육 프로그램의 운영이 필요하다. 또한 학교-지역사회 연계와 협력을 통한 자유학기제-진로교육의 상승효과 창출이 필요하다.

이처럼 체계적인 학교 진로지도를 위하여 교육과정안에서 제공되는 모든 진로지도 서비스에 대한 질적 기준 지침을 마련하고, 이를 실행하기 위하여 다음 4가지 방안을 제안한다(이지연, 2005).

첫째, 학교 진로지도 결과에 초점을 맞추어 수요자가 달성해야 하는 학습목표와 지식, 기술, 태도, 습관을 정확히 명시하는 진로지도의 질적 기준을 수립하여 이를 학교 진로지도에 대한 국가평가의 틀로 마련하고, 정기적으로 모니터링함으로써 제공되고 있는 학교 진로지도의 질적 수준을 향상시킨다.

둘째, 이러한 결과 중심의 진로지도 질적 기준안은 개인의 생애단계에 적합하며, 진로개발 수준에 따라 수요자가 차별적으로 요구하는 진로지도 프로그램을 개발・운영하는 주요한 지침이 될 수 있다. 국가 수준의 평가 틀에 기초하여 단기적인 진로의사 결정으로부터 생애 전반에 걸쳐 요구되는 진로개발의 기초지식, 기술, 태도, 습관을 함양하는 진로지도의 세부지침(프로그램 개발안)을 개발하고, 이러한 결과가 『진로와 직업』 교과의 향후 수정과 보완과정에 적용될 것을 제안한다.

셋째, 결과 중심의 진로지도 질적 기준안은 유능하고 자격 있는 진로지도 담당자가 갖추어야 하는 훈련과 자격조건을 명확히 규정한 국가지침이 될 수 있을 것이다. 현재 시행되고 있는 단회적, 비체계적, 그리고 교사의 근무연수를 고려하지 않고 운영되는 현 진로지도 담당교사의 연수체제를 새롭게 하여 진로지도 담당교사의 수준에 따른 체계적 연수와 훈련을 제공할 것을 제안한다.

넷째, 효과적인 학교 진로지도를 위하여 독립된 상담실 설치, 『진로와 직업』 교과서의 선택, 진로지도 전담교사 배치, 신뢰롭고 정확한 진로정보의 비치, 그리고 교육과정 이외의 진로체험을 권장하는 프로그램의 실시 등과 같은 요소들이 모든 지역 모든 유형의 전 학교에 의무적으로 구축되기를 제안한다. 이러한 학교 진로지도의 지원체제는 모든 학교에 강제적 조항으로 구축되며, 분기별 시 · 도 교육청 평가를 통하여 지속적인 평가를 실시한다. 대안학교와 특수학교 등의 경우, 최종 진로지도 수요자의 특성(장애유형, 장애정도, 심리 · 정서 등)에 적합한 진로지도 지원체제가 구비되도록 국가적 관심과 행 · 재정적 지원에 우선순위를 둔다.

Chapter

05

배움의 공동체와 경영

1. 교사 전문성 신장
2. 교육공동체(배움의 공동체)
3. 학교공동체
4. 수업지원 체계의 필요
5. 교육복지 공동체로서의 학교

1 교사 전문성 신장

교사는 '가르치는 사람'을 호칭하는 말이다. 교사는 흔히 스승, 교육자로 불리는데, 이는 교사가 가르치는 행위를 통해 학생들의 교육적 변화를 일으키는 역할을 하는 존재이기 때문이다. 이러한 교사에게 교사 전문성은 그 무엇보다 중요하다. 하지만 많은 교사들은 학생들을 가르치면서 자신에게 이러한 말을 자주 묻는다.

"학생지도를 위해 나의 부족함은 무엇인가?, 또한 교직에 대한 전문성을 어느 정도 지니고 있을까?"

교육의 질은 교사의 질을 넘을 수 없다는 말이 사회적으로 통념화되었다. 이는 실제적으로 교육의 성패를 좌우해온 가장 큰 요인 이 교사라는 것을 의미한다. 교육의 질적 개선을 위해 모든 노력이 더해진다고 하더라도, 그 핵심역할을 담당하는 교사가 앞장서지 않는 한 결코 교육개선은 성공을 기대할 수 없는 것이다. 교사는 교육의 주체로서 학생들의 지적 영역뿐 아니라, 정서적, 도덕적, 사회적 성숙에도 깊은 영향을 주는 중요한 위치에 놓여 있다. 특히 오늘날처럼 교육의 수많은 위기 속에서 교사들의 역할과 책임은 매우 중요하며, 교사의 전문성에 대한 논의가 끊임없이 이어져오는 것도 이 때문이라고 할 수 있다.

흔히 교직을 전문직이라고 말을 한다. 물론 교사의 전문성에 대해서는 의사, 법조인, 성직자, 대학교수와 같은 전문직에는 미치지 못하더라도, UNESCO에서 다음과 같은 교권에 관한 권고를 통해서 교직이 전문직이라는 데에는 반대 의견을 달 수 없다.

"교직은 전문직으로 간주되어야 한다. 그것은 엄격하고도 계속적인 연구를 통하여 습득 유지되는 전문지식과 기술을 필요로 하는 공공적인 업무의 하나이다."

하지만 교사가 이러한 전문성을 갖추기 위해서는 기존의 고정된 틀에서 깨고 나와야 한다. 더 많은 사람을 만나고, 이질적인 문화를 공유하고, 외부와 끊임없이 관계를 맺어야 한다. 하지만 흔히 교사들은 스스로를 "깨지기 쉬운 계란 껍데기 같은 존재"라고 말을 한다. 깨질까봐 드러내기 싫어하고, 수업공개를 하고 나면 "나 오늘 깨졌다"라는 말을 흔히 한다.

그렇다면 깨질가봐 두려운 것이 무엇일까? 그건 바로 수업이라고 할 수 있다. 수업을 통해 자신의 전문성을 드러내보여야 할 존재가 교사임에도 불구하고, 수업이 깨질까봐 두렵고, 이로 인해 수업에 대해서는 상호 불간섭주의가 교사문화로 자리잡게 되었다. 수업 후 협의회 시간에는 수업에 대한 얘기만큼은 묻지 않는 것이 불문율처럼 지켜지고 있는 것이 바로 교사문화이다. 이로 인해 교사들은 그들만의 폐쇄적인 문화를 만들고, 그 문화 안에서도 또 다른 나만의 담을 쌓고 지내는 존재가 바로 교사들이다.

교사가 전문성을 되찾고, 전문자로서 인정을 받기 위해선 이러한 폐쇄적인 교사문화를 깨고 나와야 하며, 수동적인 방어자의 위치에서 벗어나서 끊임없이 배우고 소통할 줄 아는 능동적인 교사로 변화되어야 한다. 이러한 변화의 시작이 바로 교사의 전문성을 되찾아오는 첫걸음인 것이다.

흔히 사회적으로 전문직으로 인정을 받는 직업 중 하나가 의사이다. 교사 역시 의사와 같은 과정으로 전문역량을 쌓아가야 한다. 의사들은 많은 환자들의 증상을 살펴보고, 기존 사례연구를 통해 전문역량을 쌓아간다. 교사들도 이처럼 다른 교사들의 수많은 수업사례를 함께 연구하며, 자신만의 전문역량을 쌓아가야 한다. 하지만 그동안 교사의 전문성을 찾기 위해 많은 교사들은 어떠한 노력을 해왔는가?

교사들은 전문성 신장을 위하여 다양한 교육, 연수, 혹은 유명한 학자들의 책을 통해서 공부를 했을 것이다. 흔히 연수를 마치고 나면 이러한 말들을 많이 한다.

"꼭 교실에 돌아가서 이번 연수에서 배운 내용을 사용해봐야지."

하지만 실제 교실로 돌아간 수많은 교사들 중, 연수를 통해 배운 내용을 실천하는 교사들은 이런저런 다양한 이유로 인하여 극히 드물다. 이것은 교사들이 실제 수업을 통해 전문성을 신장시키기보다는 책이나 이론을 통해 알게 된 지식에 얽매이기 때문이다. 교사에게 필요한 전문성은 이러한 이론에 얽매인 지식이 아니라, 교실에서 아이들과 함께 실천할 수 있는 지식인 것이다. 의사들이 자신의 전문성을 찾기 위해 수많은 환자들의 증상을 살피고, 기존 사례연구를 살펴보는 것처럼 교사들도 임상전문가가 되어야 하며, 자신이 갖고 있는 교실과 아이들이라는 임상의 천연자원을 들여다보고 인식을 해야 하는 것이다.

최근 많은 교사들은 이러한 관점에 따라 자신의 수업을 비디오로 찍고, 이 기록을 활용해서 조금 더 깊이 있는 연구를 종합적으로 실천하고 연구하고 있다. 이것이 바로 임상연구이며, 수업사례 연구이며, 실천의 지식인 것이다.

흔히 현대사회에서의 배움은 일평생을 두고서 해야 하는 것이라고 한다. 이로 인해 학생들에게 역시 "미래를 위해서 현재를 포기하고 공부만 해야 한다."라고 가르쳐서는 안 된다고 한다. 배움은 일평생 이뤄져야 하는 것이며, 학생들 역시 그러한 과정 중에 일부분임을 일깨워줘야 한다고 한다. 교사 역시 그렇다. 사범대학에서의 교육은 완성교육이 아니다. 그동안 많은 사범대학에서는 대학교에서의 배움이 완성된 것이라고 가르쳐 왔다. 우리 역시 그러한 과정에서 있었으며, 그로 인해 배우기 힘들어하고, 깨지기 어려워했을지도 모른다. 우리는 이미 완성된 교육을 다 받아왔으니 말이다.

하지만 이제는 그러한 대학교육은 준비교육일 뿐이라는 인식을 가져야 한다. 교사는 교직에 첫발을 내디딘 이후 퇴직할 때까지 현장의 교육, 교실의 수업, 교실 속 아이들에 의해 계속적으로 배우고 성장해야 하는 존재인 것이다. 교사는 생애를 통해 교사가 되기 위한 과정을 계속해서 걷고 있는 것이다.

이에 Sergiovanni와 Starratt(2007)는 교사의 전문성 개발은 학교와 교사에게 행하는 것이 아니라, 교사가 자기 자신을 위해 행하는 것을 의미하며, 교사의 전문성 전문적 기능발달뿐 아니라 개인으로서 교사의 변화를 포함하는 포괄적인 의미를 지닌다고 하였다. 하지만 그동안 교사들은 자기 개발이나 전문성 신장을 위해서 교육, 연수 등에 초점을 두고 있었던 것이 사실이다. 이제는 이러한 좁은 개념에서 벗어나 교사들이 향상된 수준의 전문적 능력을 달성하고, 학교에서 교사 개인의 역할 기대에 대한 이해를 넓힐 수 있도록 교사 자신과 주변환경에 대한 끊임없는 인식으로 성장의욕을 키워 가는 과정으로 이해해야 할 것이다.

교사 전문성에 대한 관심은 인적자원 개발이 국가의 경쟁력 강화에 핵심이 되는 지식 정보화시대부터 국가 수준에서의 쟁점이 되었다. 특히 천연자원이 부족한 우리나라의 경우에는 더욱더 질 높은 인적자원 개발의 양성을 위해 교육을 중요시 여기고 있었으며, 교육의 핵심으로 교사의 전문성을 두고 있다. 공교육에 대한 신뢰성 부족, 끊임없는 비판의 목소리는 교사의 전문성과 자질에 대한 비판과 별반 다르지 않다. 이제는 사회의 변화에 따라, 자기의 교직능력을 향상시킬 수 있는 전문적 자질이 요구된다고 할 수 있다.

그동안 많은 교사들은 자신들의 전문성을 대학교 때의 학습, 혹은 대학원에서의 학습과 교육으로 완성이 되었다는 인식을 많이 하고 있다. 이에 손우정 교수는 『배움의 공동체』라는 책을 통해서 "교사는 교사가 되고 나서야 비로소 교사가 되며, 대학의 교사교육은 완성교육이 아니라 양성단계의 교육으로 준비교육"이라고 하였다. 즉, 교사는 생애를 거쳐서 교사가 되는 과정의 길을 걸으며, 교직에 첫발을 내디딘 이후 퇴직할 때까지 현직교육에 의해 성장한다고 할 수 있다.

이런 의미에서 교사는 가르치는 전문가이기도 하지만, 배우는 전문가이기도 하다. 교사 전문성 신장의 원동력은 바로 교실을 중심으로 하여 아이들, 동료교사와의 다양한 만남을 통해 끊임없이 스스로 반성하고 성찰하며 배우는 것이다. 이러한 의미에서 학교교육 현장에서는 교육공동체라는 말이 생겨나게 되었으며, 서로 배우는 관계를 형성하고, 다양한 수업사례를 가지고 함께 연구하고 성찰하면서 교학 상장하여 전문성을 높여가기 위해 공동체가 필요하게 되었다.

2 교육공동체(배움의 공동체)

학교공동체라는 개념은 Sergiovanni(1994)의 교육공동체론, 손우정 교수(2012)가 소개한 사토마나부의 '배움의 공동체론'에서 성공적인 사례를 찾아볼 수 있다. 이 둘의 학교운동은 각각 자국 내에서 학교개혁의 새로운 패러다임을 제시하면서 나름 성공적인 사례를 창출하였으며, 한국 교육계에도 큰 영향을 지속적으로 미치고 있는 중이다.

1) Sergiovanni의 교육 공동체론

Sergiovanni로 대표되는 교육공동체론, 혹은 학교공동체론은 1990년대 들어 미국 교육계뿐 아니라, 외국에 소개가 되면서 관심이 높아지게 되었다. 이것은 기존의 이론적 접근이 아니라, 공동체적 접근을 통해 학교개선이 가능하다고 보는 새로운 학교교육 방식을 창출하게 되었다.

Sergiovanni는 그의 저서 『Building Community in School』을 통해, 학교라는 기관은 일반적인 기관 혹은 조직처럼 운영하기 위해서는 많은 문제점이 있다고 지적을 하였다. 일반조직은 이해관계에서 시작하여 계약적인 관계를 중시하는 반면, 학교조직은 교사의 헌신을 강조하며, 구성원들 모두가 헌신하는 태도를 가지고 학교를 운영하는 모습을 보이고 있다고 하였다. 이에 학교에서는 공동체가 요구된다고 주장하였다. 또한 Sergiovanni는 공동체는 나로부터 우리라는 생각을 이끌어 내는 조건으로 가치, 감정 신뢰를 핵심으로 제시하였으며, 학교가 조직이 아닌 공동체가 되어야 함을 강조하였다.

Sergiovanni는 공동체의 필요성에 대해 인간의 가장 기본적인 욕구는 바로 소속욕구이며, 소속욕구는 정체성의 범주에 속하는 것으로, 정체성 형성을 위해서 공동체의 원리가 작동하는 학교가 바람직하다고 하였다. 이에 Sergiovanni는 공동체로서의 학교와 공식조직으로서의 학교를 다음과 같이 비교하였다.

표 5-1 공동체 학교와 공식조직 학교 비교

공동체로서의 학교	공식조직으로서의 학교
정의적	정의적 중립
집단 지향적	자기 지향적
특수주의	보편주의
귀속성	성취성
확산성	구체성
본질적	수단적
이타적 관계	이기적 관계

이러한 비교를 통해 공동체로서의 학교가 필요함을 주장하였으며, 학교공동체의 형태로 6가지를 제시하였다. 6가지 형태는 완성된 형태로서 학교가 골고루 갖추고 있는 특성이라기보다는, 학교별로 어떠한 노력을 기울이는가에 따라 어떠한 학교로 변화 하는지를 유형화 한 것이라고 생각하면 된다.

표 5-2 학교공동체 형태

학교공동체 형태	내용
돌봄공동체	이타적 사랑에 의해 동기유발이 된 구성원들이 상호 헌신하는 학교공동체
배움공동체	구성원들이 사고와 성장과 탐구에 헌신하며, 배움이 구성원 모두의 활동과 태도이며 과정과 생활의 방식임을 강조하는 학교공동체
전문공동체	구성원들이 지속적으로 전문성을 개발하며, 전문적 가치에 헌신하는 학교공동체
동료공동체	구성원들이 상호이익을 위해 결속하고, 상호 의존과 의무감을 가지고 공동의 목표를 추구하는 학교공동체
포용공동체	구성원들이 경제, 종교, 문화, 인종, 가족 등의 차이를 서로 인정하고 존중하며 전체로 통합되는 학교공동체
탐구공동체	교장과 교사가 학교가 직면한 문제의 해결을 위해 공동으로 모색하고 실천하며, 탐구하는 데 헌신하는 학교공동체

2) 사토마나부의 배움의 공동체론

사토마나부의 배움의 공동체론은 '개혁의 중심은 교실 개혁'이라는 것을 제시한 이론이다. 이는 곧 수업개혁의 열쇠는 교사에게 있으며, 교사 변화와 학교 변화를 통한 수업개혁을 추구하고자 하는 것이다.

사토마나부는 학급붕괴와 같은 교실의 문제를 해결하는 방안으로 배움을 중심으로 한 수업개혁을 제시하였다. 여기서 배움이란 일반적으로 생각하는 주체적이고 능동적인 행위로서의 배움이라기보다는, 몸과 마음을 열고 다른 사람의 소리에 귀를 기울여서 들어주는 수동적인 감각에 뿌리를 둔 수동적 능동성의 성격이 짙다고 할 수 있다. 사토마나부는 이러한 의미에서 배움의 공동체는 교실 커뮤니케이션의 변화라고 일컫고 있으며, 교사의 역할이 결정적이라고 하였다. 교실에서 서로 귀를 기울여 듣는 관계를 형성하는 것은 교사의 풍부한 지식과 끊임없는 노력이 필요한 과제이기 때문이다.

또한 사토마나부는 여기에서 더 나아가, 『수업이 바뀌면 학교가 바뀐다』라는 저서를 통해 배움의 경험 자체를 교육과정이라고 정의하며, 새로운 교육과정의 창조를 강조하였다. 즉, 배움의 경험을 창조하는 일이 바로 교육과정이며, 교육과정을 만드는 과정으로 ① 배움의 경험에 대한 디자인, ② 배움의 경험을 창조하는 교실실천, 그리고 ③ 배움의 경험에 대한 성찰과 평가 등 3단계를 제시하였으며, 그중 교실실천을 가장 강조하였다.

이처럼 배움의 공동체로서의 학교는 수업창조를 기본 축으로 전개된다. 서로 수업을 공개하고, 전문가로서 서로 배우면서 성장하는 연대를 중요시 여기는 것이다. 우리나라 역시 학교에서의 가장 심각한 문제는 바로 동료성의 쇠퇴라고 할 수 있다. 동료성 구축을 방해하는 초등학교에서의 교실의 장벽, 중등학교에서의 교과장벽을 허물고 수업을 공유하고, 서로 비평하면서 교육전문가로서 서로 배우면서 동반성장을 실천할 때 학교개혁이 일어나며, 진정한 의미에서의 배움의 공동체가 형성된다고 할 수 있다.

3) 우리나라 수업혁신 모델[5)]

(1) 배움의 공동체 모델

배움의 공동체는 듀이(Dewey)의 진보주의와 비고츠키(Vygetsky)의 사회적 구성주의를 일본의 교육현실에 맞게 적용한 것이라고 할 수 있다. 우리나라는 일본과 교육현실이 비슷한 부분이 많아 배움의 공동체가 다른 서구의 다양한 학습공동체 모델에 비해 우리나라에 적용하기 유리하다.

배움의 공동체는 공공성, 민주주의, 탁월성을 원리로 삼고 있다. 공공성은 학교는 공적인 사명과 책임을 가지고 민주주의를 실천하고, 열린 공간으로 학교 안과 밖에서 소통해야 함을 의미한다. 민주주의는 학교 자체가 민주적인 사회조직으로 운영되어야 한다는 의미이다. 탁월성은 경쟁이 아니라 스스로 최선을 다해야 최고를 추구한다는 의미로, 가르침과 배움에서 도약이 있는 배움을 강조한다는 의미이다.

그리고 배움을 활동적, 협력적, 표현적 배움으로 나누어서 제시한다. 활동적 배움은 수업시간에 학생들이 다양한 체험학습을 하며 학습의욕을 고취하는 것을 의미한다. 협력적 배움은 모둠을 중심으로 구성원 사이의 사회적 상호작용을 통한 학습효과의 극대화를 의미한다. 표현적 배움은 다른 사람의 표현을 보면서 자신의 생각을 비추어서 보면서 서로 배우는 것을 의미한다. 이를 위해 교사는 경청하기에 초점을 두고 수업을 진행하게 된다.

또한 배움의 공동체는 수업공개와 피드백을 중요시 여긴다. 교사가 어떻게 가르쳐야 하는 것이 아니라, 학생들이 어디서 배우고 어디서 주춤거리느냐에 초점을 두고서 이야기를 나눈다. 이를 통해 교사의 가르침 중심의 수업 접근에서 벗어나서 학생의 배움을 중심으로 한 학생들에게 초점을 맞추어서 수업을 바라보게 되었다는 긍정적인 평가를 받게 되었다. 그리고 학생들의 협력적 배움을 뛰어 넘어 교사들의 협동적 배움을 강조하게 되었다. 교사 개인의 수업기술 개선이나 학생들의 상호작용에서 벗어나서 교사들의 전문적 학습공동체를 강조하게 되었고, 학교 차원의 혁

5) 김현섭, 『수업을 바꾸다』, pp. 189-223쪽 요약 · 발췌함.

신을 강조하게 되었다.

그러나 우리나라에 제대로 정착하고자 할 때 문제점이 없는 것은 아니다. 배움의 공동체는 경청을 강조한다. 이는 일본의 문화에서 크게 벗어나지 않는 것이다. 일본은 어린 시절부터 다른 사람에게 피해를 주지 말 것을 철저하게 배우면서 자란다. 이 때문에 다른 사람의 이야기를 경청하는 자세가 몸에 배게 된다. 그러나 우리나라 아이들은 이에 비해 에너지가 넘치고 역동적인 면이 강하다. 또한 협력적 배움에 대한 이야기를 많이 하지만, 이에 대한 구체적인 방법이나 기술을 충분하게 제시하지 못하고 있다.

(2) 협동학습 모델

협동학습의 이론적 배경은 집단의 본질이 구성원들 간의 상호 의존성에 있다고 한 레빈(Levin)의 사회심리학이다. 집단 속에서 개인은 공동목표를 통해 상호 의존적이 되며, 협동적, 경쟁적, 개별적 행동을 하게 된다.

흔히 협동학습이라고 하면 조별학습, 협동학습, 협력학습이라는 용어가 혼용되어 사용된다. 그러나 이들은 또래 가르치기를 강조하고, 학습공동체 형성을 중요시 여기는 공통점을 가지고 있기는 하지만, 접근방식에는 큰 차이를 보인다.

조별학습은 기존 일제수업에 비해 학생들의 참여를 이끌어내기는 하지만, 비구조화된 접근방식으로 인해 협동을 하지 않아도 과제를 완성할 수 있게 된다. 이로 인해 협동은 필수가 아니라 선택이 되고, 긍정적 상호 의존성이 약한 단점을 가진다.

이러한 단점을 보완한 것이 바로 협동학습이다. 구조화된 또래 가르치기를 강조하며, 긍정적 상호 의존성을 높이고, 개인적 책임을 분명히 하며 동시다발적으로 참여하게 함으로써 소외되는 학생이 없도록 노력을 기울인다. 이를 위해 다양한 시스템을 구축하여 운영한다. 조별학습에 비해 학습활동이 원활하지만, 보상과 신호는 언제나 장점을 가지는 것이 아니며, 기술적인 측면에 집중하여 배움 없이 그저 협동적 퍼포먼스에 그칠 위험을 가지고 있다.

또한 협력학습은 보상과 신호를 사용하지 않고, 자발적인 참여와 의지를 이끌어

내어 학생들 사이에 협력관계를 형성하여 과제를 수행하도록 한다. 물론 협력학습은 학생들의 의욕과 의지가 있을 때 효과를 거둘 수 있다.

이러한 접근방식의 차이점으로 인해 조별학습에서 협동학습, 협동학습에서 협력학습으로 발전해 나가는 것이 바람직하다고 한다.

물론 위에서 언급한 것과 같은 장·단점에도 불구하고, 협동학습이 우리나라에 보급이 되면서 우리나라의 교실현장에 긍정적인 변화를 일으켰다는 사실에는 큰 반대가 없다. 협동학습은 학습공동체를 지향하게 되었고, 다인수 학급이라는 열악한 한국 교육현실에서 협동학습은 다른 교수학습방법보다 적용하기가 쉬웠다. 그리고 구체적인 교수학습방법을 제시하였고, 수준별 수업과 경쟁학습의 대안으로 협동학습에 대한 구체적인 방법을 제시하였다.

그러나 협동학습은 교육과정에 대한 대안을 제시하지 못하고 있었으며, 활동을 너무 강조하고, 구조를 너무 강조한 나머지 학습내용을 놓칠 큰 위험성도 가지고 있다.

(3) 프로젝트 수업 모델

프로젝트 수업은 듀이의 진보주의 사상의 영향을 받은 킬패트릭이 고안한 수업 방법으로, 듀이의 실험학교에서 시행한 학생 중심 교육과 통합교육과정 원리에서 시작한 수업 모델이다. 실생활과 동떨어진 학교의 교과 중심 학습에서 벗어나 학생의 흥미와 자발적인 탐구, 문제해결 학습을 중요시 하는 교육방법이다. 프로젝트 학습에 대한 관심은 정형화된 교육과정에 대한 비판과 교육의 비인간화에 대한 우려가 일기 시작하면서 높아지게 되었다.

우리나라에서도 혁신학교 운동이 확산되고, 구성주의, 통섭, 과학과 기술의 통합 접근 등에 대한 관심이 높아지면서 이에 대한 구체적인 교수학습방법으로 프로젝트 수업에 주목을 하게 되었다.

프로젝트 수업은 교사의 지도하에 개별학생, 모둠 또는 학급 전체가 책임을 지고 특정 주제에 대해 심도있게 탐구하게 된다. 기존의 교사가 제시하는 목표에 따라 학습하는 형태가 아니라, 학생들이 스스로 문제의식을 가지고, 주제를 선정하며 조사, 연구, 발표, 평가까지 학습의 전 과정에 걸쳐 학생들이 스스로 참여하는 수업 모델이다. 이에 자기 주도적 학습 형태를 띠게 된다.

또한 프로젝트 수업은 기존 조별 발표식 수업과 비슷해 보이지만, 실제 운영과정이나 평가방식에서 큰 차이가 있다. 프로젝트 수업은 교사와 학생이 협의하여 목적을 설정하고, 여러 대안 중에서 학생이 선택하며, 수행기간이 길고 교사가 아닌 학생 중심으로 진행이 된다.

이를 위해 교사는 학생들의 능력을 최대한 이끌어내는 역할을 하게 된다. 이것이 프로젝트 수업의 성공 여부이기도 하다. 즉, 프로젝트 수업의 목표는 결과물이 아니라 결과물을 얻기까지의 과정을 중요시 여기며, 그러한 과정 중에 아이들이 스스로 배우고 체득하게 되는 능력, 바로 역량을 강조한다. 얼마나 아이들의 역량을 이끌어 내 주느냐가 바로 프로젝트 수업의 성공 여부이기도 하다.

(4) 각 수업혁신 모델 비교

지금까지 제시한 3가지 수업혁신 모델은 저마다 강조하는 점이 다르다. 그러나 자세히 살펴보면 차이점보다는 공통점이 많음을 알 수 있다. 이들은 모두 협력(협동)의 가치를 중요시 여기고 있으며, 가르침보다는 학생들의 배움을 강조하고, 학교와 교실을 학습공동체로 접근하며 민주적 의사결정과 참여를 매우 강조하고 있다. 이들의 수업혁신 모델의 장단점 및 특징을 정리하면 〈표 5-3〉과 같다.

표 5-3 수업혁신 모델 비교

모델	장점	단점	특징	공통점
배움의 공동체	• 동아시아적 교육문화 공통점 • 철학적 거대 담론 풍부 • 학생의 배움 강조 • 교사 간 협동 강조 • 케이스 스터디 강조	• 한국과 일본의 다른 측면 • 풍부한 거대 담론에 비해 빈약한 미세 담론 • 학습 의지 낮은 학생에게 적용의 어려움	• 교사 간 협동 • 철학 담론 풍부	• 협동의 가치 중시 • 학생의 배움 강조 • 학생 간 사회적 상호작용 강조 • 학교공동체, 학습공동체 • 민주적 의사결정 및 참여
협동 학습	• 학습공동체 강조 • 다인수 학급 적용 가능 • 수준별 수업과 경쟁 학습의 대안 • 구조화된 다양한 교수학습방법 존재	• 교수학습방법으로의 한계 • 구조화된 접근에 대한 비판 • 활동은 있으나 배움이 일어나지 않을 가능성	• 학생 간 협동 • 다양한 교수학습 방법 제시	
프로젝트 수업	• 이론과 실천의 결합 • 범교과적인 통합 접근 • 학생의 자기 주도성	• 학습의지 없거나 기초지식이 부족한 학생들에게 적용이 어려움 • 교육과정 재구성, 교사의 전문성이 뒷받침되어야 가능	• 학생의 자기 주도적 참여 • 문제탐구 및 해결 강조	

출처: 김현섭. 수업을 바꾸다. p. 223.

3 학교공동체

1) 학교공동체의 필요성

사회의 급격한 변화에 따라 학교교육의 질적 수준 향상 및 학교의 본질적인 기능인 공동체적 기능의 수행에 대한 사회적 요구가 매우 높아지고 있다(오찬숙, 2014). 이에 교사들은 자신의 전문성 및 역량을 높이기 위해 다양한 방법을 시도하고 있으며, 교사들 스스로 소속감을 느낄 수 있는 공동체로의 변화를 강조하게 되었다.

김태현은 『교사, 삶에서 나를 만나다』라는 저서를 통해 개인의 행동이 많은 사람에게 노출되는 교사들은 각별히 조심을 기울이고, 교육적인 의미를 담아 행동해야 한다고 하였다. 그런데 동료교사, 관리자, 학생으로부터 자신의 이러한 노력을 이해받지 못하고 능력이 없다는 소리를 들으면 큰 낙담 속에 지내게 된다고 한다. 누군가로부터 이해받지 못할 때, 너무나 억울하고 속상하게 된다. 그래서 교사들은 동료교사와 마음으로 더 깊게 연결되기 위해서 삶을 나누어야 하며, 이를 넘어서 수업을 서로 이야기할 수 있어야 한다고 하였다. 그리고 수업혁신, 학교 혁신교육 개혁 등도 어떤 특별한 프로그램과 시스템에 의해 이루어지기도 하지만, 결국 그러한 프로그램과 시스템이 성공하기 위해서는 교사 간에 마음과 마음으로 연결되는 유대감이 있어야 한다.

즉, 현재 우리가 직면하고 많은 교육문제의 대안적 방안으로 공동체가 대두되고 있으며, 전문성 함양을 위한 학습조직으로서의 학교공동체, 교사 학습공동체가 큰 주목을 받고 있다. 교육의 진정한 변화는 교육공동체 구성원들의 노력과 정성이 있을 때 가능하다. 이러한 개혁은 학교구성원들의 자발적 참여와 협력, 헌신을 통해서 가능하다. 전문성 개발을 도모하는 학교공동체는 '아래로부터의 교육개혁'이라는 측면에서 학교혁신을 위한 중요한 대안으로 주목받고 있으며, 진정한 의미에서의 교육개혁을 위해서는 자발적인 참여와 협력이 가능한 학교공동체 형성이 가능한 학교문화로의 변화도 중요하다.

2) 학교공동체의 특징

교육공동체에 대한 개념은 '학교를 어떻게 바라보느냐'는 관점과 매우 밀접한 관계가 있다. 그리고 이를 위해서는 학교조직이 관료적인 조직으로의 학교인지, 공동체적인 조직으로의 학교인지를 가르는 이분법적인 사고보다는 모든 학교가 이중적인 성격을 지니고 있음을 이해해야 한다. 물론 현재의 학교는 관료제적인 성격이 강한 학교가 많아서 공동체적인 성격으로의 변화가 필요한 것은 사실이다.

또한 앞에서도 살펴보았듯이, 학교공동체에 대한 개념과 그 특성은 학자들마다 조금씩 다른 면을 보이고 있다. 그러나 공통적으로 제시하고 있는 학교공동체의 특징은 다음과 같다. 첫째, 구성원들 사이에 공동으로 공유하는 가치가 있어야 한다. 둘째, 가치와 신념, 감정을 통해 함께 결속되어야 한다. 셋째, 소속감을 느끼게 하는 공동의 활동이 필요하다. 넷째, 상호 보살피고 지원하는 인간관계 형성이 필요하다. 다섯째, 구성원들의 헌신에 의해 목표 혹은 과업달성에 모두가 몰입해야 한다. 여섯째, 형식이나 절차가 아니라 목표, 가치, 동료애와 같은 내부적인 방식에 의해 함께 통제가 되어야 한다. 마지막으로 지도성과 리더십은 공동체적 연대를 통해 이루어져야 한다.

이러한 공통적인 특성을 바탕으로 학교공동체는 교사들의 지속적인 능력개발과 전문성 향상에 헌신하는 전문적 공동체로서의 학교, 교사들이 함께 사고, 성장, 탐구, 몰입하여 함께 배우는 학습공동체로서의 학교, 그리고 공유된 목표를 달성하기 위해 봉사자로서의 합의된 리더가 존재하는 리더공동체로서의 학교가 바로 흔히 말하는 학교공동체라고 할 수 있다.

이러한 학교공동체가 형성되기 위해서는 필요한 요건이 있다. 첫째, 좋은 교육이 무엇인지, 우리가 원하는 교육이 무엇인지에 대한 구성원들 간의 협의와 합의가 있어야 한다. 이렇게 되어야만 교사들은 자신들이 하는 교육의 방향이 무엇이고, 이러한 교육이 기여하는 바가 무엇인지 뚜렷하게 인식하게 됨으로써 학교에서도 이러한 공동체를 통해 교사들이 성취하려고 하는 것이 무엇인지 알게 된다. 둘째, 학교구성원들이 함께 공동의 프로젝트를 추진해야 한다. 이로써 구성원들이 교육목적과 가치를 공유할 뿐 아니라, 공동의 활동을 통해 이를 재생산하게 되는 과정을 거치게 된다. 이를 통해 학교공동체는 교육활동의 목적이 무엇인지 함께 분명하게 인식하고, 그러한 교육활동의 목적의 가치에 대해 모두가 동의하고 공유할 때 의지가 발현되고, 이러한 의리를 통해 공동의 프로젝트를 추진함으로써 공동의 목표를 지향하는 학교공동체가 형성될 수 있는 것이다.

물론 이러한 경우에도 한 가지 중요한 인식이 있다. 바로 서로의 의견 차이로 인해 사고의 차이를 없애거나 누구의 의견이나 사고를 바꾸려고 해서는 안 된다는 것이다. 서로의 사고와 가치의 차이를 존중하고 배려하며, 협력함으로써 그 차이를 수용해나가는 학교문화의 생성이 함께 필요하다. 이러한 문화가 생성될 때 학교구성원들은 서로 상호 의존하고 긍정적인 상호작용을 하게 된다. 이렇게 형성된 학교공동체는 학교구성원들로 하여금 소속감, 신뢰감, 안정성 등을 증진시키는 효과도 가져오게 될 것이다.

그렇다면 이러한 학교공동체 형성을 위한 학교경영은 어떻게 되어야 할까?

학교공동체는 공동체를 형성하고자 하는 의지를 가진 사람들이 출현하다고 하여 간단하게 형성되는 것이 아니다. 학교공동체가 형성되기 위해서는 제도적 변화, 문화적 변화, 구성원의 변화가 함께 이루어져야 한다. 다행스럽게도 요즘에는 학교경영방식의 변화와 더불어 학교구성원들의 공동체적 문화에 대한 관심이 높아짐으로써 이에 대한 문화적, 그리고 구성원의 변화는 점차 이루어지고 있는 상황이다. 물론 이러한 변화의 추세에 따라 제도적인 변화도 뒤따르고 있지만, 기존의 관료적 조직으로의 학교경영과는 다른 경영원리가 필요하다는 사실로 인해 제도적인 학교경영 측면에서의 변화가 더욱 요구되는 것 또한 사실이다.

이러한 측면에서 노종희(1996)는 학교공동체 형성을 위한 경영원리로 다음과 같이 제시하였다. 첫째, 평등과 협동의 원리에 입각하여 학교구성원들의 의견을 존중하고 받아들이는 평등주의 사상이 필요하다. 둘째, 자율과 개방의 원리에 입각하여 중앙통제, 엄격한 상하관계, 하향식의 의사결정에서 벗어나서 교사들의 자율성을 보장해주어야 한다. 셋째, 돌봄과 헌신의 원리에 입각하여 교사는 학생 개개인에 관심을 갖고 전인적 발달을 도와주어야 하며, 교장은 이러한 교사의 전문적 성장을 위해 끊임없이 도와주어야 한다.

학교공동체 형성에서 있어서 교사의 역할도 중요하지만, 학교 전반에 영향을 주는 교장의 역할 역시 매우 중요하다. 학교공동체 형성을 위해 학교구성원이 교육의 목적과 가치를 공유하더라도, 이러한 의지를 발현할 수 있도록 학교상황을 만들어 주지 못한다면 이러한 의지가 발현되지 못하기 때문이다. 이러한 측면에서 학교장의 역할은 교사들의 의지가 발현될 수 있도록 제도적인 측면에서 그러한 상황을 만들어주는 것이라고 할 수 있다.

이처럼 학교공동체를 파악하기 위해서는 [그림 5-1]과 같은 개념을 이해하고 있어야 한다. 학교공동체는 구성원, 조직구조, 문화의 상호 영향 속에서 환경요인이 이러한 요인들을 지원하거나 제약하는 영향을 주게 된다.

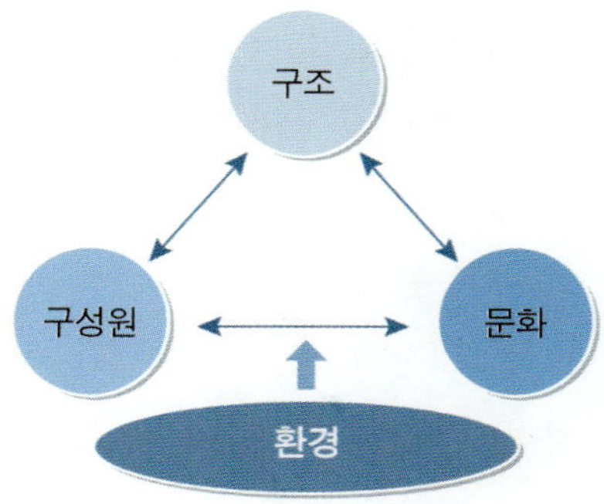

그림 5-1 학교공동체 구성요인

(1) 구성원의 특징

학교구성원이라고 하면 학교장, 교사, 학생, 학부모를 들 수 있다. 학교공동체 형성을 위해서는 학교장의 역할이 중요하다. 학교장은 학교의 교육 비전을 설정하고, 실천해 나가는 데 있어서 구성원이 상호 협력하고 신뢰하는 공동체를 형성함에 있어서 리더십을 발휘해야 하기 때문이다. 이에 학교장은 교사들 간의 상호 협력을 위한 지원체제를 구축하고, 정보와 생각을 교환하며, 전문성 개발을 위해 새로운 정보를 획득할 수 있는 통로를 만들어 줌으로써 상호 신뢰하는 전문 공동체 형성에 노력해야 한다(Smylie & Hart, 1999).

학교공동체에서 교사의 역할은 학생성장지원, 교수학습지도 충실, 학생생활지도 헌신, 전문적 교육활동, 교육활동에 주도적 참여, 확고한 교육철학, 학교공동체 형성주도 등을 들 수 있다(허학도, 2005). 또한 이러한 학생의 배움을 위한 충실한 수업 관련 활동뿐 아니라 돌봄을 위한 인성지도 등 폭넓은 역할도 수행해야 한다. 특히 학교공동체 형성에 있어서 교사에게 요구되는 역할은 동료성 구축이다(Johnson, 2000). 이는 개인적 필요로서 교사들은 서로 사회적 상호작용, 의사소통을 통해 서로 협력할 필요가 있고, 학생교육을 위한 필요로서 교육방법, 학생지도, 교육내용에 대한 조언을 서로 주고 받을 필요가 있으며, 조직적인 필요로서 교사들 간의 학습진도를 조정하고, 평가에 대한 기준과 방법을 협의하고, 학교변화와 개선을 위한 공동노력을 위해 서로 협력할 필요가 있기 때문이다(주철안, 2007).

이처럼 학교공동체 형성에 있어서 교사들 간의 동료성 구축이 필요함에도 불구하고, 실제 학교현장에서 교사들은 상호협력이 높지 않고 상호 고립되어 있는 것이 사실이다(Johnson, 2000). 그 이유는 교사들은 매일의 생활에서 학생교육과 지도를 독립적으로 수행하는 반면, 학교 전체적인 교육목표는 교사들 간의 교육활동이 상호의존적으로 일어날 때 성취되는 부분이 많기 때문이다. 이에 부장교사, 교감, 교장 등 핵심적 위치에 있는 인사들이 동료성 구축을 위해 적극적인 역할을 수행하는 것이 매우 중요하다(Johnson, 2000).

입시 위주의 교육에 놓인 학생들의 경우, 학교교육에 대한 신뢰와 소속감 저하, 상호 협력부족 등과 같은 모습을 보이고 있으며, 이러한 모습은 학교공동체 형성을 가로막는 요인이 되고 있다. 이러한 학교에 대한 신뢰와 소속감은 학생들이 학교를 돌봄의 공동체로서 경험할 때 형성이 될 수 있는 것이다(주철안, 2007).

이는 수업을 통해 학생들이 느낄 수 있는 것이며, 일본의 하마노고 소학교에서는 이를 위하여 학생들에게 “서로 귀를 기울여 주는 관계”를 만드는 일을 중시하고 있다. 아이들은 수업을 통해 서로 소통하는 방법을 익혀나가게 되며, 교사는 학생의 말에 귀를 기울여주고, 학생들도 다른 학생들의 말에 귀 기울여 듣도록 지도하면서 서로 존중하고 돌보는 배움의 공동체를 느끼게 된다고 한다(손우정 역, 2001).

1995년 학교운영의 자율성과 책무성을 확보하기 위하여 학교운영위원회가 제도화 되면서, 학부모 및 지역인사의 학교운영에 대한 참여가 제도적으로 보장되었다. 그러나 학부모들의 학교교육에 대한 참여는 금전적 및 시간적 부담, 일부 학부모에게 편중화된 참여기회, 아이가 속한 학급에 대한 관심에 비해 학교 전체에 대한 부족한 관심 등으로 인해 그 참여정도는 소극적이라고 할 수 있다.

학교는 아이들과 교사가 함께 배우면서 성장하는 곳인 동시에, 학부모와 지역사회가 함께 협력하여 교육활동에 참여하는 곳이기도 하다. 일본에서는 학부모가 교육활동에 대한 참여가 활성화될수록 여러 가지 효과를 얻을 수 있는 것으로 지적하였다. 소극적이고 비판적인 관점에서 벗어나 서로 협력하는 관계로 변화하게 되며, 내 아이라는 개인적인 의식에서 벗어나 우리라는 공동체적 의식으로 변화하게 되며, 아이들과의 보다 친밀한 관계형성의 기회를 얻게 된다고 한다. 즉, 공동체적 학교에서 학부모들은 학교공동체 운영의 중요성을 인식하고 적극적으로 참여하고 지원하는 역할을 담당해야 한다.

실제로 우리나라의 한 초등학교에서는 기존의 관료적이고 비민주적인 학교운영의 관행을 극복하기 위해 민주적이고 적극적인 학부모의 참여방안을 모색하였다. 그 결과, 학부모들은 총회, 운영위원회, 대표자회의, 학부모회의 등 다양한 통로를 통해 의사를 전달하게 되었고, 다양한 교육 프로그램에서 자원봉사활동으로 참여하고 있다. 이를 통해 갈등도 발생되었지만, 민주적인 공동체를 형성하게 되었다(서근원, 2004).

(2) 구조적 특징

학교 구조적인 측면에서 가장 중요하게 여겨야 할 것은 학교교육의 주된 목적이 아이들의 교육이며, 이와 더불어 학생들의 돌봄이라는 사실을 분명하게 인지하고 있어야 한다는 것이다.

우리나라 학교에서는 각종 보고, 공문작성 등 업무처리에 소요되는 시간으로 인해 수업과 학생지도와 같은 본질적인 업무가 오히려 방해를 받고 있는 것이 사실이다. 각급 학교에서는 단위학교의 교육활동과 직접적인 관련이 있는 공문만 선별하여 접수・처리해야 하며, 결재과정 역시 간소화함으로써 사무를 보다 신속하게 처리할 수 있도록 도와주어야 한다. 또한 교육기관에게 요구되는 다른 기관의 업무에 대해, 예를 들면 교통지도, 유해업소 단속, 각종 캠페인 동원 등과 같이 학생교육에 직접적인 관련이 없는 활동은 해당기관에서 담당하도록 해야 한다. 그리고 학교 내 담당이 되어버린 방과 후 학교 역시 해당 지자체로 담당이 바뀌어야 한다. 방과 후 학교업무를 위해 방과 후 부장이 학교에 신설이 되고, 매달 방과 후 학생관리 및 방과 후 비용정산을 위해 또 다른 교사 및 코디가 그 일을 담당하게 되면서 학생 지도를 위한 본질적인 교육활동 시간을 빼앗기고 있다. 실제 서울 교육청에서는 2017년도부터 방과 후 학교운영을 학교가 아닌 지방자치단체가 주도하는 방안을 마련하여 시범실시에 들어간다고 한다.

(3) 문화적 특성

학교공동체를 형성함에 있어서 중요한 요인 중의 하나는 바로 학교조직문화라고 할 수 있다. 공동체적 학교에서는 학교운영방식이 상급자의 감독이나 지시가 아니라, 동료교사들 간의 전문적 공동체 규범에 의한 자율적인 조직문화에 의존하는 경우가 많기 때문이다.

(4) 환경적 특성

단위학교에서의 환경적 요인이라 함은 유대관계를 맺고 있는 지역사회 내 각종 유관기관 및 단체들을 들 수 있다. 단위학교에서는 이러한 지역사회 내 공공기관 및 단체들과 긴밀한 연대를 통해 다양한 교육적 자원으로 활용할 수 있어야 한다. 예를 들어, 경찰서 및 소방서와 같은 관공서에서는 학교에서는 실제로 접하지 못하는 체험 중심의 학습이 가능할 것이다. 특히, 대학의 경우에는 단위학교에서는 보유하지 못한 연구자, 기자재, 시설 등이 풍부하며, 현재 단위학교가 직면한 교육문제에 대한 진단과 해결책 강구에 있어서 다양한 방법으로 지원이 가능할 것이다. 그러나 아직도 단위학교와 지역의 공공기관 및 대학들은 서로 도움을 주고받는 관계라기보다는 소극적으로 교류하는 배타적인 관계를 지니고 있는 것이 사실이다.

실제 일본의 배움 공동체 사례를 살펴보면, 학교와 지역의 연대를 중시하여 전쟁 중의 삶이라는 단원을 지도하기 위해 지역 내 노인회의 협조를 구해서 노인회 회원들을 초청교사로 수업활동에 참여시켰다. 노인회 회원들이 학생들에게 전쟁 당시 학교의 모습, 음식, 복장 등을 생생하게 들려주었고, 이를 바탕으로 전시 음식만들기 수업을 위해 다음에 한 차례 더 초정하여 함께 음식을 만들고 시식도 하는 시간을 가졌다. 이러한 학습참가를 통해 학생, 학부모, 지역주민, 교사가 서로 배우는 시간을 함께 공유할 수 있었다(주철안, 손우정, 2005).

4 수업지원 체계의 필요

1) 학교 내 수업공동체 유형

교사가 성장하기 위해 교사의 전문적 학습공동체는 필수적으로 필요하다. 전문적 학습공동체란 학자들마다 정의가 다르기는 하지만, 공통적으로 교사의 교육활동을 연구하고 실천할 수 있도록 도와주는 모임을 의미한다. 김현섭(2013)이 『수업을 바꾸다』라는 저서에서 제시하는 다양한 유형의 수업공동체는 다음과 같다.

(1) 수업 친구

학교 안에서 동료교사 중에 수시로 수업고민을 나눌 수 있는 친구교사를 정하며 함께 수업 친구 만들기를 하면 된다. 실제 경북 교육청에서는 이를 근거로 하여 '심층수업 컨설팅'이라는 이름하에 멘토와 멘티형, 동료장학형 등의 수업 친구 만들기 활동을 실천하고 있다. 필자 역시 우리 학교 선생님 한 분과 수업 친구를 만들었으며, 한 학기 1회씩 약 1달간의 기간을 두고서 함께 수업에 대한 진지한 나눔과 성찰을 실천하고 있다.

(2) 학년협의회 및 교과협의회

초등학교의 경우에는 학년협의회, 중・고등학교의 경우에는 교과협의회를 활성화할 수 있다. 그동안의 협의회는 행사나 행정을 함께 협의회는 수준에서 그쳤지만, 이제는 행정업무가 아니라 생활지도 및 수업의 영역으로 확대하여 활성화할 필요가 높아졌다. 앞에서 설명한 것처럼 학년 공동체를 구성하여 학년협의회를 활성화하고자 매주 금요일 오후 시간을 함께 모여서 수업 이야기를 나누는 시간으로 정하고 운영하고 있다. 함께 모여서 수업 이야기를 나누고, 공동 수업지도안을 작성하여 함께 수업을 진행하기도 하였다.

(3) 수업동아리

학년이나 과목에 상관없이 수업에 대한 혁신의지를 가지고 있는 교사들이 함께 모여서 고민을 나누고 연구를 하는 모임이다. 수업공동체 중 가장 효과가 좋은 유형으로 형식적인 동호회와는 성격이 다르다. 예를 들면, 필자가 '학생활동 중심 수업을 독서에서 찾는 선생님들('학찾쌤')'이라고 이름을 짓고 수업에 대한 혁신의지를 가지고 있는 교사들을 모은 동아리를 들 수 있다. 첫해에 시작했을 때는 5명으로 시작하였으나, 3년째 동아리를 이어오면서 올해는 16명으로 인원이 증가하여 운영 중에 있다. 꼭 수업에 대한 도서뿐 아니라, 교사들의 생각과 사고에 도움을 줄 수 있는 다양한 종류의 도서를 선정하고, 함께 책을 읽어보며 이야기를 나눔으로써 수업과 아이들을 대한 교사들의 자세에 대해 진지한 나눔을 실천하게 되었다.

이러한 공동체가 성공을 이루기 위해서는 몇 가지 원칙을 정해야 할 것이다. 우선 동아리활동은 교사들의 자발성을 중요시 여겨야 한다. 자발성이 있어야 형식적으로 흐르지 않고 내실을 다질 수 있다. 그리고 교사들이 모여서 함께 성장할 수 있도록 동아리 모임의 목적을 분명히 정해야 한다. 스스로의 성장을 위해 함께 모여서 이야기를 나누고, 식사도 하며 회식을 해야 한다. 단지 수다를 떨기 위해서, 함께 식사도 하고 술자리를 가지기 위함이 아니라 관계를 형성하고 라포(rapport)를 형성함으로써 공동체성을 함께 다질 수 있는 하나의 기회로 삼아야 하며, 이를 바탕으로 모두가 함께 성장하기 위한 목적을 분명히 가져야 한다. 물론 관계를 형성하기 전에는 사소한 이야기를 나누며 가지는 회식자리도 필요하다는 것에는 필자 역시 매우 동의를 하고 있으며, 필자도 처음에는 그렇게 시작을 한 것 같다. 그리고 이를 위해서는 전문성을 갖춰야 한다. 수업공동체가 다른 동아리와 차별성을 가질 수 있는 것은 바로 이 전문성이다. 전문성을 갖추기 위해서 함께 수업노하우를 공유하고 상호 피드백 활동을 자유롭게 할 수 있는 공동체 문화를 형성해야 한다. 전문성 형성을 위해서는 함께 수업고민을 나누고, 외부 전문가를 초빙할 수 있으며, 독서를 통해 전문성을 함께 형성할 수 있다.

2) 학교 차원의 수업혁신 노력

(1) 더하는 것이 아니라 덜어내는 것에서부터

수업혁신을 위한 이야기는 교사 개인 차원에 그친다면 효과는 그리 크지 않다. 수업혁신이 이루어지려면 학교 차원의 혁신이 함께 이뤄져야 한다. 이를 위해서 우선 학교에서는 수업혁신을 위해서 무엇인가를 더하는 것이 아니라, 무엇을 덜어내고 빼야 하는지에 집중해야 한다. 보통 연구학교, 시범학교가 형식적으로 흐르고, 실패하는 이유가 바로 이렇게 덜어내고 빼는 것이 아니라 무엇을 더해야 하는 지에 초점을 두고 있기 때문이다.

전국적으로 좋은 학교라고 소문난 학교들은 공통적으로 이처럼 덜어내기를 잘했으며, 선생님들이 줄이거나 없애야 할 것들을 뽑은 결과는 다음과 같다.

참고

- 각종 글짓기, 그림 그리기 대회
- 환경미화 심사
- 강제적인 방과 후 학교참여
- 교문지도
- 두발, 복장검사
- 베끼거나 다운받아서 내는 수업지도안
- 연구수업지도안
- 보고용 행사
- 잦은 학교행사
- 전달 위주의 교직원 회의
- 교직원 협의회 시 돌리는 형식적인 문서연수들
- 현재의 교원평가제
- 결재방법
- 교사들의 미술실력을 보여주어야 하는 축제 전시회
- 의무교육 이수를 위한 학생들의 단체 방송수업

필자 역시 학교를 학생 중심으로 변화시키기 위하여 많은 용기를 내었으며, 이를 위해 가장 먼저 한 것이 학교교육과정을 다시 살펴보는 일이었다. 정말 불필요한 것들이 대부분이었다. 150쪽에 달하는 교육계획에서 아이들의 이야기가 들어간 부분은 10쪽도 찾을 수 없었으며, 140쪽에 달하는 거의 모든 내용이 업무 및 교육방법에 대한 내용이었다. 필자는 학교교육과정에서 덜어내어야 할 것들이 너무 많다는 것을 알게 되었다. 무엇을 어떻게 덜어내어야 할지, 「국가교육법」을 따라야하는 공무원으로써 법에 반하지 않으면서도, 교사들의 책무성과 자율성을 살리면서도, 우리 학교만의 교육을 실천할 수 있도록 학교교육과정을 어떻게 만들면 될지 고민하게 되었다. 이러한 고민 도중, 필자와 같은 고민을 이미 하고 있던 교사가 있음을 알게 되었다. 필자는 그 교사를 2015년 2월 연수원에서 실시한 수업전문가들의 연수에서 만날 수 있었다. 지금 생각해보아도 그 연수는 필자에게 앞으로 학교교육이 나아가야할 방향을 제시해 준 매우 뜻깊은 연수였다. 지금껏 매년 120시간 이상의 연수를 계속 받고 있지만, 이처럼 필자에게 큰 감명을 준 연수는 없었던 것 같다.

필자가 제일 처음 연구부장을 맡은 2012년, 이전 연구부장은 필자에게 2011년 학교교육계획서 파일을 주면서 날짜, 선생님들 성함 등을 고쳐서 그대로 사용하면 된다고 하였다. 이때 받은 교육계획서 쪽수가 표지를 포함하여 163쪽이었다. 47학급이나 되는 대규모 학교 연구부장을 처음으로 맡으면서 그래도 조금은 이전과는 다른 교육을 계획하고 싶어서 학교교육계획서를 처음부터 천천히 읽어보기로 하였다.

이러한 시점에서 알게 된 것이 100대 교육과정이었다. 학교교육계획서를 작성할 때 고려해야 하는 것이 100대 교육과정이라는 한 선배의 말을 듣게 되었다. 교육계획서를 작성할 때 제목부터 내용까지 보고서 작성에 도움이 될 수 있도록 작성하면 도움이 될 거라는 조언에 우리 학교교육과정에서 덜어내어야 할 것을 찾아보기보다는, 어떻게 하면 조금 더 세련된 제목을 붙이고, 내용들을 보고서 작성에 편하도록 3개 정도의 소주제를 묶을 수 있는지를 고민하였다. 어떠한 내용들을 범주화하고 분류하여 어떠한 주제를 정하면 좋을지를 고민하였고, 업무를 중심으로 모든 고민을 하게 되었다. 이것이 얼마나 어리석은 짓이었는지를 필자는 2년이라는 시간이 흐른 뒤에야 알게 되었다. 무려 2년 동안이나 100대 교육과정보고서 작성에 유리한 학교교육만을 생각하고 있었던 것이다. 물론 다른 학교보다 우수한 것도 없고, 내세울 것도 없지만 그래도 전근을 가시는 선생님들에게 조금이나마 위로가 될 수 있도록 집단점수를 받기 위한 목적으로 열심히 노력하였다. 그 결과, 크게 내세울 것이 없는 교육내용이었지만 경북 지역에서 우수상을 수상할 수 있었다. 이러한 기쁨(?)도 잠시, 필자는 한 연수를 직접 듣게 되었고, 많은 반성과 생각을 하게 되었다. 과연 필자는 무엇을 위해 그토록 열심히 보고서를 작성하였는가?

그동안 학교를 학생이 중심이 되게 바라보지 못하고, 그저 업무 중심으로 바라본 자신을 발견하게 되었다. 학교는 학생을 위해 존재해야 하며, 학생들의 학습과 배움에 도움을 주기 위한 업무들이 계획되고 진행되어야 함을 깨닫게 되었다.

물론 이러한 과정을 통해 얻은 것이 전혀 없는 것은 아니었다. 몇몇의 선생님들과 함께 작업을 하면서, 이렇게 함께 한다면 더 큰일도 할 수 있겠다라는 생각을 하게 되었고, 용기를 얻게 되었다. 매년 매번 혼자 노력하고 반성하는 것에 지쳐 있던 필자에게 함께 한다면 더 나아갈 수 있겠구나라는 것을 알게 되었다. 이것이 동 학년 학습공동체의 시작이었던 것 같다. 이때 함께 했던 선생님들이 모두 현재 필자의 동 학년이 되었고, 학습공동체를 형성하여 함께 수업을 나누고, 교육과정을 재구성하고, 주제 중심 프로젝트 학습을 운영하고 있다.

교사는 교육과정을 만들어가야 한다고 한다. 하지만 업무 중심의 교육과정을 만들어가는 것은 아니라는 생각을 하게 되었다. 아이들을 위한 교육과정이 아니라 학교 기관 평가에서 우수한 등급을 받기 위해 교육과정을 계획하고, 1년 내내 이것을 목적으로 하여 하나씩 더 많은 것을 보여주기 위해 만들어가는 교육계획과 교육과정이 되어서는 안 된다. 만들어가는 교육과정이란 이러한 의미가 아닐 것이다. 이를 위해 우선은 학교교육과정에서 덜어내어야 하는 것이 무엇인지, 그리고 묶어낼 것은 무엇인지를 찾아보는 작업이 필요하였다.

2015년 2월, 연수를 들은 후 바로 서점에 가서 관련 책을 바로 구입하여 읽어보았다. 글을 읽으면서 우리 학교교육계획서도 하나씩 다시 살펴보기 시작하였다. 정말 우리 학교교육계획서에 버려야 할 것들이 너무 많다는 것을 알게 되었다. 우리 학교 선생님들 모두와 함께 모여서 이야기를 나누며 덜어내어야 할 것과 묶어야 할 것을 찾아보는 것이 맞지만, 시기상 우선은 주변 친한 동료교사들과 함께 작업을 해보기로 하였다. 이러한 작업결과가 당장 2015학년도부터 적용이 되지 못하더라도, 이것이 하나의 시작점이 되어서 2016학년도에 적용되면 되니까 말이다. 학교교육의 변화는 단시간에 이루어지지 않으며, 조금씩 조금씩 바꾸어가는 노력이 필요하기 때문이다.

(2) 정답 제시에서 해답을 찾아가는 문화

기존 수업공개는 수업장학이라는 패러다임 안에서 정답을 제시하고, 그 기준에 따른 수업이 진행되는지 확인을 하는 것이었다. 이로 인해 많은 선생님들은 수업장학에 대한 비판의 목소리를 높이고 있다.

이제는 정답을 제시하는 수업장학이 아닌, 교사 스스로 해답을 찾아가는 수업코칭으로 전환이 되어야 한다. 교사가 스스로 자기 수업을 들여다보고, 진지하게 성찰하고 함께 솔직하게 수업고민을 털어놓을 수 있는 학교문화를 만들어갈 수 있도록 학교 차원에서도 노력해야 한다.

이러한 면에서 교사연수 또한 그동안의 강의식 연수, 수합 사례소개식 연수 등에서 벗어나야 한다. 이러한 방법은 지식전달에는 효과적일지 모르지만, 실제 학교 현장에서는 실천으로 이어지기 어렵기 때문이다.

그래서 교사연수 역시 스스로 해답을 찾아가는 방식으로 이뤄져야 한다. 예를 들면 독서스터디식 연수, 수업공개식 연수, 수업코칭식 연수가 있다.

또한 교원 능력개발평가 역시 마찬가지이다. 교원평가 제도결과가 수업개선으로 이어지는 경우가 매우 극히 드물며, 교원평가의 경우 서로 부정적인 평가를 하지 않는 경향이 강하며, 특별한 경우가 아니면 대부분 좋음 혹은 매우 좋음으로 일관되도록 체크한다. 바쁜 업무로 인해 서로의 수업을 꼼꼼히 살펴보거나 평가할 여유가 없으며, 학교문화가 그러하기 때문이다.

이제는 수업개선을 위해서 교원능력개발평가에서 벗어나 자발적인 수업평가 받기 운동이 실시되면 좋을 것 같다. 교사가 자유롭게 좋은 점, 아쉬운 점, 하고 싶은 말 등을 기술하게 함으로써 교사들 스스로 자신의 수업을 성찰하고 성장과 발전의 기회로 삼을 수 있도록 말이다.

(3) 행정이 아닌 수업 중심

그동안 학교는 행정이 중심이 되었다. 이제는 학교에서는 과감하게 행정업무를 줄여나가야 한다. 수업과 관련된 것과 아닌 것으로 구분짓고, 아이들의 배움과 수업을 위한 것이 아니라면 과감하게 없애거나 재구조화하는 노력이 필요하다. 학교교무 조직에서도 담임교사는 수업과 생활지도에 전념할 수 있도록 하고, 나머지 행정업는 부장교사 및 담임 이외의 교사가 담당하도록 업무분장을 해야 할 것이다. 실제 경기도 혁신학교에서는 공문 및 행정처리 업무교사가 따로 있으며, 이들의 주당 수업시수는 10시간 미만이라고 한다. 수업과 생활지도 업무에 집중하는 교사들과 행정업무를 전담하여 운영하는 교사들로 이원화하거나, 혹은 생활지도 업무를 하나의 업무팀으로 만들어서 삼원화하는 방법이 있다. 김현섭(2013)이 제시하는 학교교무 조직은 아래의 [그림 5-2]와 같다.

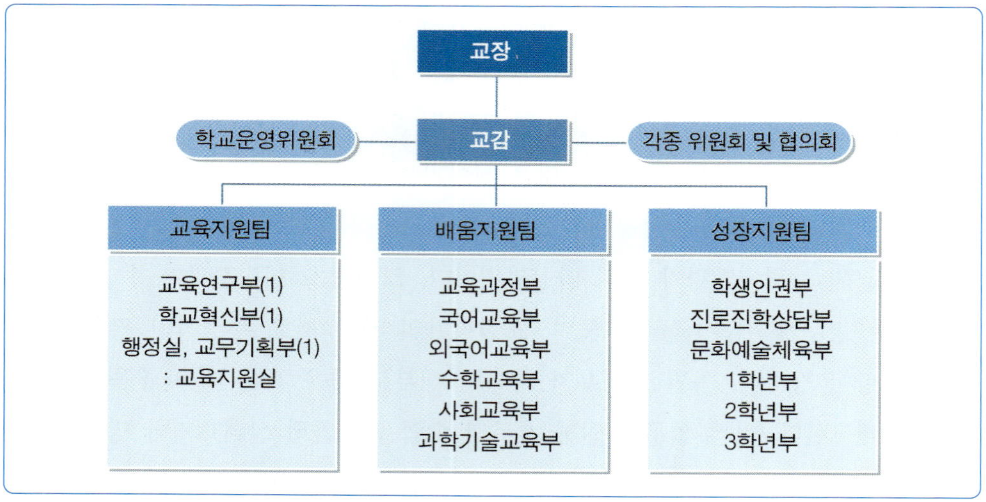

그림 5-2 삼원화된 학교교무 조직(안)

(4) 교육정책과 제도적인 측면

학교 자체에서 교육과정 자율화를 확대하고, 교사와 학생의 선택권이 확대되어야 한다. 학교 차원에서 지역사회의 특성과 학생들의 수준을 고려하여 자율적으로 교육과정을 운영하되, 입시 위주의 파행적 교육과정 운영이 되지 않도록 교육제도적인 측면에서 보완장치를 마련해야 한다. 그리고 학생들은 자신의 관심과 진로에 맞게 과목을 선택하여 수강할 수 있도록 해야 한다.

기존의 과목별 공통적으로 출제하던 평가방법에서 벗어나서, 교사나 학급별로 그들의 필요와 요구에 따라 평가를 실시하는 방법으로 변화를 해야 한다. 교사 혹은 학급별로 평가계획을 세우고 실시한다면, 교육과정 운영에 있어서 교사들의 자율권이 실질적으로 부여되는 방법이 될 것이며, 더 나아가서는 교육과정에 대한 교사들의 전문성을 높여줄 수 있을 것이다.

또한 수업혁신을 도와주는 전문기관 설립이 요구된다. 수업혁신과 관련된 연구기관으로는 한국교육과정평가원, 한국교육개발원, 한국교육학술정보원 등이 있으며, 시·도 교육청 단위에서는 교육연구원 등이 있다. 이들은 모두 관이 주도하는 곳으로 책임자가 바뀔 때마다 정책이 달라지게 되며, 좋은 수업혁신 콘텐츠도 형식화되고 변질될 가능성이 높다. 이에 이러한 관 주도형 기관과 함께 민간주도형 기관이 함께 이원화되는 방향도 찾아볼 수 있다. 수업장학 측면은 관이 주도하고, 수업컨설팅이나 수업코칭과 같은 지원활동은 민간주도형으로 이원화된다면 좋은 해결방안이 될 것으로 생각된다.

그리고 수업혁신을 위해 가장 중요한 것은 사람이다. 수업혁신을 위해 유능한 교사들을 선발하여, 이러한 수업혁신 전문기관에서 파견 근무할 기회를 부여하는 것도 좋은 방안이 될 것이다.

우리나라의 교육행정 조직은 교육부, 시・도 교육청, 교육지원청, 그리고 단위학교 등 4단계 운영이 된다. 그리고 이들은 지원적인 측면에서가 아니라 위계단계의 의미가 더욱 강하다. 이로 인해 교사들은 과도한 행정업무에 시달리게 된다. 어느 행정 조직이든 존재성을 확인하기 위해서 다양한 방법을 추진할 수밖에 없기 때문이다. 그러므로 현행 교육행정기관의 단계를 줄이고, 관계도 지원구조로 전환해야 한다.

현재 교육지원청을 학교활동, 수업활동을 위한 지원기관으로 전환시켜서 학교의 교육과정운영 자율성을 높일 수 있도록 지원하는 학교지원센터 설립이 필요하다. 학교지원센터는 교수학습지원센터, 학교컨설팅센터, 교사연수기관, 지역사회협력센터, 교수학습자료센터, 수업컨설팅센터 등의 역할을 복합적으로 수행하게 된다. 즉, 학교지원센터는 단위학교의 상급기관이 아니라, 학교활동을 지원하고 도와주는 역할을 수행하는 곳이라고 할 수 있다.

5 교육복지 공동체로서의 학교

학교는 공교육을 실천하는 기관으로써, 학생들이 겪는 각양각색의 교육소외 현상에 대해 진단 및 발굴하고, 교육복지 실천을 통해 치유 및 해소하는 교육복지가 중요하게 실천되어야 하는 공간이다.

그러나 우리 학교의 실상을 살펴보면, 교육복지에 배치되는 모습들이 대부분 형식적이다. 관료제적 통제와 권위주의적인 교육행정으로 인해 학교운영이 형식적, 폐쇄적, 경직적이다. 수업 또한 성적 지상주의로 인한 전인교육 소홀과 비인간적인 풍토로 인해 학생들의 삶의 질을 저하시키고 있다. 그리고 이러한 수업의 부실로 인해 공교육이 약화되고, 학생의 소외를 조장하는 교육이 실천되고 있다. 이로 인해 조직의 구성원 간에는 응집력이 떨어지고, 점차 형식적이고 피상적인 인간관계 속에서 교사들은 학교에서 삶에 대한 의미를 부여하는 모습을 찾아보기 어려워졌다(김인희, 2011).

교육복지의 측면에서 보았을 때, 학교는 교육소외 극복에 앞장서야 하는 중추적인 교육기관이 되어야 하며, 교육복지적인 성격을 지녀야 한다. 여기서 말하는 교육복지 공동체로서의 학교는 '공동체로서의 학교'와 '교육복지 중심으로서의 학교'라는 두 단어가 결합된 개념이라고 생각하면 된다.

이러한 교육복지 공동체로서의 학교모습을 갖추기 위해 학교 자체에서는 적극적인 지원이 이뤄져야 한다. 첫째, 교육복지에 대한 교사들의 인식이 강화되고, 그 필요성에 대한 공감대가 형성될 수 있도록 노력해야 한다. 둘째, 학교장의 교육복지적 리더십이 강화되어야 한다. 교육복지 공동체 형성은 그동안의 관료제적인 행정과는 전혀 다른 새로운 리더십의 발휘를 요구하고 있으며, 학교장은 이를 위해 교육복지의 수호자가 되어야 한다. 즉, 교사들이 교육복지 역량을 지속적으로 신장시킬 수 있도록 장려해야 한다. 셋째, 업무체제에 있어 교육복지 기능을 수행할 수 있도록 재편되어야 한다. 교육복지 과제수행을 위해 전문상담가, 복지사, 보조인력 등 교내외 지원을 받을 수 있는 업무체제 구축이 필요하다. 넷째, 실천 중심의 교육복지 사업이 기획되어야 한다.

Chapter

06

교사리더십과 팔로워십

1. 교사리더십
2. 리더로서의 교사 유형
3. 팔로워로서의 교사
4. 팀장으로서의 교사

학교조직이 성공하기 위해서는 일반적으로 효과적인 리더(leader)가 발휘하는 리더십(leadership)과 탁월한 팔로워(follower)가 보여주는 팔로워십(followership)을 필요로 한다. 이때 리더와 팔로워 모두가 자신의 지위와 역할을 충실하게 잘 수행하는 것을 멤버십(membership)이라고 한다. 리더와 팔로워 모두 헌신, 전문성, 용기, 정직, 상호 이해와 수용, 현명한 판단력 등을 지녀야 한다. 학교조직에서 교사는 리더로서, 팔로워로서 그 역할과 능력을 발휘하는 멤버십을 지녀야 한다. 다음은 교사로서 지녀야 하는 멤버십으로서의 리더십과 팔로워십에 대해서 살펴본다.

1 교사리더십[6)]

1) 교사리더십 정의와 역할

리더십에 대한 일반적 정의는 어떤 조직에서 공동의 목표를 달성해 나가는 과정에 대한 영향력이다. Yukl(1994)은 리더십을 집단이나 조직 속에서 활동이나 관계를 구조화하기 위해 한 개인이 다른 사람에게 의도적으로 영향력을 행사하는 것으로 보았다. 다시 말해, 리더십은 개인, 집단 또는 조직이 협동, 영향, 지도, 감독 또는 협의를 통하여 공동의 목적을 형성하거나 달성하는 데 타인들에 대한 영향력이라 할 수 있다.

교육조직은 교육목표를 달성하기 위하여 교직원, 학생, 교육행정기관, 동문회, 학부모, 그리고 그 외 관련집단들이 관계하여 교육활동을 수행하는 하나의 사회체제이다. 교사는 교육활동의 성패를 결정하는 자로서, 교육구성원들에 대해 효과적으로 동기를 유발하고 영향력을 행사할 필요가 있다. Danielson(2006)도 교사리더십을 교사의 전문성 활용, 재량권 부여, 권한위임과 확산을 통한 학생의 학업향상과 학교개선을 도모하는 활동으로 보면서, 그 특징을 다음과 같이 제시했다. 첫째, 다양한

---

6) 김규태, 강유정, 강성복(2014)에서 제시한 『리더십 및 교사리더십』을 재구성한 것임.

조직리더십의 개념과 원리를 통해 설명되고 이해되어야 한다. 둘째, 학교성과의 지속적인 유지를 위한 동료교사들의 자발적인 협업 행위이다. 셋째, 교직의 거대한 변화보다는 일상에 대한 완만하고 지속적인 변화에 초점을 둔다. 넷째, 교사 개인의 전문성을 신뢰하고 존중하며 자율적 판단과 재량을 부여하는 권한 위임과정에서 일어나는 리더십 확대과정이다. Phelps(2008)가 제시한 리더로서의 교사로서 지녀야 하는 핵심지식, 기술과 성향은 다음과 같다.

표 6-1 리더로서 교사가 지녀야 하는 핵심기술, 기술, 성향

구분	지식	기술	성향
특징	• 변화(과정과 실행) • 학교문화 • 교육개혁 • 리더십(섬기는 리더십)	• 옹호 • 공감과 소통 • 전문적 탐구 • 비전창출 • 협업과 네트워크	• 위험감수와 지속성 • 도전의식 • 봉사의식 • 효능감 • 회복력(resiliency)

Lieberman과 Miller(2004)는 교직 책무성과 성과관리를 요구받고 있으며, 이를 적절하게 대응할 필요가 있다고 하였다. 이들은 교직은 개인주의에서 전문가 공동체로의 전환, 교수 중심에서 학습 중심으로의 전환, 기술·관리적인 직무에서 연구와 리더십으로의 전환될 필요성을 주장하였다. 이러한 전환에 필요한 리더로서의 교사들이 수행할 역할은 새로운 책무성과 평가체제의 주창자, 학생에 대한 기대와 성취기준을 재구성하는 혁신가, 교수를 활성화시키는 관리자로 보았다. Harrison과 Killion(2007)은 리더로서의 교사역할에 대해 다음 열 가지를 제시하였다.

① **자원공유자**(resource provider): 수업자료, 수업계획서, 평가문항, 유용한 웹사이트 및 읽기자료 등을 공유한다.

② **수업전문가**(instructional specialist): 동료교사에 대한 효과적인 수업전략과 방법에 대한 조언 및 코칭을 한다.

③ **교육과정 전문가**(curriculum specialist): 학교교육과정 편성운영, 성취기준 및 평가 등에 대해 동료교사들을 지원한다.

④ **학급경영 지원자**(classroom supporter): 생활지도 및 학급관리 등에 대한 피드백과 컨설팅을 제공한다.

⑤ **학습촉진자**(learning facilitator): 교사의 전문성을 신장하도록 돕고 학습조직의 활성화를 도모한다.

⑥ **멘토**(mentor): 초임교사에 대한 역할모델과 수업, 교육과정, 학교규칙 등에 대한 안내자 역할을 한다.

⑦ **학교리더**(school leader): 학년, 부서 및 위원회 등에서 책임을 수행하면서 학교 구성원과 함께 일하며 학교비전을 공유하고 목표수립 및 실천에 전력투구한다.

⑧ **데이터코치**(data coach): 수업, 학생지도, 학교운영 관련 데이터수집 및 활용을 통한 데이터 기반 의사결정을 장려한다.

⑨ **변화촉진자**(catalyst for change): 현상유지에 만족하지 않고, 새로운 실천전략에 헌신적으로 도전하고 위험을 감수한다.

⑩ **학습자**(learner): 지속적인 자기계발을 위한 학습을 통해 실천적 성찰을 수행한다.

참고

리더로서의 교사: 카운슬러, 컨설턴트, 멘토, 코치

리더로서 교사는 카운슬러, 컨설턴트, 멘토, 코치이다. 카운슬러는 개별적인 정서 및 문제행동을 치유하는 교사를, 컨설턴트는 타 기관(교육청, 다른 학교 등) 등에서 당면한 문제해결을 위한 정보, 전문지식, 조언, 전략을 제공하는 교사를, 멘토는 선배교사(부장교사, 수석교사 등)이 신임 또는 후배에게 교육과정, 수업, 생활지도 등에 대해 전문적 지식과 경험을 공유하여 후배교사의 전문성을 성장하도록 돕는 교사, 코칭은 학생 또는 동료교사들의 역량과 전인적 성장을 도모하도록 일과 생활 전반을 돕는 교사를 말한다.

① 카운슬러(counselor)로서의 교사 → 학생 개인의 개별적 · 상황적 정서 및 문제행동을 인식하고 학생들이 우울증, 불안, 내적 혼란, 타인과의 갈등과 같은 문제들에 대처하도록 돕는 사람을 말한다.

② 컨설턴트(consultant) → 교육청이나 학교 등에서 당면한 문제나 과업에 대한 상황을 분석하고, 전문적인 안내와 조언을 해주고 그 대가로 수당이나 보수를 받는 사람을 말한다.
③ 멘토(mentor) → 교직업무나 수업 등 특정 영역에서 숙련된 학식과 경험을 지닌 선배교사가 후배교사에게 전문지식과 경험을 나누고, 역할 모델을 제시하고, 특정한 전문적인 활동이나 직업에 대해서 도움을 주는 사람을 말한다.
④ 코치(coach) → 학생 또는 동료교사들의 역량을 증대시키고, 이들의 잠재력과 기술을 개발하고, 목표를 향해 실천할 수 있도록 도우며, 긍정적 정서와 행동, 사람이 갖고 있는 강점, 미래의 가능성이 성장하도록 자극하고 헌신하는 교사를 말한다.

한국교육개발원(정광희 외, 2008)의 교사리더십 척도

목표지향성(3, 7, 11, 15, 19), 공동체성(4, 8, 12, 16, 20), 과업주도성(1, 5, 9, 13, 17, 21), 전문성(2, 6, 10, 14, 18, 22)

번호	문 항	전혀 그렇지 않다	그렇지 않다	보통이다	그렇다	매우 그렇다
1	나는 학생들이 수업에 적극적으로 참여하게 하는 노하우가 있다.					
2	나는 학생의 학업성취를 정확하게 평가할 수 있다.					
3	나는 학생 스스로 좋은 습관과 바른 생활태도를 갖기 위한 실행목표를 갖도록 지도한다.					
4	나는 학교생활에서 소외되고 있는 학생들에게 더 많은 관심을 기울이면서 모두가 함께 어울릴 수 있도록 지도한다.					
5	나는 학생들이 학교생활에서 겪는 어려움이나 고민이 무엇인지를 찾아서 적극적으로 해결해 준다.					
6	나는 생활지도와 관련하여 학생이 가지고 있는 문제를 비교적 정확하게 파악하고 있다.					
7	나는 학급운영 시 학생들이 학교생활에서 목표의식을 갖도록 격려한다.					
8	나는 학급운영 시 학생들이 내린 의사결정과 판단을 존중하여 학급을 운영한다.					

9	나는 창의적이고 적극적인 자세로 학급을 활력 있게 운영해 간다.					
10	나는 새로운 학급운영의 이론이나 기법을 배우기 위해 노력하고, 이를 현장에 적절하게 적용한다.					
11	나는 동료교사들이 교육활동의 목표와 비전을 가지도록 격려한다.					
12	나는 동료교사들과 수업이나 생활지도상의 문제를 공유하고 함께 풀어 나간다.					
13	나는 동료교사들과 수업이나 학생지도에 관한 문제에 관심을 갖고 토론을 이끌어 낸다.					
14	내가 동료교사의 교육활동 문제를 돕고 지원해서 그 문제가 해결되는 경우가 많다.					
15	나는 학교교육의 목표와 행정업무의 연관성을 동료교사에게 분명하게 이야기 한다.					
16	나는 행정업무 수행에 어려움이 생기면 동료교사에게 도움을 구하고, 동료교사가 도움을 청하면 기꺼운 마음으로 도와준다.					
17	나는 학교행정절차나 운영에 문제가 있다고 판단되면 적극적으로 대안을 제시한다.					
18	행정업무 수행과 관련하여 동료교사들은 나에게 자주 문의를 해 온다.					
19	나는 학부모가 가지고 있는 자녀에 대한 기대와 목표를 교육활동에 반영한다.					
20	나는 학생이나 학급일에 대해 학부모에게 전달하고 협의한다.					
21	나는 학부모가 자녀의 적성이나 학업능력에 대해 잘못 이해하고 있는 경우, 제대로 인식할 수 있도록 적극적으로 안내한다.					
22	나는 학부모들이 가지고 있는 자녀교육문제에 대해 교사로서 조언이나 도움을 줄 수 있다.					

2 리더로서의 교사 유형

1) 변혁적 리더로서의 교사

변혁적 리더로서의 교사는 Bass(1981)에 의해 주창된 변혁적 지도성을 적용한 것이다. 변혁적 리더십은 거래적 지도성의 비판을 통해 나타난 것이며, 거래적 리더십은 리더가 팔로워들이 원하는 경제적 보상이나 사회적 지위 등을 제공하는 대가로 자신이 원하는 방향으로 조직을 이끈다는 것이다. 반면, Bass(1981)가 제시한 변혁적 지도성은 지도자가 조직변화를 위하여 설정한 비전과 목표를 공유하여 영감을 갖게 하여 조직의 목표달성에 헌신과 몰입을 하도록 동기유발을 하고, 팔로워들이 공유된 목표를 수행하는 데 필요한 권한을 위임하며, 직무수행에 필요한 능력계발 및 지원을 하여, 팔로워가 주도적으로 조직목표를 달성하도록 이끄는 것이다.

이러한 변혁적 리더십을 적용하여 변혁적 리더로서의 교사 특징을 제시하면 다음과 같다(김규태, 강유정, 강성복, 2014). 첫째, 학생 및 동료교사들에게 학교비전과 목표를 공유하고, 높은 수행기준을 세우며, 따뜻한 격려와 동기를 부여한다. 둘째, 학생과 동료교사이 목표수행에 필요한 역량을 주도적으로, 또는 공동으로 계발하며, 전문성 향상을 위한 노력과 자극을 주며, 직무수행의 모델링 역할을 담당한다. 셋째, 학생 및 동료교사들이 도덕적, 민주적, 협력적 학교공동체를 형성하도록 솔선수범하고, 참여적 의사결정을 촉진할 수 있도록 대화와 소통 및 개방의 문화를 조성한다. 넷째, 당면한 교내 및 개인의 문제를 효과적으로 해결할 수 있도록 협력적, 창의적 문제해결능력을 발휘한다.

이진원(2010)이 사용한 변혁적 리더십 척도

감화동기(1－7), 지적 자극(8－14), 개별배려(15－21)

번호	문 항	전혀 그렇지 않다	그렇지 않다	보통 이다	그렇다	매우 그렇다
1	설정된 과업을 성취하기 위해 열정과 열의를 보여준다.					
2	교육목표 달성을 위해 끊임없이 격려와 용기를 제공한다.					
3	교육목표에 대한 성취의욕이 강하다.					
4	열정과 열의를 갖고 일하도록 동기부여를 한다.					
5	어떤 어려움도 극복할 수 있다는 믿음을 준다.					
6	교육의 발전 가능성을 긍정적이고 낙관적으로 바라본다.					
7	조직성과에 대해 높은 기대수준을 설정한다.					
8	직무와 관련된 새로운 아이디어와 최근 정보를 활용하도록 독려한다.					
9	합당한 이유나 근거를 비탕으로 문제를 해결하도록 독려한다.					
10	전통적인 문제해결방법에서 벗어나도록 자극한다.					
11	다양한 관점에서 문제해결방법을 모색하게 한다.					
12	행동하기에 앞서 사려깊게 생각할 것을 요구한다.					
13	연수/세미나 참석 등을 통하여 새로운 아이디어를 얻도록 요구한다.					
14	가능한 새로운 방식으로 업무를 처리하도록 하게 한다.					
15	교사들의 발전에 관심을 기울인다.					
16	교사들 각자의 능력과 재능을 발휘하도록 도와준다.					
17	교사들 각자의 자아개발을 촉진시킨다.					
18	학교생활에 적응하지 못한 교사에게 특별한 관심을 기울인다.					
19	교사들 개인적 문제와 고충을 주의깊게 경청한다.					
20	교직원들을 인격적으로 동등하게 대우한다.					
21	교사들을 조직의 일원이라기보다 한 개인으로서 간주한다.					

2) 감성적 리더로서의 교사

감성적 리더로서의 교사는 Goleman 등(2002)이 제시한 감성적 리더를 적용한 것이다. 감성적 리더로서 교사는 스스로 자신의 내면을 이해하고, 구성원의 감성 및 필요를 배려하고 학생 및 동료교사와의 관계를 자연스럽게 형성하여 학교조직의 감성적 역량을 높이는 사람이라고 할 수 있다.

감성적 리더로서의 교사는 Goleman 등(2002)이 제시한 감성적 리더가 지니는 네 가지 특성을 지닌다고 할 수 있다(김규태, 강유정, 강성복, 2014). 첫째, 자기인식 능력은 자신의 감성을 명확하게 이해하는 능력으로서 감성 이해력, 정확한 자기평가, 자신감을 특징으로 한다. 둘째, 사회적 인식 능력은 다른 사람의 감성을 명확하게 이해하는 능력이며, 감정이입, 조직파악력, 고객서비스 정신을 특징으로 한다. 셋째, 자기관리 능력은 자기 자신의 감성을 효과적으로 관리하는 능력으로 자기통제력, 신뢰성, 자기관리, 책임의식, 적응력, 성과달성 지향, 주도성 등을 특징으로 한다. 넷째, 관계관리 능력은 다른 사람의 감성을 효과적으로 관리하는 능력으로, 영감을 불러일으키는 능력, 영향력, 타인 지원성, 연대감 형성, 커뮤니케이션, 변화 촉진력, 갈등관리 능력 등을 특징으로 한다.

이석열(2006)의 감성적 리더십 척도

감성인식 능력(1－7), 감정관리 능력(8－19), 사회적 인식 능력(20－26), 관계관리 능력(27－48)

번호	문 항(우리 학교 교장선생님은…)	전혀 그렇지 않다	그렇지 않다	보통 이다	그렇다	매우 그렇다
1	추구하려는 가치나 목표가 분명하다.					
2	평소에 밝게 행동하려고 한다.					
3	자신의 장점과 약점을 잘 알고 있다.					
4	새로운 접근을 위한 계속적인 학습과 자기개발에 관심을 갖는다.					
5	바람직한 의사결정을 내릴 수 있다는 자신이 있다.					
6	자신의 가치나 능력에 대해 긍정적으로 생각한다.					
7	다른 사람에게 확신에 찬 인상을 심어주는 편이다.					
8	여러 사람으로부터 참신한 아이디어를 찾아낸다.					
9	문제의 본질적인 해결책을 찾으려고 노력한다.					
10	문제해결을 위해 먼저 새로운 해결방법을 찾으려고 한다.					
11	자신의 목표를 성취하기 위해 노력하는 결과지향적이다.					
12	일에 추진력이 있다.					
13	자신의 성과를 개선하기 위한 방법을 학습한다.					
14	더 큰 학교목표를 충족하기 위해 개인적인 희생을 감수한다.					
15	학교조직의 사명을 달성하기 위해서 여러 가지 기회를 적극적으로 모색한다.					
16	학교조직의 구체적인 목표를 달성하기 위해 헌신한다.					
17	요구되거나 기대되는 일 이상의 목표를 추구한다.					
18	색다르고 모험적인 노력으로 다른 사람들을 움직인다.					
19	항상 새로운 일에 도전한다.					
20	다른 사람의 요구와 감정에 맞게 도와주려고 한다.					
21	다른 사람의 입장을 내 자신의 입장처럼 공감하는 편이다.					

22	다른 사람의 어려운 처지를 도와주려고 노력한다.					
23	다른 사람의 말에 귀 기울이고, 상대방의 요구를 충족시켜주기 위해 노력한다.					
24	다른 사람의 장점이나 성취, 그리고 발전 등을 인정해주고 그것에 대한 보상을 해 준다.					
25	학교에서 편견이나 편협함을 해결하기 위해 노력한다.					
26	학교에서 구성원의 다양성을 존중하고 가치 있게 여긴다.					
27	무언인가를 발표할 때 청중에게 잘 어필하는 편이다.					
28	자신의 메시지를 전달할 때에는 감정적인 단서를 효과적으로 사용한다.					
29	잘 듣고, 상호이해를 추구하며, 충분하게 정보를 공유하는 것을 좋아한다.					
30	학교의 비전과 사명을 교직원, 학부모, 학생, 그리고 지역사회에 효과적으로 알린다.					
31	조직 내의 공유하는 비전이나 임무를 성취하기 위한 열정을 자극하고 분명히 전달한다.					
32	다른 사람이 책임감을 가지고 성취를 이룰 수 있도록 안내해준다.					
33	다른 사람으로 하여금 더 높은 수준의 직무수행을 하도록 격려하는 가치나 신념, 그리고 태도를 보여준다.					
34	학교변화를 위해서 불필요한 장애요인을 없앤다.					
35	변화를 옹호하고, 다른 사람이 변화를 추구하는 데 참여한다.					
36	다른 사람이 기대하고 있는 변화의 모델이 된다.					
37	조직 갈등들을 찾아내고, 서로의 입장을 이해할 수 있도록 도와준다.					
38	상호 간에 이익을 얻을 수 있는 관계를 찾아낸다.					
39	조직구성원들 간의 토론이나 토의를 장려한다.					
40	다른 사람과의 친근한 라포를 형성하고 있다.					
41	동료와 개인적인 친교를 만들고 유지하고 있다.					
42	교사들과 대화를 하는 것을 즐겁게 생각한다.					

43	계획, 정보, 자원을 공유하는 데 협력한다.					
44	친밀하고 협력적인 풍토를 만들기 위해 노력한다.					
45	동료교사를 믿고 편하게 상의하고 함께 일을 한다.					
46	모든 구성원이 적극적이고 활동적으로 참여하도록 유도한다.					
47	팀의 정체성, 가치, 헌신 등을 강조하여 동료의식을 형성한다.					
48	학생과 교직원을 가치 있게 생각하고, 함께 하는 것을 보람 있게 여긴다.					

3) 서번트 리더로서의 교사

서번트 리더로서의 교사는 동료교사와의 수평적·민주적 동료의식을 지니고, 상호 성장과 발전을 위해 헌신하는 것을 강조하는 서번트 리더십(Servant Leadership)을 적용한 것이다. 서번트 리더로서 교사는 학생 및 동료교사들이 자율적으로 업무를 수행하도록 권한과 책임을 위임하고, 그들을 지원하며, 그들과 함께 문제와 대안을 토론하여 결정된 사안을 동료교사들이 참여적 의사결정에 적극 참여하여 주인의식과 책임감을 가지고 직무를 수행하도록 유도하고, 경청, 공감, 치유, 설득 등을 통해 공동체 문화를 만들어가는 역할을 담당한다. 이를 통해, 서번트 리더로서 교사는 인간존중을 바탕으로 구성원들에게 모범을 모이고, 따뜻한 배려와 지원을 통해 그들의 역량과 잠재력을 극대화하도록 유도하여 조직 효과성을 높이는 리더십이라고 할 수 있다.

고광혁(2011)의 서번트 리더십 척도

경청 및 공감설득 치유(1－14), 인지 및 통찰 비전 제시(15－21), 구성원 성장 유도(22－27), 공동체 형성(28－33)

번호	문 항(우리 학교 교장선생님은…)	전혀 그렇지 않다	그렇지 않다	보통 이다	그렇다	매우 그렇다
1	자신의 견해와 다른 의견이나 비판을 잘 받아들인다.					
2	교사들의 의견을 진지하게 듣는다.					
3	부서의 문제에 대해 교사들의 의견을 듣는다.					
4	교사들을 인격적으로 대한다.					
5	교사들의 다양성을 포용한다.					
6	교사들의 입장에서 교사들을 이해해 준다.					
7	지시나 명령보다는 설득을 통해 교사들을 움직이게 한다.					
8	부서의 목표에 대해 교사들에 대한 설득을 통하여 동의를 이끌어 낸다.					
9	설득을 통해 교사에게 업무의 필요성을 납득시킨다.					
10	교사들에게 관심을 갖고 돌보아준다.					
11	업무 스트레스를 효과적으로 달래준다.					
12	교사들의 업무 관련 스트레스 요인들을 없애려고 노력한다.					
13	업무를 자율적으로 할 수 있도록 책임과 권한을 준다.					
14	의사결정을 할 때 교사에게 미칠 영향을 먼저 생각한다.					
15	교사들이 잘하는 일과 못하는 일이 무엇인지 알고 있다.					
16	교사에게 영향을 미치는 최근의 변화를 인지하고 있다.					
17	상황에 맞는 적절한 행동을 취한다.					
18	직관과 통찰력이 있다.					
19	변화되는 업무환경에 대하여 정확하게 파악한다.					
20	교사의 의견이나 감정상태를 잘 파악한다.					
21	조직의 비전을 분명하게 제시한다.					

22	부서의 목표를 밝히고 이를 교사에게 전달한다.								
23	부서의 방향과 목표를 명확하게 제시한다.								
24	교사들이 목표달성하는 데 필요한 자원과 지원을 제공한다.								
25	교사들이 자기개발을 하도록 격려한다.								
26	교사들이 전문가가 되도록 후원한다.								
27	교사에게 요구하는 행동을 먼저 실천한다.								
28	의사결정을 할 때 교사의 참여를 허용한다.								
29	교사들 간의 팀워크와 협력을 강조한다.								
30	결속력이 강한 공동체를 만들기 위하여 노력한다.								
31	업무 외 부서활동에 적극적으로 참여한다.								
32	교사들 간의 정보공유와 활발한 의사소통을 장려한다.								
33	교사들이 서로 경쟁하기보다는 함께 일하도록 강조한다.								

3 팔로워로서의 교사

교사는 학생이나 동료교사에게 영향을 미치는 리더임과 동시에 팔로워이다. 팔로워십은 리더십의 질과 방향을 결정하는 요인이기도 하다. Robert Kelley는 조직을 효과적으로 운영하는 데 결정적 요인은 리더가 아니라 팔로워십이라고 하면서, 조직이 성공하는 데 리더가 기여하는 것은 많아야 20% 정도이고, 그 나머지 80%는 팔로워들이 기여하는 것에 의한 것이라고 주장한다(이애화, 2016). Kelley가 제시한 다음 다섯 가지 팔로워 유형을 적용하여 팔로워로서의 교사유형을 제시하면 다음과 같다.

첫째, 소외형 팔로워는 독립적 비판적 사고는 견지하고 있지만, 역할수행에는 그다지 적극적이지 않은 특징을 가지고 있다. 이 유형은 리더의 노력을 빈정거리며 비난하면서도, 스스로는 노력하지 않거나 서서히 불만스러운 침묵 속으로 빠져드는 것이 보통이다.

둘째, 순응형 팔로워는 적극적 참여라는 면에서는 높이 살만하지만, 독립적인 사고에서는 그렇지 못하다. 즉, 팔로워가 리더의 판단에 지나치게 의존하는 경향을 보인다.

셋째, 실무형 팔로워는 위험보다는 안전을 우선적으로 생각하며, 훌륭한 일을 하고 싶어 하기는 하지만 위험을 무릅쓰면서까지 하지는 않는 유형이다.

넷째, 수동형 팔로워는 모범형과 정반대의 유형으로, 일을 리더에게 떠넘기고 임무를 열성적으로 수행하지 않는다. 책임감이 결여되어 있고 솔선수범하지 않는다. 다시 말해, 맡겨진 일 이상은 절대하지 않는 타입이다.

다섯째, 모범형 팔로워(스타 팔로워)는 조직에서 활동적인 역할을 하지만 예스맨은 아니며, 조직의 목표와 정책에 영향을 미치고 리더의 관심을 불러일으키는 데 주저하지 않는다.

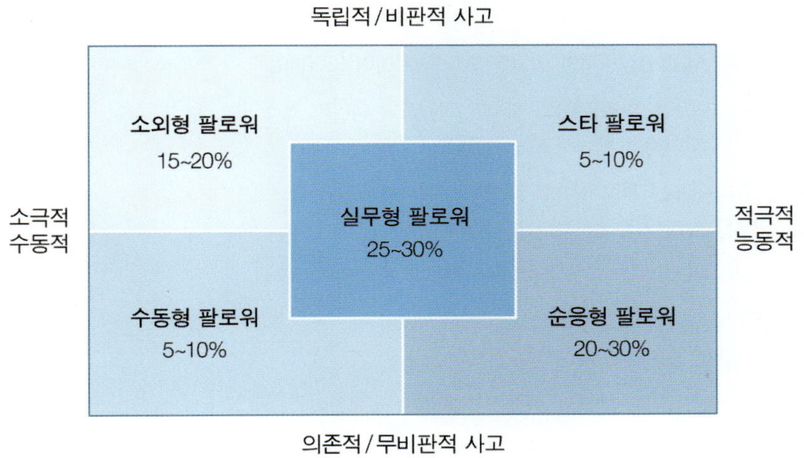

출처: 이애화(2016).

그림 6-1 팔로워십의 유형 및 비중

신보현(2016)의 교사 팔로워십 척도

업무전문성(1－4), 열정(5－10), 품행(11－15), 자기관리(16－18), 협력(19－23), 책임감(24－28), 의사소통(29－33), 대인관계(34－36)

번호	문 항	전혀 그렇지 않다	그렇지 않다	보통 이다	그렇다	매우 그렇다
1	나는 교사로서 수행해야 할 교무행정업무에 대한 전문적 지식을 가지고 있다.					
2	나는 교사로서 수행해야 할 학교교육활동에 대한 전문적 지식을 가지고 있다.					
3	나는 교사로서 학생을 지도하기 위한 수업 전문성을 가지고 있다.					
4	나는 직무를 수행할 때 합리적으로 판단하려고 노력한다.					
5	나는 학교행사 참여 및 업무처리에 있어 긍정적인 자세로 임하려고 노력한다.					
6	나는 학교행사 및 업무 등에 적극적으로 참여하려고 노력한다.					
7	나는 우리 학교가 성공적인 학교가 되도록 기꺼이 노력한다.					
8	나는 관리자(또는 부장교사)의 지시에 의해서가 아니라 스스로 업무를 찾아서 수행하려고 노력한다.					
9	나는 관리자(또는 부장교사)의 지시에 의해서가 아니라 스스로 업무를 찾아서 수행하려고 노력한다.					
10	나는 관리자의 경영방침을 이해하고 직무에 몰입하기 위해 노력한다.					
11	나는 학생을 존중하고 배려하려고 노력한다.					
12	나는 스스로 올바른 인격과 품성을 가지려고 노력한다.					
13	나는 교사로서의 품위를 유지하는 바른 몸가짐, 옷차림 등을 신경쓰고 있다.					
14	나는 교사로서 학생을 대할 때, 언어와 표정 등을 신경쓰고 있다.					
15	나는 관리자와 동료교사를 대할 때 기본적인 예절을 지키려고 노력한다.					

16	나는 교무행정업무에 필요한 전문성을 얻기 위해 연수, 연구회 등에 참여하여 자기계발에 힘쓰고 있다.					
17	나는 학교교육활동에 필요한 전문성을 얻기 위해 연수, 연구회, 대학원 등에 참여하여 자기계발에 함쓰고 있다.					
18	나는 전문적 학습공동체 등을 통해 동료교사들과 공동연구를 하기 위해 노력한다.					
19	나는 관리자(또는 부장교사)가 부족한 점이 있거나 어려움을 겪을 때 도와주기 위해 노력한다.					
20	나는 동료교사의 성장과 발전을 도와주려고 노력한다.					
21	나는 직무수행에 필요한 지식 및 정보를 동료교사에게 제공하며 공유하려고 노력한다.					
22	나는 동료교사의 학교교육활동 및 교무행정업무 수행을 도와주려고 노력한다.					
23	나는 학교생활에서 어려움을 겪는 동료교사를 위로하고 격려하기 위해 노력한다.					
24	나는 분장 받은 교무행정업무를 남에게 전가하지 않고 책임을 다해 처리하려고 노력한다.					
25	나는 교사로서 수행해야 할 학교교육활동 및 교무행정업무에 대해 책임을 다하려고 노력한다.					
26	나는 학교교육활동 및 교무행정업무를 성실히 수행한다.					
27	나는 잘 모르거나 처음 접하는 업무라도 알아보고 배워서 처리하려고 노력한다.					
28	나는 교사로서의 교육적 신념과 책임감, 자부심을 가지고 생활하려고 노력한다.					
29	나는 교사로서의 교육적 신념과 책임감, 자부심을 가지고 생활하려고 노력한다.					
30	나는 기존에 했던 방식보다 합리적인 방법이 실행될 수 있도록 동료교사나 관리자를 설득하기 위해 노력한다.					
31	나는 학교의 주요 의사결정 과정에 활발하게 참여하려고 노력한다.					
32	나는 의사소통의 원리와 방법을 알고 상대방을 고려하여 대화하려고 노력한다.					

33	나는 학교교육활동 및 교무행정업무 수행에 있어 새로운 아이디어를 제시하고 활용하고자 노력한다.					
34	나는 관리자나 동료교사의 개인적인 일에도 관심을 가지려고 노력한다.					
35	나는 온화한 분위기 조성과 대인관계를 좋게 하려고 유머를 사용한다.					
36	나는 관리자나 동료교사에게 친밀감을 가지고 잘 지내기 위해 노력한다.					

출처: 신보현(2016). 교사의 팔로워십측정도구 개발 및 타당화. pp.84-85.

4 팀장으로서의 교사

팀은 집단 내 구성원들이 공동의 목표를 달성하기 위해 높은 수준의 상호작용을 하고 긴밀하게 협동하는 조직을 말한다. 팀은 개인이 독립적으로 일하거나 다른 작업집단이 해결할 수 없는 직무를 수행할 수 있다. 그러나 팀은 단순히 여러 사람들이 함께 집단으로 일하는 것이라고 할 수는 없다. 왜냐하면 팀이란 구성원들의 긴밀한 상호작용과 공동의 목표에 대한 강력한 팀워크와 몰입 및 헌신을 요구하기 때문이다(George & Jones, 2015).

팀워크는 'Team'과 'Work'의 합성어이다. Brannick(1997)은 정보와 자원을 공유하고 활동을 조정하는 구성원들의 행동을 집합적으로 팀워크라고 정의하고 있다. 윤우제(2006)는 팀워크를 팀의 목표를 달성하기 위하여 팀 구성원 간에 정보를 교환하고, 의사소통 형태를 개발하고 유지하며, 행동들을 조정하고 사회적 지위를 유지하기 위해 필요한 구성원 간의 상호작용이라고 정의하고 있다. 이를 종합하면, 팀워크는 팀 구성원이 공동의 목적을 달성하기 위하여 상호 관계성을 가지고 협력하여 일을 해 나가는 것이라 할 수 있다.

따라서 팀장으로서의 교사는 효과적인 팀워크, 응집성 높은 팀워크를 갖게 하는 교사라고 할 수 있다. George와 Jones(2015)는 효과적이며 응집성 높은 팀워크의 특징으로 다음과 같이 제시하였다. 첫째, 팀원들은 조직의 목표에 필요한 행동을 하며, 팀원들 간 정보가 빠르게 공유되며, 직무 및 의사결정 과정에 적극 참여한다. 둘째, 팀원 간 목표달성을 위한 행동규제에 순응하며, 팀원 간 상호 통제와 조정을 한다. 셋째, 상호 의존과 협력 및 도움이 빈번하게 이루어짐으로써 팀 목표수행의 효율성 및 효과성을 높인다. 이러한 점에서 팀장으로서의 교사는 학교조직에서 구성된 팀(부서)의 목표를 팀원 교사들과 협업하여 공동의 목표를 달성하는 역할을 담당하며, 또한 팀원교사들로 하여금 집단에 머물도록 느끼게끔 만들고, 그 집단의 멤버로서 계속 남아 있기를 원하게 만드는 힘을 보여주는 교사라 할 수 있다.

참고 효과적인 팀장으로서의 교사가 지녀야 할 특성

효과적인 팀장으로서 교사는 팀원인 교사들의 강점을 잘 인식하고, 이들 강점을 잘 활용하여 팀 목표를 달성하는 효능감이 높고, 업무지원과 피드백, 그리고 동기부여를 잘 하는 사람으로 다음과 같은 특성을 지닌 사람이라 할 수 있다(이애화, 2016).

① 명확하게 기술된 사명과 목표
② 창조적인 운영(행동)
③ 결과에 초점을 맞추기
④ 역할과 책임의 명료화
⑤ 조직화
⑥ 개인의 강점 활용
⑦ 리더십 역량 공유
⑧ 팀 풍토 발전
⑨ 의견의 불일치를 건설적으로 해결
⑩ 개방적인 의사소통
⑪ 객관적인 의사결정
⑫ 팀 자체의 효과성 평가

남해진(2015)의 교사 팀워크 설문지

의사소통(1, 2, 3), 조정(4, 5, 6), 지원행동(7, 8, 9), 피드백(10, 11, 12), 팀지향(13, 14, 15), 팀리더십(16, 17, 18), 신뢰(19, 20, 21)

번호	문 항	전혀 그렇지 않다	그렇지 않다	보통 이다	그렇다	매우 그렇다
1	교사들은 정기적으로 학년 운영에 대한 협의를 한다.					
2	교사들은 전달, 협의사안에 대해 모두가 정확하게 이해했는지 확인한다.					
3	교사들은 학년 업무와 관련된 문제에 관해 자주 의견을 나눈다.					
4	교사들은 학년 교육목표 달성을 위해 각자 맡은 일을 효과적으로 수행한다.					
5	교사들은 업무를 수행하는 과정에서 서로를 격려한다.					
6	교사들은 학년 교육목표 달성을 위해 함께 일한다.					
7	교사들은 과업 수행에 어려움이 있는 구성원들을 도와준다.					
8	교사들은 서로 간에 도움을 줄 수 있는 일과 방법에 대해 생각한다.					
9	교사들은 도움을 필요로 하는 구성원을 지원한다.					
10	교사들은 서로 간에 요청한 자료를 제공해 준다.					
11	교사들은 서로 간에 제공된 아이디어와 정보를 적절히 활용한다.					
12	교사들은 서로 간에 유익한 아이디어, 정보를 제공한다.					
13	교사들은 동학년의 제반업무 수행에 참여한다.					
14	교사들은 동학년에 소속되어 있다는 것을 좋아한다.					
15	교사들은 학년 교육목표 달성을 중요하게 생각한다.					
16	교사들은 학년 업무와 관련된 문제에 관해 자주 의견을 나눈다.					

17	교사들은 다른 구성원들이 새로운 일을 시도할 때 격려한다.					
18	교사들은 업무수행을 위한 능력과 준비가 되어 있다.					
19	교사들은 서로 긍정적인 협력관계에 있다.					
20	교사들은 다른 구성원들의 요구를 존중한다.					
21	교사들은 전문성과 열의를 가지고 직무에 임한다.					

출처: 남해진(2015). 교장의 변혁적 리더십과 학년 부장교사의 리더십이 동학년 팀워크를 매개로 교사헌신에 미치는 영향.

Chapter

07

교육조직행동: 조직 내 개인(1)

1. 조직과 조직행동의 이해
2. 태도
3. 성격

1 조직과 조직행동의 이해

조직은 공동의 목표를 성취하기 위한 사람들의 협력행위이다. 조직은 ① 공동목표, ② 여러 사람 간의 협력관계, ③ 일정한 역할, 의무, 책임, 과업분담을 지닌 집단, ④ 조직의 요구에 따라 행동하도록 하는 규범 등이라는 네 가지 조건이 충족될 때 성립된다. 목표달성을 위한 수단인 조직 내에서는 개인 내 심리적 행동, 개인과 개인의 사회적 행동, 개인과 집단 간 정치적 행동 등 다양한 조직 내 행동들이 나타난다. 이러한 행동들을 일컬어 조직행동이라고 한다. 조직행동은 조직의 사회적 · 구조적 · 제도적 맥락 속에서 개인들과 집단들의 행위이다. 그리고 조직행동이론은 조직의 효과성에 영향을 미치는 개인들, 집단들과 구조들을 이해하고 설명하며, 예측하는 지식체계이다(Robbins & Judge, 2011).

교육조직에서 이루어지는 행동에 대하여 Hoy와 Miskel(2013)은 『Educational Administration』라는 저서에서 ① 사회체제로서의 학교, ② 기술적 핵심으로서의 교수학습, ③ 학교구조(관료제, 느슨한 결합, 공식구조, 전문가와 관료의 갈등 등), ④ 개인(욕구, 신념, 목표, 동기 등), ⑤ 학교조직 문화, ⑥ 학교조직 풍토, ⑦ 권력과 정치, ⑧ 조직의 외부 환경과의 관계와 적응, ⑨ 학교의 효과성, ⑩ 의사결정 및 참여, ⑪ 의사소통, ⑫ 리더십 등을 조직행동의 내용으로 보았다. 조직행동은 조직의 성과를 높이기 위해 사회적 · 문화적 환경에서의 인간행동에 대한 지식을 활용하고자 하는 사회적 · 과학적 접근이며, 교육조직 실제에 대한 적용을 강조한다. 따라서 조직행동론은 교육조직 상황에서 일어나는 행동을 이해하고, 영향을 미치는 요소들을 탐색하여 예측하는 데 도움이 된다.

그렇다면 우리는 왜 조직행동을 이해하고 탐구해야 하는가? Bolman과 Deal(2008, p. 122)에 의하면, 조직과 인간은 서로를 필요로 한다. 조직은 사람의 아이디어, 힘, 재능을 필요로 하며, 사람은 조직이 제공해주는 경력, 보수, 일의 기회를 필요로 한다. 즉, 개인은 만족감을 얻게 되고, 조직은 목표달성에 필요한 재능과 힘을 얻는다.

Ott, Parkes, Simpson(2008)은 조직행동을 조직 내에서 사람들의 역할, 기대, 동기, 영향, 리더십, 의사소통, 풍토, 문화, 참여, 통제, 갈등 등 '행동' 차원과 조직이 어떻게 작동하는가에 관한 '관점'으로 구분하였다. Robbins과 Judge(2011)는 [그림 7-1]과 같이 조직행동의 수준을 개인, 집단, 조직시스템 등 세 가지로 제시했다.

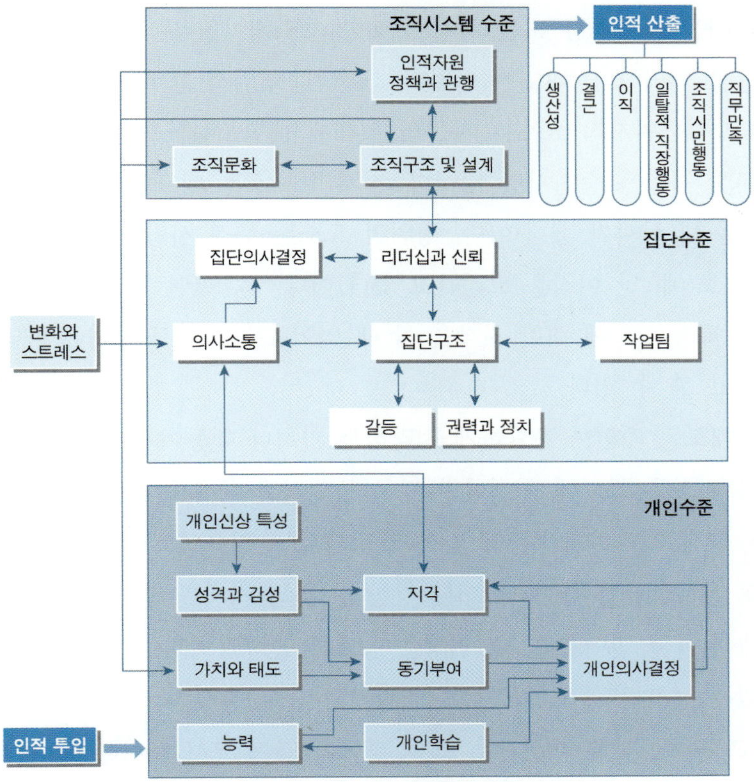

출처: Robbins & Judge(2011). p. 32.

그림 7-1 조직행동 수준

본서에서는 교육조직행동을 개인이 지니고 있는 태도, 성격, 지각과 감정에 의해 유발되는 조직행동을 말하는 조직 내 개인행동(7~8장)과 개인의 조직행동을 야기하

는 조건과 맥락인 조직운영구조 및 문화(9장)를 살펴볼 것이다.[7)]

2 태도

태도는 사물이나 사람 또는 사건에 대한 호의적이거나 비호의적인 평가적 표현 또는 판단을 의미한다. 태도는 인지적, 정서적, 행위적 요소가 상호 연계와 작용을 하여 나타난다. 인지적 요소는 사물의 실태에 대한 서술 또는 믿음(예: 내 상사는 나보다 못한 사람을 승진시켰다.)이다. 정서적 요소는 태도의 감정적 또는 느낌 부분(예: 나는 내 상사가 싫다)이다. 행위적 요소는 특정 사람이나 사물에 대한 특정한 행위 의도(예: 난 이직을 고려하고 있다)이다. 즉, 어떤 조직행동이 일어나는 것은 개인이 특정 상황에 대한 지각을 할 때 일어나는 감정적 상태에 따라 행위를 하는 것이라고 볼 수 있다.

이러한 태도는 개인이 중요하게 생각하는 가치나 행동이 결부될 때, 쉽게 회상될 수 있거나 가까운 과거에 일어났던 것들과 연결될 때, 개인의 성공적 경험이나 트라우마나 실패와 연관될 때 더 강하게 나타나는 것으로 알려져 있다. 예를 들면, 최근에 교장에게 긍정적 피드백이나 강한 신뢰 및 지지를 받은 교사는 오늘 수행한 직무에 대해 나를 믿어주고, 내 입장을 옹호하여 학교 밖 사람들에게 설명해 줄 것이라고 믿는 경향인 조직후원인식이 다른 교사보다 더 높을 수 있다는 것이다. 반면, 동료교사들에 의해 배신감을 느낀 경험이 있는 교사는 다른 교사의 호의나 지지를 받을 때, 그것에 대한 진정성을 의심하여 교사 간 신뢰수준이 낮을 수 있다는 것이다.

---

7) 이 장들에서 탐색하고 있는 조직행동들은 Robbins과 Judge(2011), George와 Jones(2015), 김원형(2009), 김규태, 최경민(2015) 등의 저서들을 통해 구성된 것임을 밝히며, 여러분도 이 저서들을 참고하여 폭넓고 깊이 있는 학습을 하기를 권한다.

이러한 태도와 관련된 조직행동으로는 직무동기, 직무만족, 심리적 임파워먼트, 조직몰입, 조직헌신, 신뢰, 조직후원인식, 직무몰입, 직원성과몰입 등이 있다.

1) 직무동기

(1) 개념과 전략

직무동기는 교사가 수행하는 행동방향, 노력의 수준, 노력 지속성을 이끄는 심리적인 원동력이다. 직무동기는 현재 성취한 수준에서 더 높은 성취를 갖기 위해 자기계발을 할 것인지, 조직에서 교사가 자신의 목표를 성취하기 위해 어느 정도 노력할지, 특정 과제를 수행하기 위해 어느 정도 노력과 시간을 투자할지를 결정하도록 유도한다.

직무동기는 내재적으로 동기가 부여된 것인가, 아니면 외재적으로 동기가 부여된 것인가에 따라 그 노력수준과 지속성은 달라진다고 보고 있다. 즉, 교사들은 내재적 동기 또는 외재적 동기에 의해 직무를 수행하느냐에 따라 그 성과와 노력수준과 질이 결정된다는 것이다. 일반적으로 교사들은 좋은 수업과 지도를 함으로써 스스로 보람과 성취감을 느낄 때가 외부평가나 근무평정을 잘 받는 경우나 포상과 보상 및 승진을 할 수 있기 때문에 직무를 수행하는 경우보다 더 교직에 대한 만족감과 직무수행동기가 높다고 알려져 있다.

Hoy와 Miskel(2013)은 교사들에 대한 효과적인 동기전략을 다음과 같이 제시하였다.

① 낮은 욕구단계는 충족시켜 주고, 높은 욕구는 도전하도록 할 때 열심히 일한다.

② 구체적이고 현실적이며, 도전 가능한 목표를 설정하고 그것을 이루기 위하여 전념하며, 그 목표달성에 대한 긍정적 피드백을 받을 때 열심히 일한다.

③ 성공과 실패의 원인을 능력과 노력으로 돌리고, 상황에 따라 그것이 달라질 수 있다고 인정하며 적절한 직무수행 전략을 통해 과업의 성과는 통제될 수 있다고 믿을 때 열심히 일한다.

④ 받을 만한 보상을 받고 있고, 보상이 공평하게 배분되고 존경과 신뢰로 대우받고 있다고 느낄 때 열심히 일한다.

⑤ 열심히 일을 하면 성과가 개선되고, 좋은 성과는 인정받고 가치 있는 보상을 받는다고 믿을 때 열심히 일한다.

⑥ 성공할 수 있는 역량이 있으며 수행하는 과업이 어렵지 않다고 믿을 때, 그리고 유사한 일을 성공적으로 수행한 경험이 있거나 그러한 성공의 모델들이 주변에 있을 때 열심히 일한다.

(2) 직무동기이론

직무동기에 대한 이론은 동기이론 학자만큼 다양하다. 여기서는 Maslow의 욕구위계론, 동기·위생이론, X－Y이론, 조직공정성이론을 제시할 것이다.

① 욕구위계론

Maslow는 생리적 욕구, 안전의 욕구, 사회적 욕구, 존경의 욕구, 자아실현의 욕구 등 5단계 욕구위계설을 주장했다가 인지적 욕구, 심미적 욕구, 초월적 욕구 등을 추가하여 8가지 욕구위계를 제시하였다(김규태, 강유정, 강성복, 2014). 그는 욕구들이 중요성에 따라 단계적으로 제시하였고, 욕구를 단계적으로 충족시켜줌으로써 교사들의 동기부여를 이끌어낼 수 있다고 하였다. 그가 제시한 8단계 욕구위계를 제시하면 다음과 같다.

- **생리적 욕구**: 욕구 단계상 출발점이며 인간 생명유지를 위한 기본적 욕구로서 신체적·물질적 욕망(의식주, 성 등)과 관련된다.
- **안전의 욕구**: 정신적·육체적 안정을 얻고 싶어 하는 욕구이다. 교사들에게 직업의 안정성과 작업환경의 안전 등을 제공하도록 근무환경, 보수, 수당, 휴가, 복지후생 등을 제공함으로써 교직 수행 동기를 유지할 수 있는 것을 말한다.
- **소속 및 사랑 욕구**: 동료집단에 소속되고, 인간관계를 형성하여 상호작용하고자 하는 욕구이다. 교사들은 교내외 공식 혹은 비공식집단에 소속되어 동료들과 어울려 우정을 나누며 교제를 하는 것을 지원해 줌으로써 직무동기를 유발할

수 있다.

- **존경의 욕구**: 타인으로부터 높은 평가와 존경을 받고 싶어 하는 욕구로서, 조직에서의 승진과 인정을 받으려고 한다. 교사의 수업과 학생지도에 대한 성과를 인정하고 교직전문성 및 경력을 고려 승진시켜주는 보상을 함으로써 존경의 욕구를 충족시켜줄 수 있다.
- **인지적 욕구**: 문화나 교육을 통한 지적 욕구이다. 어떤 특정한 대상이나 경험에 대한 재음미와 발견을 통한 이해와 배움을 추구하는 것을 말한다. 이것은 교사들 간 학습공동체, 즉 배움의 공동체를 촉진하고, 또한 교과협의회나 학습동아리를 통해 프로젝트를 수행하는 활동을 지원함으로써 충족시켜줄 수 있다.
- **심미적 욕구**: 문화예술의 추구, 자연환경을 통한 아름다움을 추구하려는 욕구이다. 외적인 아름다움보다는 오히려 정서적이고 감상적이며, 감성적인 내적 미를 추구하는 것이다. 교사들 간 예술활동을 한다거나, 공연관람 기회를 제공함으로써 직무동기를 충족할 수 있다.
- **자아실현의 욕구**: 자신의 잠재력을 인식하고 자아충족적이며, 계속적인 자아발전 및 창조적이 되고자 한다. 이것은 내재적 동기를 스스로 추구함으로써 교직에서의 만족도와 성취감을 얻는 것을 말한다.
- **초월적 욕구**: 타인의 자아실현을 코칭하고 돕는 욕구로서, 선배교사들에게 후배교사들에게 멘토링 또는 코칭활동을 할 수 있는 기회를 제공함으로써 충족시켜줄 수 있다.

② 동기·위생이론

Herzberg는 조직구성원들의 직무수행 시 만족과 불만족을 야기시키는 요인을 분석하기 위해 미국 피츠버그 지역의 11개 기업체로부터 약 200여 명의 기술자와 회계자를 대상으로 면접을 통하여 조사·실시하였다. 그 결과, 조직구성원의 불만을 야기시키는 요인이 대체로 일하는 환경과 관련되고, 만족을 야기하는 요인은 작업자체와 관련된다는 사실을 밝혔다. Herzberg는 직무 불만족을 야기하는 요인을 위생요인이라고 하였다. 이것은 업무가 수행되고 있는 작업환경 및 작업조건, 직무불만족을 예방하는 기능을 하며, 조직의 정책과 관리, 감독, 작업조건, 대인관계, 금전, 지위, 신분, 안정 등이 해당된다. 반면에 만족을 주는 요인을 동기요인이라 하였다. 이것은 조직구성원이 더욱 우수한 업무수행을 위해 동기부여하는 데 적합한 요인으로, 직무 그 자체와 관련되며, 자기성취, 성취에 대한 인정, 도전적이고 보람 있는 과업수행, 책임의 증대, 승진 등을 들 수 있다(김규태, 강유정, 강성복, 2014).

③ X · Y이론

McGregor는 인간의 본성에 대한 가정을 근거로 하여, 인간의 동기를 X이론과 Y이론으로 제시하였다. X이론 지향 인간은 일하기를 싫어하며, 야망이 없고 책임지기를 싫어하며 통제에 순응하면서 조직문제에 있어 창의력을 발휘하지 못하며, 생리적 욕구나 안전욕구단계의 동기를 부여해야 한다고 본다. X이론에 따른 효과적인 관리는 경제적 보상과 통제를 적절하게 사용하는 것이다. 경제적 보상을 하고 권위주의적 리더십으로 상부책임제도의 강화를 하며, 조직구조의 위계화와 공식화, 직권제와 참여제한 등을 활용한다. 반면, Y이론 지향 인간은 작업환경을 적절히 제공하면 직무를 자발적이고 창의적으로 수행하며, 사회적 · 존경 · 자기실현단계의 욕구를 선호한다. Y이론에 따른 관리전략은 사회적 · 인간적 보상을 강조하고, 민주적 리더십으로 분권화와 권한위임을 하며, 수평적 조직, 비공식 구조활용, 참여와 신뢰 및 존경, MBO, 셀프리더십, 자기평가 등을 강조한다(김규태, 강유정, 강성복, 2014).

④ 조직공정성이론

조직공정성은 학교조직 내의 업무환경 하에서 교사들이 경험하게 되는 다양한 공정성 지각의 차원들을 반영하기 위해 도입된 개념이다. 조직공정성은 보상결과에 대한 분배공정성(distributive justice), 보상절차와 규정에 대한 절차공정성(procedural justice), 그리고 보상과정 중에 발생하는 의사소통과 대인적 처우에 대한 상호공정성(interaction justice)으로 구분된다(김규태, 최경민, 2015).

- 분배공정성: 의사결정의 과정을 거쳐 최종적으로 지급되는 임금, 승진, 조직 내 인정 등의 결과물에 대한 분배와 관련하여 교사들이 느끼는 공정성의 지각정도를 말한다.
- 절차공정성: 자원−보상 배분결정을 위해 활용되는 절차나 규칙에 대한 교사들의 지각된 공정성을 말하는 것으로, 교사들 사이의 불충분한 자원의 배정이나 업무성과의 보상결정과 관련된 의사결정과정에 중점을 둔다.
- 상호공정성: 의사결정과정 및 정책이나 절차의 실행과정에서 학교장이 보여주거나, 교사들이 지각하는 대인적 처우의 공정성의 지각 정도이다.

교사들이 지각하는 조직공정성을 중요하게 고려해야 하는 이유는 교사들이 능력주의 인사제도의 도입으로 인한 공정성을 어떻게 인식하고 있느냐에 따라 조직생활의 만족과 동기수준이 달라지고, 리더와 구성원에 대한 신뢰나 조직몰입 등에 대한 수준도 달라짐으로써 교사들의 교직에 대한 헌신이나 성과에 대한 효과를 결정하기 때문이다.

이진원(2008)이 사용한 조직공정성 척도

분배공정성(1−6), 절차공정성(7−12), 상호작용공정성(13−18)

번호	문 항	전혀 그렇지 않다	그렇지 않다	보통이다	그렇다	매우 그렇다
1	내게 부여된 책임에 비추어 공평한 보상을 받고 있다.					
2	나의 교육수준과 연수실적에 비추어 공평한 보상을 받고 있다.					
3	나의 경력과 경험에 비추어 공평한 보상을 받고 있다.					
4	나의 업무수행 노력에 비추어 공평한 보상을 받고 있다.					
5	나의 업무성과에 비추어 공평한 보상을 받고 있다.					
6	내가 업무로 받는 스트레스에 비추어 공평한 보상을 받고 있다.					
7	우리 학교의 학교운영과 의사결정은 적절한 자료와 정보를 바탕으로 이루어진다.					

8	우리 학교의 학교운영과 의사결정은 일관된 기준이 있어 사람이나 시간에 따라 변하지 않는다.					
9	우리 학교의 학교운영과 의사결정은 성별, 연령 등 이해관계를 배제하고 운영되며 결정이 내려진다.					
10	우리 학교의 학교운영과 의사결정은 관련 당사자의 의사를 반영하여 결정한다.					
11	우리 학교의 학교운영과 의사결정은 의견을 제시하고, 이의를 제기할 수 있다.					
12	우리 학교의 학교운영과 의사결정은 그 과정에서 필요한 설명이나 정보가 공유된다.					
13	우리 학교 교장선생님은 업무와 의사결정에 관련하여 나의 권리를 고려한다.					
14	우리 학교 교장선생님은 업무와 의사결정에 관련하여 나의 욕구와 감정을 배려한다.					
15	우리 학교 교장선생님은 업무와 의사결정에 관련하여 학교장의 개인적인 의견을 배제하려 노력한다.					
16	우리 학교 교장선생님은 업무와 의사결정에 관련하여 나의 이의제기에 개방적인 태도를 지닌다.					
17	우리 학교 교장선생님은 업무와 의사결정에 관련하여 나에게 업무의 내용과 과정에 대해 설명하고 이해를 구하고자 한다.					
18	우리 학교 교장선생님은 업무와 의사결정에 관련하여 나를 솔직한 태도로 대한다.					

2) 조직시민행동

조직시민행동(organizational citizenship behavior)은 조직이 종업원들에게 요구하지는 않지만, 조직의 생존과 유효성을 높이기 위해 자발적으로 수행하는 행동이다. 조직시민행동의 예로는 동료를 돕고, 새로운 정보기술을 학습해야 하는 동료들에게 하는 방법을 알려주는 등을 들 수 있다(김규태, 최경민, 2015). 조직시민행동은 Organ에 의해 체계적으로 정립되었고, 그 요인은 타인을 돕기 위한 개인의 자발적인 행동인 이타성, 업무에서 최소한으로 요구되는 것 이상의 행동인 양심성, 업무에 있어 불가피한 불편함이나 부담을 인내하는 행동, 업무에 있어 불가피한 불편함이나 부담을 인내하는 행동인 스포츠맨십, 문제를 예방하고 건설적으로 시간을 사용하는 행동인 예의성, 조직의 관리나 시설물에 대해 책임감 있고 건설적인 태도인 시민덕목 등으로 보고 있다(김규태, 최경민, 2015).

이러한 조직시민행동을 보이는 교사들의 특징은 다음과 같다(김규태, 강유정, 강성복, 2014). 첫째, 동료교사와 학생들을 돕는 데 기꺼이 시간을 할애한다. 둘째, 양심적이어서 시간을 효율적으로 사용할 뿐만 아니라, 공식적으로 규정된 업무 이상의 작업을 수행한다. 셋째, 주어진 상황에 대해 단지 불평하거나 투덜거리기보다는 건설적인 노력을 하는 데 더 많은 시간을 투자하고, 학교 일정이나 업무의 변화가 있을 때 동료교사들에게 이를 미리 알려줌으로써 서로를 예의로서 대우한다. 넷째, 전반적인 학교의 질(質)에 관심을 가지고 있어, 자발적으로 학교위원회 활동을 맡거나 혁신적인 제안을 한다.

DiPaola, Tarter와 Hoy(2005)의 조직시민행동 척도

번호	문 항	전혀 동의하지 않는다	거의 동의하지 않는다	동의하지 않는다	동의한다	거의 동의한다	매우 동의한다
1	교사는 자신의 근무시간에 학생들을 돕는다.						
2	교사는 많은 수업시간을 낭비한다.(R)						
3	교사는 자발적으로 신임교사를 돕는다.						
4	교사는 새로운 위원회에 기꺼이 참여 봉사한다.						
5	교사는 방과 후 활동에 기꺼이 참여한다.						
6	교사는 정시에 학교와 회의에 온다.						
7	교사는 자신을 다른 교사에게 소개하고 돕는 데 있어서 주도적이다.						

8	교사는 수업을 정시에 시작하고 수업시간을 효과적으로 활용한다.						
9	교사는 동료들에게 일상계획이나 방법변화에 대한 높은 수준의 안내를 한다.						
10	교사는 과도한 많은 일들과 잡무를 수행한다.(R)						
11	학교 교사 모임(회의, 위원회 등)은 생산적이다.						
12	교사들은 학교의 질을 개선하는 데 혁신적인 제안을 한다.						

주: (R)은 역채점 문항

3) 신뢰

신뢰(trust)는 상대방(개인이나 집단)에 의해 위험에 빠지거나 해를 입지 않을 것이라는 믿음이다. 다시 말해, 신뢰는 다른 사람이 인자하고 믿음직하며, 유능하고 정직하며, 개방적인 것을 근거로 다른 사람과의 관계를 맺으려는 의지이다. 신뢰는 인자함, 믿음직함, 유능함, 정직, 개방성 등 다섯 가지의 요인으로 구성된다. 조직의 강한 신뢰문화는 구성원들이 리더를 신뢰하고, 구성원들이 서로 신뢰하며 모든 집단이 협동적으로 함께 일하는 것을 말한다. 신뢰는 교사 간, 교사와 학부모 간 협력을 도모하고 창의적인 정보공유를 증진시키며, 조직 내에서의 높은 수준의 응집성과 상호의존성을 촉진시키며, 개방성을 증진시켜서 대화와 소통을 촉진함으로써 조직 성과와 효과성 증진에 기여한다.

Hoy와 Tschannen-Moran(2003)의 신뢰척도

교장신뢰(1, 4, 7, 9, 11, 15, 18, 23), 동료신뢰(2, 5, 8, 12, 13, 16, 19), 고객신뢰(3, 6, 10, 14, 17, 20~22, 24~26)

번호	문 항	전혀 그렇지 않다	그렇지 않다	보통 이다	그렇다	매우 그렇다
1	선생님은 교장을 신뢰한다.					
2	선생님은 서로를 신뢰한다.					
3	선생님은 학생을 신뢰한다.					
4	선생님은 교장 행동을 대개 의심한다.(R)					
5	선생님은 서로를 존중한다.					
6	선생님은 학부모를 신뢰한다.					
7	선생님은 교장의 강직성을 믿는다.					
8	선생님은 서로를 믿지 못한다.(R)					
9	교장은 최대한 선생님의 이익을 고려한다.					
10	학생은 서로를 챙긴다.					
11	교장은 선생님에게 관심이 별로 없다.(R)					
12	심지어 어려운 상황에서도 선생님은 서로를 믿고 의존한다.					
13	선생님은 주어진 업무에 충실하다.					
14	학부모는 그들의 헌신에 있어서 믿을 만하다.					
15	선생님은 교장을 의지할 수 있다.					
16	선생님은 동료들의 강직성(충성)을 믿는다.					
17	학생은 학업수행에 있어서 믿음직하다.					
18	교장은 자신의 과업을 수행하는 데 능력이 있다.					
19	선생님은 서로에게 개방적이다.					
20	선생님은 학부모의 지원을 의존할 수 있다.					
21	선생님이 여러분에게 무엇인가를 말할 때 믿을 수 있다.					
22	선생님은 모든 학생들이 유능한 학습자라고 믿는다.					

23	교장은 선생님들이 현재 하고 있는 일에 대해서 말하지 않는다.(R)					
24	선생님은 대부분의 학부모들을 자녀교육에 잘한다고 믿는다.					
25	선생님은 학부모가 그들에게 말하는 것을 믿을 수 있다.					
26	학생은 자신의 행동을 숨긴다.					

주) (R)는 역채점 문항임.

4) 조직후원인식

조직후원인식(perceived organizational support)은 교사들이 조직에서 그들의 공헌에 대한 가치를 부여하고, 종업원 복지에 대한 관심을 갖고 있다고 믿는 정도이다. 육아나 가정문제가 있을 경우 학교에서 편의를 제공하거나, 업무상 실수에 대해서 교사 개인을 신뢰하고 그것을 감싸준다고 믿는 것을 말한다. 일반적으로 조직후원인식이 높을수록 조직시민행동은 높게, 근무태만은 낮게, 고객서비스는 더 양호하게 나타나는 것으로 나타났다.

Eisenberger, Fasolo & Davis-LaMastro(1990)의 조직후원인식 척도

정서적 후원(1－10), 수단적 후원(11－17)

번호	문 항	전혀 그렇지 않다	그렇지않다	보통이다	그렇다	매우 그렇다
1	우리 학교는 학교를 위한 나의 공헌에 높은 가치를 둔다.					
2	우리 학교는 나의 일을 될 수 있는 한 재미있게 만들어 주려고 한다.					
3	우리 학교는 나의 목표와 가치들을 사려 깊게 고려한다.					
4	내가 곤경에 처했을 때 나는 우리 학교로부터 도움을 얻을 수 있다.					

5	우리 학교는 나의 복지에 진정으로 관심이 있다.					
6	우리 학교는 내가 능력을 최대한 발휘하여 직무를 수행할 수 있도록 기꺼이 도움을 베푼다.					
7	우리 학교는 내가 학교근무를 통해 얻게 되는 일반적인 만족에 관심이 있다.					
8	우리 학교는 나의 의견을 중요하게 생각한다.					
9	우리 학교는 내가 일을 성공적으로 수행한 것에 대해 자랑스럽게 생각한다.					
10	내가 특별한 부탁을 했을 때 우리 학교는 기꺼이 나를 도와주려고 한다.					
11	우리 학교는 내 개인에 대한 관심이 있다.					
12	우리 학교는 나보다 유용한 선생님을 모셔 올 수 있더라도 그렇게 하지 않을 것이다.					
13	만일 기회가 주어지더라도 우리 학교는 나를 이용하지 않을 것이다.					
14	우리 학교는 내가 최선을 다했다는 것을 이해해 준다.					
15	우리 학교는 나에게 영향을 미치는 의사결정을 할 때 나의 이익을 고려한다.					
16	우리 학교는 나의 어떠한 불만도 무시하지 않는다.					
17	우리 학교는 나의 초과근무나 노력에 대해 감사해 한다.					

5) 직무만족

직무만족(job satisfaction)은 교사들이 자신들의 직무 전반과 직무의 다양한 단면들에 대해 어떻게 느끼는지를 나타내는 태도 변인이다. 직무만족은 자신들의 직무를 좋아하는 정도를 말하며, 직무불만족은 사람들이 싫어하는 정도를 말한다. 즉, 직무만족이 높은 교사는 자신의 수업 및 학생지도 등 직무에 대해서 긍정적인 태도를 가지며, 반대로 직무만족이 낮은 교사는 부정적인 태도를 갖는다.

학교조직에서 직무만족은 교사가 교직생활을 통하여 직무와 직무환경에 대해 느끼는 긍정적 감정의 상태라고 할 수 있다. 손경애와 고종욱(2007)은 직무만족을 조직구성원이 느끼는 호의적이거나 긍정적인 감정의 정도라고 정의한다. 노종희(2001)는 직무만족을 개인이 지각하는 직무관련 욕구의 충족 정도에 의해서 생성되는 모든 감정을 포함하는 심적 상태로 규정하고 있다. 이러한 점에서 교사의 직무만족은 교육현장에서 교사로서 본연의 직무수행을 하는 과정에서 느끼는 교사 개인의 긍정적 정서라고 할 수 있다(옥장흠, 2009).

직무만족에 영향을 미치는 요인들로는 급여, 승진기회, 부가급부, 관리감독, 동료, 직무조건, 작업의 본질, 의사소통, 안전 등이 있다. 직무만족에 기여하는 직무특성으로는 기술다양성(skill variety, 직무를 수행하기 위해 필요한 기술의 수), 과업정체성(task identity, 종업원이 직무의 전체에 관한 일을 하는지 혹은 일부에 관해 일을 하는지에 대한 것), 과업 중요성(task significance, 다른 사람에 대한 자기 직무의 영향력), 자율성(autonomy, 종업원 자신이 맞다고 생각하는 바대로 직무를 수행할 수 있는 자유), 과업피드백(task feedback, 종업원이 자신의 일을 올바르게 하고 있음을 분명히 아는 정도)에 의해 결정되고 있다(Spector, 2008/2009, pp. 334−336).

직무만족 측정요인은 학자마다 달리 제시되고 있다. 예를 들면, 옥장흠(2009)은 교직관, 인간관계, 인사관계, 그리고 유인체계로 제시하였다. 노종희(2001)는 교사직무만족(TJSQ) 척도를 개발하면서, 구성요소로 동료애, 업무부담, 보상 등의 외재성과 혁신성, 교직의식, 발전성, 자율성 등의 내재성으로 구분하여 제시하였다.

노종희(2001)의 직무만족 척도

보상(1-4), 발전성(5-8), 혁신성(9-12), 자율성(13-16), 업무부담(17-20), 동료(21-24), 교직의식(25-28)

번호	문 항(나는…)	전혀 그렇지 않다	그렇지 않다	보통 이다	그렇다	매우 그렇다
1	일한 만큼 보수를 받고 있다고 생각한다.					
2	사회적으로 적절한 대우를 받고 있다.					
3	후생 복지가 적정하게 주어지고 있다.					
4	자녀 교육비에 대해 걱정을 많이 한다.(R)					
5	시간만 나면 연수에 참여한다.					
6	교수학습에 관한 토론을 많이 한다.					
7	최신 교육정보fmf 자주 접한다.					
8	교재연구를 충실히 한다.					
9	새로운 교수방법을 사용한다.					
10	담당업무를 창의적으로 처리한다.					
11	혁신적인 아이디어로 업무를 개선한다.					
12	새로운 방식으로 학급을 경영한다.					
13	업무수행에 있어 간섭을 받지 않는다.					
14	교수학습에 관한 사항을 독자적으로 결정한다.					
15	교육문제에 대해 자유롭게 대처한다.					
16	학교 밖으로부터의 요구에 시달린다.(R)					
17	수업부담이 과중하다.(R)					
18	학생지도가 지겹다.(R)					
19	사무처리에 시간을 많이 빼앗긴다.(R)					
20	잡무가 많다.(R)					
21	동료들과 친밀하게 지낸다.					
22	동료들을 좋아한다.					

23	동료들과 도움을 주고받는다.					
24	동료들과의 생활이 즐겁다.					
25	교직생활에 보람을 느낀다.					
26	가르치는 일이 재미있다.					
27	교사로서 자부심을 느낀다.					
28	교직을 전문직이라고 생각한다.					

주) (R)는 역채점 문항임.

6) 심리적 임파워먼트

심리적 임파워먼트(psychological empowerment)는 교사 자신이 직무환경, 역량, 직무에 대해 스스로 의미를 부여하고 자율적 권한위임의 정도에 대한 신념의 수준이다. 즉, 교사가 교내 의사결정에 참여하여 자신의 일이 중요하다고 느끼며, 또한 자신의 고유한 일을 스스로 수행할 수 있거나 위임받았다고 느끼는 정도를 말한다.

박희경(2014)이 사용한 임파워먼트 척도

의사결정참여(1－10), 자율성(11－13), 역량(14－24)

번호	문 항	전혀 그렇지 않다	그렇지 않다	보통 이다	그렇다	매우 그렇다
1	학교경영에 새로운 아이디어를 제공하고 이를 결정하는 역할에 참여한다.					
2	학교교육과정 편성과 관련된 의사결정에 참여할 수 있다.					
3	학교교육과정 운영과 관련된 의사결정에 참여할 수 있다.					
4	학교행사와 관련하여 의사결정에 참여할 수 있다.					
5	학교행사를 추진하는 데 여러 가지로 도움을 줄 수 있는 능력이 있다.					

6	학교의 교육활동 선정에 영향력을 가지고 있다.					
7	다른 교사들에게 조언할 기회가 있다.					
8	업무처리에 관한 재량권을 갖고 있다.					
9	나의 업무를 알아서 결정할 수 있다.					
10	업무수행과정에서 개인적인 생각이나 판단에 따른 행동이 허용된다.					
11	수업내용을 자유롭게 구성할 수 있다.					
12	교수학습방법을 자유롭게 활용할 수 있다.					
13	수업자료 선정에 관하여 융통성을 발휘할 수 있다.					
14	학교에서 동료교사들로부터 인정을 받는 편이다.					
15	학생으로부터 존경을 받는다고 생각한다.					
16	학부모로부터 존경을 받는다고 생각한다.					
17	교사로서 내 능력에 자신이 있다.					
18	학교생활에서 동료교사들과 협력할 기회를 자주 갖는 편이다.					
19	나의 업무능력을 확신한다.					
20	교직에 필요한 기술들이 숙달되어 있다					
21	내가 가르치는 과목에 대한 전문적 지식을 가지고 있다.					
22	학생들의 특성을 잘 파악하고 있다.					
23	학생들이 독립적인 학습자가 되도록 돕고 있다.					
24	학생들과 함께 함으로써 스스로 성장할 기회를 가진다.					

7) 조직몰입

조직몰입(organizational commitment)은 교사가 학교조직의 목표수용, 학교조직을 위해 기꺼이 열심히 일하고자 하는 마음가짐, 학교조직에 계속 있고자 하는 욕구 등을 말한다(Spector, 2008/2009, p. 362). 학교조직 관점에서 조직몰입은 교직몰입이나 교사의 조직몰입 등으로 불려진다. 교직몰입은 교사들이 학교조직이나 자신이 속한 조직의 목표와 직무를 자신과 동일시하여 조직의 구성원으로 남아 있으려는 의사를 말한다. 교직몰입은 조직성과와 정적 관계를, 조직에 대한 충성도나 이탈이나 이직과는 부적 관계를 일반적으로 보인다(김규태, 최경민, 2015).

교사에 대한 조직몰입은 정서적 몰입(affective commitment), 지속적 몰입(continuance commitment), 규범적 몰입(normative commitment) 등 유형으로 구분된다. 정서적 몰입은 교사가 자신이 속한 조직에 대한 정서적인 애착 때문에 교직에 계속 머물고자 할 때 발생한다. 지속적 몰입은 교사가 자신이 받고 있는 혜택이나 임금이 필요하거나 혹은 다른 직무를 찾을 수 없어 어쩔 수 없이 남아야 할 때 나타난다. 규범적 몰입은 교사가 갖는 가치에서 비롯되는 것으로, 종업원이 조직에 남아야 하는 이유가 남는 것이 옳기 때문이라고 믿는 것을 말한다(김규태, 최경민, 2015).

조직몰입과 함께 직무몰입(job involvement)과 직원성과몰입(employment engagement)도 고려해 볼 수 있다. 직무몰입은 교사 개인이 자신과 직무를 동일시하여 적극적으로 직무를 수행하며, 직무성과가 자신의 가치매김에 있어서 중요하다고 여기는 수준이다. 직무몰입이 높은 교사도 자신의 직무를 자신과 상당히 동일시하며 담당업무에 관해 높은 관심을 보인다. 또한 직원성과몰입은 교사 자신이 수행하고 있는 직무에 대한 몰입도와 만족도 및 열정을 포함한 헌신을 의미한다. 성과몰입이 높은 교사는 자신의 일에 대한 열정과 함께 학교와의 깊은 연대의식을 가지며, 반면 성과몰입이 낮은 교사는 기본적으로 조직에 애착이 없으며, 자신의 일에 대한 시간은 투입하지만 노력이나 관심을 기울이지 않는다.

옥장흠(2010)의 조직몰입 척도

정서적 몰입(1－4), 규범적 몰입(5－8), 지속적 몰입(9－12)

번호	문 항	거의 그렇지 않다	그렇지 않다	보통 이다	그렇다	항상 그렇다
1	나는 교직에 종사하는 것에 대해 자부심과 긍지를 느낀다.					
2	나는 교직에 대한 강한 소속감을 느낀다.					
3	나는 교사가 된 것을 만족스럽게 생각한다.					
4	나는 우리 학교에서 가족의 한 사람인 것 같은 감정을 느낀다.					
5	나는 우리 학교가 발전되기를 진심으로 바란다.					
6	나는 우리 학교의 문제가 실제로 나의 문제로 생각한다.					
7	내가 교직을 떠난다면 동료교사들에게 도의적으로 미안한 생각이 들 것이다.					
8	내가 지금 교직을 떠난다면 죄책감을 느낄 것 같다.					
9	나는 개인적 이익을 위해서 교직을 떠나는 것은 옳지 않다고 생각한다.					
10	내가 지금 교직을 떠나면 나에게 개인적으로 손해가 크다.					
11	내가 지금 교직을 떠난다면 나의 생활이 혼란될 것이다.					
12	내가 다른 직업을 선택한다면 그 직장은 지금과 같지 않다.					

8) 교사헌신

교사헌신은 학교조직에서 개인의 이해를 넘어서 조직의 이해와 성공을 위해 전념하는 교사의 의지를 말한다. Reyes(1992)는 교사헌신을 '학교목표 및 가치에 대한 개별교사의 심리적 동일시와 조직구성원의 신분을 유지하고, 개인적인 이해를 뛰어넘어 직무에 전념하고자 하는 교사의 의지'(pp. 153－154)라고 정의하고 있다. Ingersoll

등(1997)은 교사헌신을 '교사와 학교 사이의 긍정적 · 심리적 유대의 정도'(p. 11)로 정의하고 있다. 또한 교사헌신은 그 대상에 따라 수업헌신, 학생헌신, 조직헌신 등으로 구분된다(홍창남, 2006). 수업헌신은 교사들이 가르치는 일에 대하여 갖고 있는 심리적 애착의 수준을 말한다. 학생헌신은 학생들의 학문적 성취도나 그들의 사회경제적 지위에 관계없이 학생들의 학습활동을 돕거나, 교실에서 학생들의 사회적 관계를 증진하는 활동을 말한다. 조직헌신은 학교조직에 대한 교사의 심리적 애착 정도를 말한다. 이러한 교사헌신은 교사의 성별이나 교직경력과 같은 인구통계학적 변인뿐만 아니라, 교수 효능감이나 긍정적 피드백과 같은 사회심리적 변인의 영향도 크게 받는다. 노종희(2004)는 교사의 헌신은 그가 근무하고 있는 학교의 특성에 의해서 영향을 받는다고 하였다. 그는 교사헌신에 영향을 주는 학교 수준 변인으로 설립유형, 학교소재지, 평준화여부, 총 교사 수, 자율성, 학교경영참여, 협력성, 학생행동관리, 학습기회, 교장지도성 등이 포함될 수 있다고 보았다.

노종희(2004)의 교사헌신 척도

전문의식(1－5), 교육애(6－10), 열정(11－15)

번호	문 항	전혀 그렇지 않다	그렇지 않다	보통 이다	그렇다	매우 그렇다
1	나는 교사가 된 것을 자랑스럽게 생각한다.					
2	나는 가르치는 일에 만족한다.					
3	나는 교직이 내 인생에서 최선의 선택이었다고 생각한다.					
4	나는 교사로서 계속 근무하고 싶다.					
5	나는 교육이 어느 일보다 숭고하다고 생각한다.					
6	나는 학생 개개인의 학력향상에 최선을 다한다.					
7	나는 학생 개개인을 하나의 인격체로 대우한다.					
8	나는 학생 개개인의 품성계발을 최대한 돕는다.					
9	나는 개개 학생들의 특성을 교수학습에 반영한다.					
10	나는 개개 학생들의 변화에 항상 관심을 기울인다.					

11	나는 학생들과 과외활동을 자주 한다.					
12	나는 학생들의 문제해결에 많은 시간을 투입한다.					
13	나는 수업능력 향상을 위해 각종 연수에 참여한다.					
14	나는 학습부진아를 위해서 별도의 시간을 낸다.					
15	나는 교재연구에 많은 시간을 할애한다.					

3 성격

1) 성격의 개념과 특성

성격(personality)은 한 개인이 타인에 대해 반응하고, 타인과의 관계에서 상호작용하는 모든 방식의 총체를 의미한다. 성격특성(personality trait)은 다양한 상황에서 일관성 있고 빈번하게 발생하는 특성이며, 이는 MBTI(Myers-Briggs Type Indicator)와 Big-Five Model이 있다. 성격의 측정은 각 개인이 일련의 문항에 대해 평가하는 자기보고 설문법(self-report survey)과 동료나 다른 사람이 평가를 하는 관찰자 평가 설문법(observer-rating survey) 등이 있다(George & Jones, 2015; Robbins & Judge, 2011).

(1) MBTI(Myers-Briggs Type Indicator)

MBTI는 특정 상황에서 일반적으로 사람들이 느끼고 행동하는가에 관해 질문하는 100가지 성격테스트로 이루어져 있고, 외향적－내향적, 감각적－직관적, 사고적－감정적, 판단적－지각적 등 네 가지 특징을 조합하여 사람의 성격을 16가지로 구분한다.

① **외향적(extraverted)와 내향적(introverted)**: 외향적인 사람은 사교적이고 사회성이 있으며 적극적이다. 내향적인 사람은 조용하고 수줍음을 잘 탄다.

② **감적적(sensing) 및 직관적(intuitive)**: 감각적인 사람은 현실적이며 일상적이고 규칙적인 것을 선호한다. 따라서 그들은 세밀한 것에 초점을 둔다. 직관적인 사람은 무의식적 프로세스에 의존하면서 상대적으로 "큰 그림"을 본다.

③ **사고적(thinking) 및 감정적(feeling)**: 사고적인 사람은 문제를 해결하기 위해 이유와 논리를 사용한다. 감정적인 사람은 자신의 개인적 가치와 감정에 의존한다.

④ **판단적(judging) 및 지각적(perceiving)**: 판단적인 사람은 통제를 중시하고, 주변이 정돈되어 체계화된 것을 선호한다. 지각적인 사람은 사고가 유연하며 자발적이다.

16가지 성격유형 중 몇 가지 예시를 보면 다음과 같이 제시될 수 있다.

① **내향적－직관적－사고적－판단적 유형**: 비전을 지향하는 사람으로, 자신의 생각이나 목적을 이루기 위한 강한 동기를 가지고 있고, 회의적, 비판적, 독립적이며 단호하고 완고하다.

② **외향적－감각적－사고적－판단적 유형**: 조직화를 지향하는 사람으로, 현실적, 논리적, 분석적이고 단호한 사업가나 기술자의 자질을 가지고 있으며, 계획을 미리 수립한 후 일을 추진하는 스타일이다.

③ **외향적－직관적－사고적－지각적 유형**: 개념화를 지향하는 사람으로, 혁신적, 개인적이며 다재다능하고 도전적인 사고를 하며, 어려운 문제를 해결하는 데 유능하지만 일상업무의 수행에 있어서는 다소 뒤떨어지는 편이다.

MBTI 검사 주소 https://goo.gl/xyyXZn

(2) Big-Five Model

Big-Five Model은 다음과 같은 다섯 가지 차원으로 성격을 측정하는 모델이다.

① **외향성**(extroversion): 외향적 성격 차원은 사람들이 많은 관계 안에서 느끼는 편안함의 정도를 다룬다. 외향적 성향의 사람은 사교적이고 단정적이며 친화적이 뛰어난 데 비해, 내향적인 성향의 사람은 수줍어하고 소심하며 조용하다.

② **친화성**(agreeableness): 친화적 성격 차원은 다른 사람들에게 양보하고 순응하는 성향을 의미한다. 친화성이 높은 사람은 협력적이고 따뜻하며 남을 잘 믿는 데 비해, 친화성이 낮은 사람은 차갑고 까다로우며 적대적이다.

③ **성실성**(conscientiousness): 성실한 성격 차원은 신뢰성에 대한 것이다. 성실성이 높은 사람은 책임감이 있고 규칙적이며 믿음직스럽고 우직한 데 비해, 성실성이 낮은 사람은 쉽게 이성을 잃는 편이고 산만하며 믿음직스럽지 못하다.

④ **감정안정성**(emotional stability): 감정적 안정과 관련된 성격 차원은 스트레스에 견디는 개인의 능력과 관계된다. 감정이 안정된 사람은 온화하고 자신감이 있으며 안전한 데 비해, 감정안정성이 낮은 사람은 신경질적이고 우울하며 불안전하다.

⑤ **개방성**(openness to experience): 개방적 성격 차원은 새로운 것에 대한 관심

과 흥미를 나타낸다. 개방성이 높은 사람들은 창의적이고 호기심이 많으며 예술적 감수성이 있다. 반면, 반대성향의 사람들은 보수적이고 익숙한 환경에서 편안함을 느낀다.

대부분의 연구는 믿음직하며 신뢰할 수 있고, 주의 깊으며 철저하고, 계획적이며 규칙적이고, 근면하며 인내심 있고 성취 지향적인 사람은 전반적으로 높은 성과를 내는 경향이 있다고 본다. 또한 성실성이 높은 사람은 담당직무에 더욱 많은 노력을 기울이므로 높은 수준의 직무지식을 익히게 되며, 그 결과 직무성과도 향상된다고 본다. 빅파이브 성격모델의 조직에서의 활용은 다방면으로 접근될 수 있다. 예를 들면, 조직의 성공에 필요한 사람을 선발하고 배치하는 경우를 들 수 있다.

빅파이브 검사 주소 http://rosinality.ncity.net/survey/

2) 성격과 직무 및 조직과의 관계

개인의 성격에 따라 개인이 수행하는 직무 및 조직은 관계가 있을까? 조직행동 연구자들은 직무 및 조직의 직무수행이나 그 성과는 개인의 성격에 따라 달라질 수 있다는 것이 일반적인 견해이다. 여기서는 개인-직무 적합성 및 개인-조직 적합성을 살펴본다.

(1) 개인-직무 적합성(personality-job fit theory)

개인-직무 적합성은 Holland의 성격-직무 적합성으로, 여섯 가지 유형의 성격을 통해 직무만족과 이직률을 결정할 수 있다는 이론이다. 이 이론은 개인 간의 성격에는 본질적인 차이가 있고, 직무에는 다양한 유형이 있으며, 자신의 성격유형과 부합하는 직무환경에 있는 사람은 그렇지 않은 사람보다 더 만족하며, 자발적인 이직률이 상대적으로 낮다는 기본가정을 견지한다. Holland는 현실형, 탐구형, 친화형, 보수형, 사업형, 예술형으로 구분하여 성격 특성과 그에 적합한 직업을 제시하였다.

표 7-1 Holland의 성격유형에 따른 직업분류

	유 형	성격 특성	적합한 직업
현실형	기술, 체력, 조정을 바탕으로 한 육체적 활동을 선호	소심, 성심, 고집, 안정, 순응, 실용적	정비공, 선반공, 조립공, 농부
탐구형	사고력, 조직력, 이해력이 요구되는 활동을 선호	분석, 호기심, 독립, 독창적	생물학자, 경제학자, 수학자, 보도기자
친화형	다른 사람을 도와주고 육성시키는 활동에 주력	사교, 친절, 이해, 협력적	사회봉사, 교사, 상담가, 임상심리학자
보수형	제도적 규제와 질서, 명명백백한 활동을 선호	확인, 인률, 실용, 상상력, 부재, 비탄력적	회계사, 기업관리자, 은행출납원, 사무서기
사업형	상대방에 대한 영향이나 언변 활동을 선호	자신감, 야망, 오만, 청력적, 권력 지향적	변호사, 부동산 중개업자, 대외홍보 전문가, 중소기업 관리자
예술형	창조적이고 비체계적인 모호한 활동은 선호	상상력, 무질서, 실용, 이상, 감성적	화가, 음악가, 작가, 실내장식가

(2) 개인-조직 적합성

개인-조직 적합성은 사람들이 자신의 가치와 어울리는 조직에 이끌리고 선발되는 데 비해, 자신의 성격과 맞지 않는 조직을 떠난다고 보는 입장이다. 이는 조직의

문화와 종업원의 성격 간 적합성 여부에 관심을 갖는다. 예를 들어, 빅파이브 모델 관점에서 보면, 외향적인 사람은 공격적이고 팀 지향적 조직문화가 더 적합하고, 새로운 것이나 체험에 개방적인 사람은 표준화보다 혁신을 강조하는 조직에 더 적합할 수 있다는 것이다.

3) 성격과 관련된 조직행동 변수

(1) 교사효능감

교사효능감(teacher efficacy)은 주어진 교육목표를 달성하는 데 필요한 행동과정을 조직하고 실행할 수 있는 능력에 대한 교사의 신념, 즉, 특정한 맥락에서 특정한 교수과제를 성공적으로 달성하는 데 필요한 행동과정을 조직하고 실행하는 능력에 대한 신념을 말한다. 교사효능감은 교사가 학생들을 효율적으로 가르칠 수 있다는 능력을 지니고 있다는 신념이라고 할 수 있다(Bandura, 1997). 교사효능감은 개인효능감과 집단효능감으로 구분된다(Hoy & Miskel, 2013). 김아영(2012)은 효능감이 높은 개인 교사의 특징을 제시했다. 첫째, 학생을 가르치는 일이 중요하고 의미있다고 생각하고, 교사 자신이 학생의 학습에 긍정적인 영향을 미쳤다고 판단하면 개인적인 성취감을 경험한다. 둘째, 학생이 발전하기를 기대하고 학생의 학습에 대한 개인적 책임감을 갖고 학생들에게 도움이 되는 교수법을 찾는다. 셋째, 학습목표 결정에서도 민주적인 방법을 도입해서 학생들과 함께 전략을 세우고 결과에 대해 긍정적인 태도를 가지며, 자신이 학생들의 학습에 영향을 미칠 수 있다고 확신한다. 넷째, 학교의 행정적인 일을 수행할 때 도전적이고 모험적인 상황에서도 타협하거나 물러나지 않고, 바람직한 방향으로 나아가기 위한 구체적이고 도전적인 목표를 선택한다. 다섯째, 교사효능감은 교수활동과 교육과정에 대한 일반적인 시각에도 영향을 미쳐서 교사는 이에 따라 학생들을 지도한다.

Tschannen-Moran, Woolfolk과 Hoy(2000)의 교사효능감 척도

교육지원(1－6), 수업관리(7－10), 교수전략(11－15), 과제난이도(16－20)

번호	문 항	전혀 그렇지 않다	그렇지 않다	보통이다	그렇다	매우 그렇다
1	학습에 별 관심이 없는 학생들에게 동기를 부여할 수 있다.					
2	학생들이 자발적으로 학습목표를 세우고 목표달성을 위해 매진할 수 있게 도와줄 수 있다.					
3	학생들에게 학습에 관한 자신감을 심어줄 수 있다.					
4	학생들에게 학습을 함으로써 얻는 잠재적 이점과 가치에 관하여 알려줄 수 있다.					
5	학생의 학습에 관한 욕구를 파악하고 적절하게 수업에 반영할 수 있다.					
6	만일 학생이 평소보다 더 잘했다면 그것은 내가 더 많은 노력을 기울였기 때문이다.					
7	수업 중 방해되는 행동을 효과적으로 통제할 수 있다.					
8	학생들의 수업 참여율을 높게 유지하도록 할 수 있다.					
9	발표, 토론, 협동학습 등을 통하여 학생들 간의 긍정적 상호작용을 높일 수 있다.					
10	친절하고 일관성 있는 태도로 학생들을 대할 수 있다.					
11	효과적이고 재미있는 방법으로 가르칠 수 있다.					
12	학생의 특성에 맞춰 적절한 맞춤식 교육을 진행할 수 있다.					
13	학생의 수준이나 필요에 따라 수업을 진행할 수 있다.					
14	학생의 학업성취에 대해 공정한 평가를 하고 적절한 피드백을 제공할 수 있다.					
15	학생의 학습에 관한 이해도와 관심도를 높이기 위해 여러 가지 사례와 경험담을 들려줄 수 있다.					
16	가정환경이 불우한 학생들을 지도하기 위하여 지속적으로 노력한다.					

17	업무가 많을지라도 가르치는 보람이 있는 학년을 맡고 싶다.					
18	어렵거나 도전적인 계발활동 지도를 해보는 것은 재미있는 일이다.					
19	만일 학급을 선택할 수 있다면 다루기 어려운 학생들이 많은 반을 선택할 것이다.					
20	새로 부임한 교사와 같이 있을 때에는 내가 먼저 대화하기를 좋아한다.					

(2) 마키아벨리즘

마키아벨리즘(Machiavellism)은 "도움이 된다면 이용하라.", "나는 승진을 위해서라면 어떤 일이라도 할 준비가 되어 있다."라는 말처럼 개인의 실용주의적 성향을 말한다. 감성 억제력 및 목적달성을 위해 수단이 정당화될 수 있다고 믿는 수준을 말한다. 마키아벨리즘 성향이 강한 개인은 독단적이면서 감성적 거리를 잘 유지하며, 목적이 수단을 정당화할 수 있다고 믿는다. 또한 남을 잘 구슬리고 쟁취를 잘하며 남을 잘 설득한다. 또한 자기의 직무를 별로 좋아하지 않으며, 오히려 일 때문에 스트레스를 많이 받고 일탈적 직장행동을 저지를 때가 많다.

(3) 나르시시즘

나르시시즘(narcissism)은 엄청난 자존심을 갖고 지나친 칭찬을 요구하며, 자신이 특권적 자격을 지닌 것으로 여기는 성향이다. 자기애가 강한 사람일수록 카리스마가 강하므로 리더로 부각되기 쉬우며, 나아가서는 스스로가 인정하듯이 강심장을 가진 사람으로 보일 수 있다. 또한 남들로부터 존경을 받으려하고 자신의 우월성을 확인하려 하기 때문에 자신에게 위협을 가하는 사람을 경멸하고, 다른 사람들도 마치 하인처럼 대하는 성향이 있다. 자기본위 의식이 강하고 자신의 이익만 추구하며 남들은 오로지 자기를 위하여 존재하는 것처럼 생각한다.

(4) 자기감시성향

자기감시성향(self-monitoring)은 자신의 행동을 외부상황적 요인에 적응시키는 개인의 능력이다. 자기감시를 잘하는 사람은 자신의 행동을 외적인 상황요인에 적응시키는 능력이 뛰어나다. 그들은 외부정보에 무척 민감하고, 상황마다 다르게 행동할 수 있다. 또한 그들은 타인의 행동에 더 신경을 쓰고 자신을 맞추려는 경향이 있다.

Gangestad & Snyder(1985)의 자기감시성향 척도

그렇다(4, 5, 6, 8, 10, 12, 17, 18), 아니다(1, 2, 3, 7, 9, 11, 13, 14, 15, 16)에 해당되는 번호에 체크가 많을 때 자기감시성향이 높은 것이다.

번호	문 항	그렇다	아니다
1	나는 다른 사람의 행동을 모방하는 것이 어렵다.		
2	파티와 같은 사교 모임에서, 나는 다른 사람들이 좋아할 만한 말을 하거나 행동을 하지 않는다.		
3	나는 내가 이미 믿고 있는 것이 아니면 받아들이려고 하지 않는다.		
4	나는 거의 정보가 없는 주제에 대해서도 즉석에서 설명할 수 있다.		
5	나는 다른 사람들을 즐겁게 해주는 편이다.		
6	나는 아마 좋은 연기자가 될 수 있을 것 같다.		
7	사람들이 많이 모인 곳에서 나는 주변적인 인물이다.		
8	낯선 상황에 있거나 낯선 사람들과 함께 할 때, 나는 평소의 내 모습처럼 행동하지 못한다.		
9	나는 다른 사람들이 나를 좋아하도록 일부러 노력하지 않는 편이다.		
10	나는 다른 사람들이 좋아하는 대로 일부러 나 자신을 바꾸려고 하지 않는다.		
11	나는 누군가 때문에 나의 의견이나 내가 행동하는 방식을 바꾸지 않는다.		
12	나는 엔터테이너가 되는 것 같다.		
13	나는 즉흥 연기와 같은 게임에서 좋은 성적을 내지 못한다.		

14	나는 다른 사람들이나 다른 상황에 맞추기 위해 행동하는 것이 어렵다.		
15	파티에서 다른 사람들이 농담을 하거나 이야기를 할 때 주로 듣는 편이다.		
16	나는 대중 앞에 있는 것이 어색하고 내가 해야 하는 만큼 잘 보여주지 못한다.		
17	나는 다른 사람의 눈을 보며 거짓말을 할 수 있다.		
18	나는 내가 싫어하는 사람들 앞에서 친한 척을 하며 속일 수 있다.		

출처: George & Jones(2015). p. 45.

(5) 적극적 성격

적극적 성격(proactive personality)은 기회를 포착하여 주도권을 갖고서 상당한 수준의 변화를 가져올 때까지 추진력 있게 행동하는 특성을 말한다. 적극적인 사람은 자신의 일에 대한 만족도가 높으며, 폭넓은 관계를 구축해 온 만큼 남의 일도 함께 도와주는 성향이 강하다. 상황이 자신의 기호에 맞지 않을 때는 불만을 제기하고, 현 실태에 극복하기 위해 도전하기도 한다.

(6) 타인지향성

타인지향성(other-orientation)은 어떤 사람은 타인의 행복과 느낌을 배려하는데, 다른 사람은 합리적이고 이기적이다. 타인지향성이 높은 사람은 과거에 자신을 도운 사람을 도와주어야 한다는 부담이 강한 반면, 개인지향성이 높은 사람은 향후 자신을 지원해 줄 것이라고 기대하는 사람을 도와주려는 성향이 강하다.

(7) 위험감수성향

위험감수성향(taking-risk)은 위험이 닥쳐올 때 이를 받아들이려는 경향이다. 높은 위험부담의 성향은 신속하게 의사결정하고 사용한 정보량은 적은 경향을 보인다.

(8) 통제소재

통제소재(locus of control)는 사람들은 자신이 속해 있는 상황이나 일들에 대해서 자신이 얼마만큼의 통제능력을 지니고 있는지를 의미한다. 통제소재는 외부통제소재(external locus of control)와 내부통제소재(internal locus of control)로 구분된다. 외부통제소재를 가진 사람들은 어떤 일이 발생할 때 운명, 운 또는 외부적인 힘에 책임이 있다고 믿는 경향이 높고, 내부통제소재가 높은 사람은 능력이나 노력, 또는 자신의 행동이 어떤 일이 발생하도록 했다고 믿는 경향이 높다.

(9) 유형 A와 유형 B 성격

성취하고자 하는 것에 강한 집착을 지니는 유형 A를 지닌 사람은 매우 경쟁적이며, 성격이 급하고 참을성이 없으며 공격적일 수도 있다. 이러한 사람은 단기간에 많은 일을 하고자 하며 매우 의욕적이다. 또한 자주 다른 사람들을 방해하며 참을성이 없어서 다른 사람들의 말을 끊기도 한다. 반면, 유형 B를 지닌 사람은 보다 여유 있고 온순하다. 유형 A 관리자들은 유형 B인 관리자보다 부하와 동료 사이에 더 많은 갈등을 겪고 팀 업무보다 혼자 일하기 좋아하며, 결과를 빨리 확인하고자 하기 때문에 장기적인 상황이나 프로젝트에서 잘 적응하지 못할 수 있다.

(10) McClelland의 성취욕구, 친교욕구, 권력욕구

① 성취욕구(need for achievement): 도전과제를 잘 수행하고자 하며, 자신에 대한 타인의 높은 기대를 충족시키고자 하는 욕망이다. 성취욕구가 높은 사람은 업무와 관련하여 발생하는 일들에 대해 스스로 책임을 지고, 성과에 대해서도 피드백을 받기를 원한다. 또한 강한 목표지향성을 지니며 적절한 수준의 위험을 감수하려는 성향을 보인다. 그래서 높은 업무성과를 보이는 경향이 있다.

② 친교욕구(need for affiliation): 다른 사람과 좋은 관계를 맺고 유지하고자 하는 욕망이다. 친교욕망이 높은 사람은 타인이 자신을 좋아해주길 바라고, 다른 사람들과 서로 잘 지내며, 집단으로 일하기를 좋아하고 갈등행동을 피하려는 경향이 있다. 하지만 동료나 부하직원에게 부정적 피드백 등을 하지 못하거나 사람들의 비위나 눈치를 보면서 직무효과를 떨어뜨릴 수 있다는 문제도 있다.

③ **권력욕구**(need for power): 다른 사람들에게 정서적, 행동적 영향력을 발휘하고자 하는 욕망이다. 권력욕구가 높은 사람은 관리적 직무나 리더로서 역할을 수행하는 경향이 높다.

Chapter

08

교육조직행동: 조직 내 개인(2)

1. 지각
2. 감정

1 지각

1) 지각의 개념과 요소

지각(perception)은 개인이 감각기관(시각, 청각, 촉각, 후각, 미각)을 통해 얻은 정보를 선택, 조직, 이해하는 과정이다. 사람들은 이를 통해 주변 환경과 사건들, 인물들에 대한 생각을 구성 조합하여 해석한다. 지각은 지각자, 지각대상, 상황의 세 가지 요소로 구성된다. 지각자(perceiver)는 본인이 관찰한 것 혹은 감각기관을 통해 기억된 자극을 이해하려고 노력하는 사람을 말한다. 지각대상(target of perception)은 지각자가 이해하고자 하는 모든 것이다. 대상은 타인, 집단 내의 구성원, 사건, 상황, 생각, 소리, 혹은 지각자가 주목하고 있는 모든 것을 포함한다. 상황(situation)은 지각이 발생할 수 있는 모든 환경을 말한다. 예컨대 회의, 자료 등이다.

조직에서 이루어지는 지각은 객관적이고 정확하게 이루어져야 한다. 하지만 지각자는 상황에 대해 자신의 주관과 편견과 해석기준에 따라 지각할 수 있다. 즉, 지각은 상대적이고 주관적으로 이루어진다. 이러한 예는 조직 내에서의 동기, 보상, 공정성 지각에서 찾아볼 수 있다. 만일 관리자들은 직원들의 정확한 성과를 이해하여 보상한다면, 직원의 사기진작과 협업 및 만족을 높일 수 있다. 한편, 만일 직원의 성과를 정확히 지각하지 못하고 실적이 뛰어난 직원에게 보상이 적절하게 이루어지지 않는다면, 종업원들은 불공평한 대우를 받았다고 생각할 수 있다.

2) 지각에 영향을 미치는 요인

지각자는 도식(schema)를 통해 지각한다. 도식은 과거의 경험이나 다양한 출처로부터 얻어낸 추상적인 지식구조로서, 이를 통해 사람들은 주어진 지각대상의 정보를 체계화하고 이해할 수 있다. 즉, 사람들은 대개 과거의 경험이나 다양한 출처로부터 얻어낸 지식에 근거하여 새로운 인물이나 상황을 이해하고 해석한다. 사람들은 도식 때문에 정확한 지각을 할 수도 있지만, 틀린 판단도 할 수 있다. 그래서 도식의 역기능들을 고려할 필요가 있다. 이들 역기능의 예로서 고정관념(stereotype)을 들 수 있다. 고정관념은 특정 집단의 전형적 특징에 대해 가지는, 일련의 단순화되고 부정확한 신념이다. 즉, 인종, 성, 나이에 대한 고정관념에 의해 부정확한 판단으로 불공정한 보상과 대우를 할 수 있다.

지각자의 동기상태도 영향을 비친다. 지각하는 당시 지각자의 수요, 가치, 욕구도 그러하다. 사람들은 자신이 원하는 동기에 해당되는 것에 주의를 기울이고 지각한다. 이런 이유로 동기상태 역시 부정확한 지각과 의사결정을 유발할 수 있다. 만일 교장이 한 교사를 호의적으로 생각이 들면, 성과평가에서 후한 점수를 주기 쉽다. 만약 사이가 나쁘다면 어떤 수단과 방법을 강구하더라도 그 교사에게 불리한 평가를 할 수도 있다.

지각자가 느끼는 기분은 대상에 대한 지각에 영향을 미친다. 즉, 사람들은 기분이 좋을수록 동료교사와 교장, 심지어 직무에 대해 더 긍정적으로 생각하는 경향이 있다. 또한 지각대상과 상황적 요소는 지각에 영향을 미친다. 지각대상의 모호성, 사회적 지위, 대상의 인상관리, 상황으로부터 얻은 정보, 상황적 가시성 등에 의해 영향을 받는다.

첫째, 지각대상이 모호할수록 정확하게 지각하는 일이 어려워지고 착오가 생길 확률이 높다. 지각대상이 모호할 경우 구성원들은 본인들의 의사결정에 대해 서로의 의견과 정보를 공유하고 이해할 필요가 있다.

둘째, 사람들은 높은 사회적 지위에 오른 사람일수록 더욱 똑똑하고, 믿음직스럽고, 아는 것도 많고, 책임감이 강하다고 생각하여 책임을 맡기려는 경향이 높다.

셋째, 다른 사람의 지각이나 인상에 영향을 주기 위해 시도하는 인상관리는 지각에 영향을 미친다. 예를 들면, 교사들은 규범이나 비공식적인 규칙을 준수함으로써 인상관리할 수 있다. 학교 퇴근시간인 4시 30분 이후에도 남아서 일하는 것, 의상을 잘 갖추어 입는 것 등을 들 수 있다.

넷째, 지각자와 대상이 처한 상황도 지각하는 데 많은 정보들을 제공한다. 예를 들면, 수업이 있는 시간, 행정업무를 한가한 시간과 분주한 시간에 있어서 직원들의 행동을 관찰하면 그 상황으로 인해 고객관리 성과에 대한 지각이 달라질 수 있다.

다섯째, 대상이 사람들 혹은 사물들 사이에서 얼마나 뚜렷하게 드러나는가를 말하는 가시성도 지각에 영향을 미친다. 예를 들면 청일점(다수 여교사 사이에 소수 남교사), 홍일점(다수 남교사 사이에 소수 여교사)이 그 예이다.

3) 대인지각에서의 편향

편향이란 지각대상에 관한 오류적인 지각을 형성하는 쪽으로 정보를 이용 및 이해하는 체계적인 성향이며, 초기효과, 비교효과, 후광효과 등 편향들이 있다. 대인지각에서 편향이 존재하는 이상 지각자는 대상에 대해 잘못된 지각을 형성하게 된다. 지각이 부정확하다면, 의사결정 역시 부적합할 가능성이 커진다. 예를 들면, 능력이 부족한 교사가 승진하고, 유능한 교사지원자가 면접관으로부터 낮은 점수를 받을 수 있다. 편향의 존재를 의식하고 있는 구성원일수록 부정적 행동과 잘못된 의사결정을 예방할 수 있다.

표 8-1 대인지각에서의 편향과 사례

편 향	설 명	사 례
초기효과	대상을 지각, 평가함에 있어서 처음에 들어온 정보가 가장 중요한 역할을 하는 것	면접관들은 면접시작 후 단 몇 분 내에 입사지원자가 적합한지를 결정한다.
대조효과	여타 대상에 대한 지각자의 지각이 현 대상에 대한 지각에 영향을 미치는 것	평균적 성과를 기록한 직원이 최하위권의 성과를 기록한 팀에 속해 있을 때와 최상위권의 팀에 속해 있을 때 서로 다른 평가를 받는다.
후광효과	대상에 대한 전반적인 인상이 그 외 모든 특징에 대한 지각에 영향을 주는 것	어느 한 직원을 전반적으로 좋게 생각하는 관리자는 그 직원이 사실은 착오와 지각을 자주 하는데도 일을 꼼꼼히 하고 시간을 잘 지킨다고 생각한다.
유사효과	지각자는 자신과 유사하다고 생각하는 사람을 그렇지 않은 사람에 비해 더욱	관리자는 자기와 비슷한 직원을 더욱 긍정적으로 평가한다.

	긍정적으로 평가한다는 것	
엄격화, 관대화, 중심화 경향	어떤 지각자는 지나치게 엄격하고 어떤 지각자는 지나치게 관대하다. 대다수 지각자는 평균에 치우치는 성향을 보이는 것	직원의 성과를 평가함에 있어서, 어떤 관리자는 지나치게 엄격한 평점을 주는가 하면 지나치게 관대하게 평가하는 관리자도 있다. 또 어떤 관리자들은 모든 직원에게 평균점수를 주기도 한다.
예측치의 효과	성과의 선행요인이 될 수 있는 항목에서 지각대상자가 어떠한 성과를 이루었다는 사실을 알게 되면, 그 대상에 대한 지각에 영향을 받는 것	한 학생의 성적이 매우 높다는 것을 알면, 교사는 그 학생이 실제보다 더 똑똑하다고 생각한다.

2 감정

1) 감정, 정서, 기분의 차이

감정을 이해하기 위해서는 정서, 감정, 기분의 차이를 이해해야 한다. 정서(affect)는 사람들이 체험하는 넓은 범위의 느낌(feeling)을 말한다. 감정(emotion)은 사람(예: 직장에서 친구를 만나면 즐거움을 느끼는 것)이나 사건(예: 무례한 고객을 접하면 화가 치밀어 오르는 것)을 대상으로 한 강렬한 느낌이다. 소위 말하는 분노, 공포, 슬픔, 행복감, 혐오, 놀람 등을 일컫으며 식별되는 얼굴표정을 동반한다. 기분(mood)는 감정보다는 약한 상태의 느낌으로 자극의 원인이 불분명하다. 또한 일반적으로 뚜렷하게 표현되는 모습을 동반하지 않고 인지적 속성이 강하다.

감정은 순간적, 잠시 동안 유지되는 경향이 있지만 기분은 비교적 오래 지속된다. 기분은 특정 감정보다는 전반적인 감정을 다루며 긍정적 정서와 부정적 정서로 분류한다. 긍정적 정서(positive affect)는 흥분, 자신감, 흥겨움 같은 긍정적 감정과 권태감, 지루함, 피로감 같은 낮은 긍정적 감정으로 구성된 기분 상태이다. 부정적 정서(negative affect)는 신경질, 스트레스, 근심 같은 높은 부정적 감정과 느슨함, 평온함, 균형감 같은 낮은 부정적 감정으로 구성된 기분 상태이다. 강한 부정적 감정을 유발하는 사건은 강한 긍정적 감정을 유발하는 사건보다 약 5배나 더 지속된다. 그리고 부정적 체험을 긍정적 체험보다 더 쉽게 상기한다.

2) 감정에 영향을 미치는 변수

감정은 성격, 시간, 날씨, 스트레스, 수면상태, 나이 등 여러 변수의 상태에 따라 달라지는 경향을 보인다. 감정에 영향을 미치는 변수를 제시하면 다음과 같다.

① **성격**: 사람들은 대부분 특정한 기분이나 감정을 표현하는 타고난 성향을 갖는다. 또한 사람들은 동일한 감정이라도 정서강도(affect intensity)가 다르다. 정서적으로 강한 사람은 그렇지 않은 사람보다 긍정적이든 부정적이든 감정을 보다 심도 있게 표현한다.

② **주간별 요일과 하루의 시간대**: 부정적 기분은 일요일과 월요일에 최고조로 올라갔다가 화요일부터 계속 내려가고, 긍정적 기분은 주말에 최고조에 달한다. 부정적 기분은 하루 종일 별다른 변화를 보이지 않지만, 긍정적 기분은 하루의 중간지점(정오쯤)부터 최고조에 달한다. 이런 경향이라면 월요일 아침에 상대방에게 부탁을 하거나 좋지 않은 소식을 전하는 것은 적합하지 않으며, 학교 내 상호작용(회의 등)은 시간이 좀 정오 근처부터, 그리고 주중보다는 주말 가까이(목, 금)에서 실시하는 것이 효과를 증대할 수 있다.

③ **날씨**: 일반적으로 기분에 거의 영향을 미치지 않는다고 많은 연구에서 검증되고 있다. 그러나 사람들은 날씨가 감정이나 기분에 영향을 미친다는 착각상관을 갖는다. 착각상관(illusory correlation)은 실제로 아무런 관련이 없는 두 가지 사건을 연계할 때 발생한다.

④ **스트레스**: 기분이 불쾌한 이메일, 임박한 마감일정, 큰 거래를 놓쳤거나 교장에게 호통을 들을 때 같은 스트레스는 기분에 부정적인 영향을 미친다. 즉, 스트레스가 고조되면 기분은 저하되며 부정적인 감정을 갖는다.

⑤ **사회적 활동**: 육체적 활동(예: 함께 등산하는 것), 비공식적 활동(예: 파티에 참석하기), 식도락활동(예: 함께 식사하기) 등은 공식적 활동(예: 회의 참석), 앉아 있는 활동보다는 더 강한 긍정적 분위기를 느끼게 한다.

⑥ **수면**: 숙면은 기분에 영향을 미친다. 잠을 설치거나 부족하면 의사결정이 흐려지며 감정통제가 어렵고, 피로감이나 성가심과 함께 민첩성이 부족해지면서 직무만족 수준이 저하된다.

⑦ **나이**: 부정적 감정은 나이가 들면서 줄어든다. 또한 나이가 들수록 긍정적 기분이 지속되는 시간이 더 길며, 반면에 부정적 기분은 바로 사라진다.

⑧ **성별**: 여성이 남성보다 더 많은 감정적 표현을 한다. 여성이 분노를 제외하고는 대부분의 감정을 보다 강하게 경험하고 더 오래 간직한다. 또한 남성은 분노와 같은 감정을, 여성은 슬픔과 공포와 같은 감정을 강하게 보이는 경향이 있다.

3) 감정노동

감정노동(emotional labor)은 직무상 대인간의 상호작용이 이루어지는 동안 교사들이 조직 차원에서 바라는 감정을 표현하는 상황이다. 예를 들면, 호텔리어나 스튜어디스는 밝고 명랑해야 하며, 장례사는 애도와 슬픔을 표현해야 하며, 의사는 중립적이어야 한다. 그렇다면 교사는 어떤 감정을 표현하는가? 일반적으로 감정노동이 강하게 요구되는 부서의 직원은 그렇지 않은 부서의 직원보다 스트레스와 탈진을 더 경험하는 것으로 나타났다.

감정노동을 이해하려면 감정부조화를 알아야 한다. 감정부조화(emotional dissonance)는 사람들이 느끼고 있는 감정과 보여주어야 할 감정 간의 불일치이다. 실제 다른 느낌이어도 주어진, 요구된 감정을 보이는 것이다. 이때 실제 느끼는 감정을 감지된 감정(felt emotion)이라 하며, 조직이 구성원에게 담당직무에 맞게 보이도록 요구하는 감정을 연출된 감정(displayed emotion)이라고 한다. 즉, 장례식장에서는 고인에 대한 상실감 여부에 관계없이 애도를 표해야 하는 것으로 예를 들 수 있다.

이렇게 가짜 감정을 연출해 보이기 위해서는 진짜 감정을 억누르는 것이 필요하다. 이를 위해서 피상적 연기(surface acting)와 내면적 연기(deep acting)가 요청된다. 피상적 연기는 내면의 느낌을 감추고 연출법칙에 따라 감정표출을 삼가는 것이다. 가령, 자신이 전혀 그렇게 하고 싶은 느낌이 없더라도 고객에게 웃음을 보여 주는 직원은 피상적 연기를 하는 것이다. 내면적 연기는 연출법칙에 따라 자신의 진정한 내면적 느낌을 개조하려는 노력을 말한다. 가령, 웃음치료사가 진심으로 사람들을 웃기려고 노력하는 것에 해당된다. 피상적 연기는 연출된 감정과, 내면적 연기는 감지된 감정과 연결된다.

교사들은 학생 지도의 어려움에서 오는 직무 스트레스 증가로 인해 감정노동을 강하게 지각하고 있다. 한국교육신문이 2014년 3월에 실시한 '감정근로 인식조사'에서 96.5%가 감정근로를 하고 있다고 반응했다. 또한, 분노, 우울, 자존감 상실 등 감정근로 스트레스가 심각하다는 것이 78.1%에 달했다. 이러한 스트레스로 인해 91.6%는 수업 및 생활지도에 부정적인 영향을 미치며, 퇴직까지 심각하게 고려하고 있는 경우도 72.2%나 되었다(조성철, 2014. 4.). 심지어 감정근로로 인한 직무 스트레스로 인해 정신질환을 앓거나 자살까지 한 사례도 빈번하게 발생하고 있다. 최근 대법원 판례에 따르면, 근로 스트레스로 인한 자살은 공무상 재해로서 인정하고 있다(이현정, 2016, 6).

또한 한국교육개발원(2015)의 「TALIS 2015 보고서」에 따르면, 교사들은 교직에 대한 만족도가 낮고 교사가 된 것을 후회하며, 다시 직업을 선택한다면 교직 대신 다른 직업을 선택할 것이라는 반응을 보였다. 이러한 이유는 학생과 학부모의 교사에 대한 존중과 신뢰가 낮고(한국교육개발원, 2015), 학급당 학생 수나 교사 1인당 학생 수가 많거나 문제행동을 보이는 학생들이 많아 학생지도에 있어 좌절감과 무기력을 느끼고(한국교육개발원, 2014), 교원의 능력을 깎아 내리거나 경쟁과 평가일변도 정책과 과중한 행정업무로 인한 스트레스를 느끼는 것이 원인으로 판단된다(김이경, 정수현, 박호근, 박상봉, 2004).

Morris & Feldman(1996)의 감정노동 척도

감정표현의 다양성 4문항(1－4), 감정표현의 강도 4문항(5－8), 감정표현의 빈도 5문항(9－13), 감정적 부조화 7문항(14－20)

번호	문 항	전혀 그렇지 않다	그렇지 않다	보통 이다	그렇다	매우 그렇다
1	학생과 학부모에게 풍부한 감정을 표현한다.					
2	학생과 학부모에게 긍정적 또는 부정적인 감정을 표현한다.					
3	학생과 학부모에게 다양한 감정을 표현한다.					
4	학생과 학부모에게 여러 종류의 감정을 표현한다.					
5	학생과 학부모에게 내 자신의 솔직한 감정을 강하게 표현한다.					
6	학생과 학부모에게 표현하는 감정이 격한 편이다.					
7	일반적으로 학생과 학부모에게 표현하는 감정이 강하다.					
8	일반적으로 학생과 학부모에게 표현하는 감정이 부드럽다.					
9	일과 시간의 대부분 학생을 상대하며 보낸다.					
10	직무상 학생, 학부모 등 사람들와 정기적으로 만나(통화)야 한다.					
11	학생과 학부모를 응대하지 않아도 되는 일에 많은 시간을 할애한다.					
12	직업 특성상 학생, 학부모를 상대(통화)하는 일이 많다.					
13	근무시간 동안 학생이나 학부모를 만나(통화)는데 할애 한다.					
14	학생이나 학부모를 대할 때 가끔 내 감정을 있는 그대로 표현할 때가 있다.					
15	학생이나 학부모를 대할 때 솔직한 감정을 숨길 때가 가끔 있다.					
16	학생이나 학부모를 대하는 동안 실제 감정을 숨길 때가 있다.					
17	학생이나 학부모를 대할 때 실제 감정보다 더 긍정적으로 감정을 표현한다.					
18	학생이나 학부모를 대할 때 부정적인 감정을 숨긴다.					

19	학생이나 학부모를 대할 때 실제 감정과 실제 표현하는 감정이 같다.							
20	학생이나 학부모를 대할 때 실제 감정과 표현하는 감정이 다르다.							

4) 감성지능

감성지능(emotional intelligence)은 인간이 가지고 있는 심리적인 성향 중 긍정적 감정 성향으로, 자신과 타인의 감정을 평가하고 효과적으로 조절할 줄 아는 능력 및 자신의 삶을 계획하고 성취하기 위해서 그러한 정서를 활용할 줄 아는 능력이다. 감성지능이 높은 사람은 스트레스 상황이 주어지더라도 긍정적으로 평가하고, 적극적으로 문제를 해결하기 위해 노력하는 등 효과적인 대처방식을 보인다. 감성지능에 있어서 감성지능의 정의에 대한 합의가 어렵고, 측정내용이나 방법에 있어서 타당성과 신뢰성을 확보하기가 어렵다는 문제로 회의를 품는 견해도 있다.

Law, Wong, & Song(20104)의 감성지능 척도

자기감정인식(1, 5, 9, 13), 타인감정인식(2, 6, 10, 14), 감정표현(3, 7, 11, 15), 감정조절(4, 8, 12, 16)

번호	문 항	전혀 그렇지 않다	아니다	약간 아니다	보통이다	조금 그렇다	그렇다	매우 그렇다
1	나는 대부분의 시간에 내가 어떤 감정을 가지고 있는지 알 수 있다.							
2	나는 상대의 행동을 보고 친구의 감정을 알 수 있다.							
3	나는 항상 나 자신을 위한 목표를 설정하고 달성하기 위해 최선을 다한다.							
4	나는 이성적으로 문제를 처리하기 위해 기							

	분을 통제하는 편이다.							
5	나는 나 자신의 감정을 잘 이해하는 편이다.							
6	나는 다른 사람의 감정을 잘 살피는 관찰자이다.							
7	나는 항상 나 자신이 유능하다고 생각하는 편이다.							
8	나는 내 자신의 감정을 제어할 수 있는 능력을 가지고 있다.							
9	나는 내가 느끼는 것을 잘 이해한다.							
10	나는 타인의 생각과 기분에 민감하다.							
11	나는 스스로 동기부여를 잘한다.							
12	나는 화가 나도 곧 정상 상태로 돌아올 수 있다.							
13	나는 항상 최선을 다해 나 스스로를 격려한다.							
14	나는 내 주위 사람들의 감정을 잘 이해하고 있다.							
15	나는 항상 최선을 다해 나 스스로를 격려한다.							
16	나는 내 자신의 감정을 잘 통제할 수 있다.							

출처: George & Jones(2015). p. 48.

5) 긍정심리자본

긍정심리자본은 자기효능감, 희망, 낙관주의, 복원력을 통합해서 만든 개념(Luthans, Youssef, Avolio, 2007)으로, 개개인의 발전을 추구하는 긍정적 심리상태(positive psychological state)라고 정의되고 있다(Luthans, Avolio, Avey & Norman, 2007). 긍정조직행동을 연구하는 학자들은 개개인이 발전을 추구하는 긍정적 심리상태로서, 긍정조직행동의 상태적 특성을 측정하는 기준으로 긍정심리자본(positive psychology capital)을 강조하고 있다(Luthans, Youssef, & Avolio, 2007). 긍정심리자본은 사회적

자본(당신은 누구를 알고 있는가, who you know)와 인적자본(당신은 무엇을 알고 있는가, what you know)을 넘어선 새로운 개념으로 당신은 누구인가(who you are)와 당신은 어떻게 변할 수 있는가(how you change)에 관심을 둔다(Luthans, Luthans, & Luthans, 2004).

긍정심리자본의 측정기준은 다음의 네 가지이다(Luthans, Youssef, & Avolio, 2007). 이들 기준들은 개별적으로 측정되는 것이 아닌, 한 척도로서 측정되는 컴포넌트(componant)이다.

① **자기효능감**(self-efficacy): 어떤 결과를 가져올 수 있는 행동을 내가 할 수 있다는 믿음. 도전적인 과업을 성공하기 위해서 모든 노력을 쏟는 힘을 말한다(Bandura, 1982, 2001). 자기효능감은 주어진 상황에서 특정한 업무를 성공적으로 실행하고자 할 때 필요한 동기부여와 인지적 자원, 그리고 행동의 방향을 결집할 수 있는 능력에 대한 개개인의 자신감을 의미한다(Stajkovic & Luthans, 1998).

② **희망**(hope): 목표를 향하여 인내하고, 필요한 순간에는 경로를 재설정하는 목표의식이다. 희망은 경로사고(pathway thinking, 방법, 목표를 세분화하여 달성할 수 있는 경로와 방법을 찾을 수 있는 사고)와 목표를 달성할 수 있는 의지와 동기를 갖도록 한다(Snyder, 1995, 2002; Snyder, Lopez, Shorey, Rand, Feldman, 2003). "나는 이것을 이루어낼 방법을 찾아낼 것이다."이라는 내적 메시지에 확신을 갖는 것이 희망이다. Peterson과 Luthans(2003)는 높은 희망수준을 보인 리더는 보다 생산적이고 수익이 높은 부서를 관리하며, 부하들의 직무만족과 근속기간을 높이는 경향이 있다고 하였다.

③ **낙관주의**(optimism): 현재와 미래의 성공에 대한 긍정적 귀인이다. 긍정적 사건의 발생원인이 개인적이고 항구적이며, 지배적인 내재적 요인들의 결과로 파악한다. 반면, 부정적 사건들에 대해서는 일시적이고 특수한 외재적 상황요인들의 결과로 파악하는 귀인요인이다(Youssef & Luthans, 2007; Seligman, 2010).

④ **복원력**(resilience): 긍정적 사건들, 긍정적 진행들, 점진적인 책임감과 문제, 실

패나 역경에 직면했을 때 원래의 상태로 되돌아오거나 그것을 뛰어넘는 것을 말한다(Luthans & Youssef, 2004, 2007). Coutu(2002)는 조직에서 회복력이 있는 사람은 직면한 난국과 현실을 쿨하게 수용하고, 험난한 시기를 보내는 동안 적극적 의미를 찾아 보내면서 그때그때 일을 능숙하게 헤쳐 나가는 특징이 있다고 보았다.

Luthans, Youssef, & Avolio(2007)의 긍정심리자본 척도

효능감(1－6), 희망(7－12), 복원력(13－18), 낙관성(19－24)

번호	문 항	전혀 그렇지 않다	그렇지 않다	보통이다	그렇다	매우 그렇다
1	나는 장기적인 문제를 분석해서 해결책을 찾는 일에 자신이 있다.	①	②	③	④	⑤
2	나는 내 분야에서 어려움에 처했을 때 이에 대응할 자신이 있다.	①	②	③	④	⑤
3	우리 학교에서 다양한 업무에 대해 논의할 때 많은 도움이 될 자신이 있다.	①	②	③	④	⑤
4	나는 업무(수업/행정업무)에서 목표설정을 도울 수 있는 자신감이 있다.	①	②	③	④	⑤
5	나는 문제를 논의하기 위해 학부모나 지역인사들을 자신 있게 접촉할 수 있다.	①	②	③	④	⑤
6	나는 동료들에게 내가 가진 정보를 자신 있게 제공할 수 있다.	①	②	③	④	⑤
7	만약 업무(수업/행정업무) 중에 어려움을 스스로 해결해야 한다면, 그러한 문제를 해결해 나갈 다양한 방안을 생각해 낼 수 있다.	①	②	③	④	⑤
8	요즘 내 목표를 열정적으로 추구하고 있다.	①	②	③	④	⑤
9	어떠한 문제든지 그것을 해결할 수 있는 방법은 다양하다.	①	②	③	④	⑤
10	나는 지금 학교에서 상당히 성공했다.	①	②	③	④	⑤
11	나는 최근 업무목표에 도달할 수 있는 다양한 방안을 찾을 수 있다.	①	②	③	④	⑤
12	요즘 나 자신을 위해 설정한 업무목표를 잘 충족하고 있다.	①	②	③	④	⑤

13	학교에서 좌절할 때 그것을 견뎌내고 회복하기가 어렵다.(R)	①	②	③	④	⑤
14	나는 종종 학교에서 겪는 어려움을 다양한 방식으로 잘 관리한다.	①	②	③	④	⑤
15	나에게 업무가 주어진다면 '그래 내 일이야'하고 생각한다.	①	②	③	④	⑤
16	나는 종종 학교에서 스트레스를 받는 일에서도 긍정적인 부분을 찾는다.	①	②	③	④	⑤
17	나는 경험이 있기 때문에 학교에서의 힘든 시간을 잘 극복할 수 있다.	①	②	③	④	⑤
18	나는 여러 일을 동시에 수행할 수 있다.	①	②	③	④	⑤
19	내가 하는 업무의 결과가 불확실할 때 나는 보통 최선의 결과를 기대한다.	①	②	③	④	⑤
20	나의 업무와 관련하여 문제가 생기면 그 일이 잘 안될 것이라고 받아들이는 편이다.(R)	①	②	③	④	⑤
21	나는 항상 내 직무의 밝은 면을 보려고 한다.	①	②	③	④	⑤
22	나는 내가 하는 일의 전망에 대해 낙관적이다.	①	②	③	④	⑤
23	내가 맡은 일은 결과 내가 원하는 방식으로 풀리지 않는다.(R)	①	②	③	④	⑤
24	나는 어두운 부분이 있으면 반드시 밝은 부분도 있다는 믿음으로 업무를 대한다.	①	②	③	④	⑤

주) (R)은 역채점 문항임.

6) 직무 스트레스

직무 스트레스는 직무와 관련된 스트레스원에 의해 경험하는 스트레스이다. 개인은 직무와 관련하여 조직 내에서 상호작용하는 과정에서 조직의 목표와 개인의 욕구 사이에 일어난 불균형에 의해 일어난다. 그 원인은 물리적 환경, 조직 관련 스트레스원, 직무 관련 스트레스원, 개인 관련 스트레스원, 그리고 조직 외 관련 스트레스원 등으로 볼 수 있다.

교사 스트레스(teacher stress)는 교직에서의 직무 스트레스(occupational stress in teaching)라고도 한다. 교사 직무 스트레스에 대한 연구자들의 정의를 살펴보면, 김정휘(1991)는 교사로서 그의 직무수행 측면에서 사람, 사물, 사건과의 관련성 속에서 발생된 불유쾌한 정서적인 영향들(분노, 의기소침, 긴장, 욕구좌절, 불안, 갈등, 짜증)과 생리적 효과를 경험하게 되는 반응 증후군을 말하며, 이런 반응 증후군은 개인의 자존심, 안녕, 건강, 직무수행을 위협하고 정체성 상실 및 삶에 대한 정상적인 제어능력 상실과 적응장애를 초래하는 상태라고 보았다. 이준효(2006)는 교사로서 그의 직무역할 수행국면에서 직무를 매개로 하여 사람, 사물, 사건, 근무환경, 조건과의 관련성 속에서 간헐적으로 반복하여 발생하는 불유쾌한 정서적 요인들(분노, 의기소침, 불안, 울화, 짜증, 욕구좌절, 갈등 등)에 의하여 무력함을 경험하게 되는 증후군으로 보았다.

구본용, 김영미(2014)의 직무스트레스 척도지

학생, 학부모문제행동(1－7), 수업 중 학생문제행동(8－13), 인사제도(14－15), 업무환경(16－21), 학생지도(22－24)

번호	문 항	전혀 그렇지 않다	그렇지 않다	보통이다	그렇다	매우 그렇다
1	학부모들은 학생사안이 발생한 경우 자신들의 뜻대로만 해결해 줄 것을 강력히 요구한다.					
2	학생들의 핸드폰 사용으로 또래 간의 갈등을 호소하는 학생이 있다.					
3	내 학급에서 현금이나 고가의 학용품이 분실된 적이 있다.					
4	남의 물건을 동의 없이 사용한 후 방치하는 학생이 있다.					
5	자녀의 잘못을 인정하려 하지 않는 학부모가 있다.					
6	급우의 문제행동을 목격하고도 증언을 회피하는 학생이 있다.					
7	무단지각, 무단조퇴, 무단결과 등을 서슴지 않는 학생이 있다.					
8	학생들이 수업시간에 잡담을 심하게 한다.					
9	학생들이 교구나 시설을 훼손하거나 아무데나 방치한다.					
10	수업시간에 엎드려 잠을 자는 학생이 있다.					
11	학생이 기본적인 수업준비물조차 가져오지 않는다.					
12	내 수업시간에 다른 과목 공부나 숙제를 하는 학생이 있다.					

13	수업시간에 적극적인 태도를 보이지 않는 학생이 있다.					
14	승진가산점제도가 불합리하다.					
15	근무성적평정, 인사관리에 관한 통일된 업무기준이 없다.					
16	교육청이나 관계기관으로부터 유사한 내용의 공문을 반복적으로 받았다.					
17	관리자로부터 과도한 업무를 지시받았다.					
18	에듀파인이나 나이스매뉴얼이 너무 복잡하다.					
19	필요할 때 동료교사의 도움을 받지 못했다.					
20	관리자로부터 모욕적인 말을 들었다.					
21	교사들 간의 의견 불일치로 학생을 제대로 지도할 수 없었다.					
22	학생으로부터 폭행이나 욕설을 들은 적이 있다.					
23	학급에서 발생한 학생사안으로 인해 관리자의 질책부터 받은 적이 있다.					
24	자신의 권리만 주장하는 학생들을 적절히 통제할 수 없었다.					

7) 소진

소진(burnout)은 종업원들이 일정 기간 직무를 수행한 후 경험하는 지친 심리적 상태를 의미한다. 탈진으로 고통받는 사람은 정서적으로 지쳐 있으며, 낮은 직무 동기를 보인다. 소진은 정서적 고갈, 비인격화, 개인적 성취감 감소 등의 요인으로 측정한다(Spector, 2008/2009, pp. 445－446). 정서적 고갈(emotional exhaustion)은 일터에서 느끼는 피로감과 권태감을 의미하며 결근, 피로 등으로 나타난다. 비인격화(depersonalization)는 타인에 대해 냉소적이고 냉담하게 행동하는 것을 의미하며, 고객과 타인에 대해 무관심하고 배려하지 않는 태도와 타인에 대한 적대감 등으로 나타난다. 개인적 성취감 감소(reduced personal accomplishment)는 종업원이 업무를 통해 가치 있는 것을 성취하지 못하고 있다는 느낌을 말하며, 낮은 동기나 낮은 수행으로 나타난다.

Chapter

09

교육조직행동(3): 운영구조 및 문화

1. 학교조직의 특성
2. 학교조직의 특수성
3. Weber의 관료제론
4. 전문가조직으로서의 학교
5. 이완결합체제로서의 학교조직
6. 학교조직 특성 분류기준
7. 조직문화
8. 조직풍토
9. 조직건강
10. 조직효과성

1 학교조직의 특성

학교조직은 국가가 정한 학교교육의 목표를 달성하기 위해 법규로 정해진 규칙과 규정에 따라 교사들이 교과수업 및 학교업무를 수행하는 협동체제라고 할 수 있다. 학교조직은 공식조직과 비공식조직의 특성이 존재한다. 공식조직(formal organization)은 공식적인 조직표상에 나타난 조직으로서 공식화된 분업의 계통과 인원 배치, 공식적인 의사소통의 경로와 권한의 배분 등을 강조하는 조직이다. 공식조직으로서의 학교조직은 학교운영계획서를 통해서 이해될 수 있다. 학교운영계획서에는 학교규칙, 교육목표, 교육과정 운영, 교무분장, 위임전결, 학교 각종 위원회 등에 대한 운영규정과 계획이 담겨 있다. 반면, 비공식조직(informal organization)은 공식조직 내에 존재하면서 공식조직에 의해 충족되지 못하는 여러 가지 사회적·심리적 기능을 수행하며, 공식조직 내부에서 자연 발생적으로 생기는 조직이다. 그 예를 들면 교직원 상조회, 교사들 간의 각종 동호회 모임 등이 이에 속한다(주삼환 외, 2011).

표 9-1 공식조직과 비공식조직의 비교

공식조직	비공식조직
• 공적인 목표달성을 위한 인위적 조직 • 제도화된 공식규범을 바탕으로 성립 • 권한의 계층, 명료한 책임분담, 표준화된 업무 수행, 비정의 인간관계 • 외면적이고 가시적 • 능률·비용의 논리에 의해 구성·운영 • 계속 확대되는 경향	• 자연 발생적 조직 • 상호 간의 상호작용을 바탕으로 성립 • 혈연, 지연, 학연, 취미, 종교 및 이해관계 • 내면적이고 비가시적 • 감정의 논리에 의해 구성·운영 • 항상 소집단의 상태 유지

학교조직은 계선조직과 참모조직으로 구성·운영되고 있다. 계선조직(line organization)은 수직적인 지휘명령 계통을 바탕으로 학교업무를 직접 수행하는 제1차적인 조직이다(예: 교무분장). 계선조직의 장점은 다음 〈표 9-2〉와 같다.

표 9-2 계선조직의 장점과 단점

장 점	단 점
① 권한과 책임의 한계가 명확하여 업무수행이 능률적이다. ② 단일 기관으로 구성되어 정책결정이 신속하다. ③ 업무처리가 간편하여 조직 운영비가 적게 든다. ④ 강력한 통솔력을 발휘할 수 있다.	① 업무가 복잡하고 업무량이 과다할 경우 문제가 발생한다. ② 조직의 장이 주관적이고 독단적인 조치를 취할 우려가 있다. ③ 특수분야에 전문가의 지식과 경험을 활용할 수 없다. ④ 조직의 경직성이 초래될 수 있다.

참고

교무분장

학교조직은 학교교육의 목표를 달성하기 위해 필요한 여러 활동을 수행한다. 이때 이를 효과적으로 수행하도록 분업과 전문화의 원칙에 입각하여 다양한 업무를 분담한다. 이를 교무분장이라고 한다. 교무분장은 학교급, 학교에 따라 차이는 다소 있지만 부장교사 수와 교사 수에 따라 결정되기 때문에 교무분장을 통해서 학교의 업무구조와 규모를 이해할 수 있다.

교무분장에서 책임을 담당하는 교사는 부장교사이다. 부장교사는 교장, 교감을 보좌하는 기능, 교직원 간의 횡적 · 종적 조정을 통한 효율적 · 능률적인 학교업무를 추진하는 조정기능, 전문적 지도조언을 통해 교사의 질 향상을 도모하는 장학기능, 교사를 지도 · 통솔하여 능률적으로 업무추진을 하는 지도기능을 수행한다.

교무분장은 모든 학교에서 획일적으로 적용되는 것이 아니라, 학교의 특성과 사정에 따라 융통성 있게 조직될 수 있음에도 불구하고 일반적으로 일선 학교에서 구성 · 운영되는 부서는 교무기획부, 교육연구부, 교육정보부, 생활지도부, 진로진학상담부 등이 있다.

참모조직(staff organization)은 계선조직의 기능을 원활하게 추진하도록 기획 · 자문 · 협의 · 경고 · 정보 수집 · 연구 등의 기능을 수행하는 조직이다. 참모조직은 조직의 목표달성을 위해 간접적으로 도움을 줄 뿐, 명령 · 집행 · 결정을 직접 행사하는 데 한계가 있다. 참모조직은 주로 상층부에 있는 결정권자의 의사결정을 돕기 위한 정보와 자료를 제공하는 기능을 수행하며, 일선 학교에서 운영하는 다양한 위원회(예: 학교교육과정위원회, 학교폭력대책위원회 등)가 그 참모조직에 속한다. 참모조직의 장점은 다음 〈표 9-3〉과 같다.

표 9-3 참모조직의 장점과 단점

장 점	단 점
① 기관장의 통솔범위가 확대된다. ② 전문적인 지식과 경험활용을 통한 합리적인 의사결정이 가능하다.	① 조직의 복잡성으로 조직구성원이나 부서 간 갈등 · 불화가 있다. ② 계선과 참모 간에 책임전가 사태가 우려된다.

2 학교조직의 특수성

학교조직은 관료적 성격이 강한 일반기업이나 공공기관과 차별되는 특성을 지니고 있다. 일반기업이나 공공기관은 성문화된 규칙과 규정에 대한 순응과 조직 및 개인 간의 합법적 위계관계를 강조하며, 정해진 기준에 따른 성과측정을 강조한다. 반면에 학교조직은 학교교육의 복잡한 맥락과 과정에서 일어나는 학생과 교사의 역동적인 상호작용 속에서 형성된 다양한 교육경험과 삶의 양식과 문화를 강조한다(김규태, 강유정, 강성복, 2014).

첫째, 학교조직은 다른 조직에 비하여 학생에게 다음 사회를 위한 '사회화'와 '문화적 적응'을 수행하는 기관으로 공개성과 공공성을 추구한다. 사기업이나 공공기관의 경우에는 학교조직에 비하여 공개성이 약하며, 상품의 질과 서비스에 관한 의견을 제외하면 대중의 의견에 덜 민감하다.

둘째, 학교조직은 비인격적 상품과 서비스를 제공하는 기업이나 정해진 기준에 의해 세금을 징수하는 공공기관보다 기능상 복잡하다. 예를 들면, 교수학습에 있어서 다양한 학습수준과 능력, 독특한 성격과 인성을 지닌 학생들을 대상으로 개별화되고, 다양한 수업과 학생지도를 실시해야 한다.

셋째, 학교조직은 조직의 목표를 달성하는 데 있어서 상대적으로 공식적 관계와 절차를 강조하는 사기업이나 정부기관보다는 교사와 학생, 학생과 학생, 교사와 교사, 교사와 학부모, 학생과 학부모의 관계 등 사적이고 비공식적 관계를 강조한다.

넷째, 학교조직은 사기업이나 정부기관보다 조직의 성과를 측정하기가 어렵다. 왜냐하면 학교조직의 성과는 학생들이 보이는 가시적이고 비가시적 특성의 행동변화를 강조하기 때문이다. 행동변화란 지식·기술 또는 태도의 변화를 포함하는데, 이를 측정하기 위한 절차나 도구가 개발되어 적용되기는 하지만 판매회사나 제조공장의 성과를 측정하는 것처럼 명확하지 않다.

3 Weber의 관료제론

Weber는 관료제가 효율성과 능률, 합리화를 극대화하기 위한 것으로 보고, 관료제가 대규모 조직을 능률적으로 움직일 수 있는 조직 모형이라고 하였다. Weber는 관료제의 특성을 ① 권위의 위계 구조, ② 규칙과 규정, ③ 사적인 감정 배제, ④ 분업화 및 전문화, ⑤ 경력 지향성으로 제시하였으며, 그 순기능과 역기능은 〈표 9-4〉와 같다.

표 9-4 관료제의 순기능과 역기능

관료제의 특징	순기능	역기능
권위의 위계 구조	일사불란한 조직운영	의사소통의 저해
규칙과 규정	지속성과 통일성, 질서와 안정	경직성 및 주객전도
사적 감정 배제	합리성	사기 저하
분업화 및 전문화	전문성과 효율성	권태감과 고립감
경력 지향성	유인체계의 확립	조직 내 경쟁, 연공서열과 업적주의 간의 갈등

출처: Hoy & Miskel(2013).

이는 교육조직도 산업체나 정부조직과 마찬가지로 관료제의 특성을 지니고 있다.

따라서 교육조직을 이해하는 데 관료제 모형을 이용하면 교육조직의 여러 행동양상을 예측하고 개선해 나갈 수 있다. 교육조직은 교과·학년별 기능적 분업, 교직원 역할의 규정, 직무의 계층적 배열(교장－교감－부장－교사－일반교사), 절차와 규칙에 따른 업무수행(학칙, 교육규칙 적용) 등 관료제적 특성을 지니고 있다. 그러나 교육조직은 다른 관료조직과는 여러 가지 면에서 차이가 있다(김규태, 강성복, 강유정, 2014).

첫째, 교사는 권한의 위계상으로는 하위에 있지만 대체로 학력수준이 높으며, 자신을 전문가로 생각한다. 둘째, 교사의 주된 책임은 다양한 자극을 통해 학습속도와 성장배경이 각기 다른 학생을 가르치는 데 있다. 셋째, 교사는 업무 특성상 비교적 많은 재량권을 보유한다. 따라서 교사들은 다른 관료조직의 하급자들에 비해 철저한 감독이나 획일적인 성취 측정기준을 적용하기 어렵다. 또한 관료제이론에서는 일반적으로 모든 하급자들이 상사에 비해 기술적 전문성이 떨어진다고 가정하지만, 이러한 주장을 교육조직에 적용하기는 어렵다. 그것은 위계구조상으로는 더 낮은 지위에 있음에도 불구하고, 교사들 자신이 오히려 행정가들보다 훨씬 더 뛰어난 능력이나 전문성을 보유하고 있는 경우가 종종 있기 때문이다(이군현, 1999). 김규태(2012)도 학교조직에서 관료적 요소와 전문적 규범 사이에 갈등이 존재하고 있으며, 행정가들이 전문성이 높고 유능한 교사들을 통제하거나 평가해야 할 때는 문제가 발생한다고 지적하였다.

4 전문가조직으로서의 학교

학교는 교사의 전문성을 바탕으로 학생의 교육과 지도를 하는 조직이다(Hoy & Miskel, 2013). 교사의 전문성은 장기간 교육훈련, 전문적 지식, 자율성, 전문적 통제, 도덕적 실행, 봉사 등으로 요약될 수 있다(김규태, 2012). 첫째, 교사는 장기간

동안 교원양성과정과 현직연수 등을 통해 습득·개발한 전문적 지식체계인 교수실천에 대한 지식, 내용지식, 교육과정 실행지식 등에 정통(精通)하다. 둘째, 교사는 복잡하고 모호하며, 불확실하고 개별적이며, 주체적인 인간의 경험을 풍부하고 충실하게 이해하며 교육행위를 실천한다. 셋째, 교사는 자신의 지식과 기술에 따라 스스로 결정할 수 있는 자유재량권을 행사한다. 넷째, 교사는 자신의 동료에 의한 통제와 자신의 업무수행을 판단할 전문적 식견과 기술을 지닌 외부전문가들에 의해 통제를 받는다. 다섯째, 교사는 교육실천 과정에서 자신들의 도덕적 판단과 결정을 한다. 즉, 교육행위를 하는 과정에서 외부의 압력, 법규 및 규칙보다는 자신의 양심, 신념과 동기에 의해 직무를 수행한다. 여섯째, 교사는 고객의 필요와 요구에 맞는 교육 프로그램을 개발·제공하여 고객의 만족도를 높인다.

전문가로서의 교사는 교수학습에 관한 이론적 이해를 바탕으로 교수방법 및 수업기술 등과 관련된 전문지식을 체계적으로 습득해야 하며, 이를 통해 교사는 스스로 수업 전문성을 향상시키기 위해 노력해야 한다. 또한 교사 전문성 향상을 위해서는 학생 수준에 적절한 교육내용, 교수학습방법, 교육환경 등의 준비와 수업전문성 개발이 필요하다.

McMahon과 Hoy(2009)의 교사 전문성 척도

번호	문 항	전혀 동의하지 않는다	거의 동의하지 않는다	동의하지 않는다	동의한다	많이 동의한다	매우 많이 동의한다
1	나는 어떠한 보상이나 수당이 주어지지 않더라도 방학 중에 독서나 교육과정을 개발하면서 보낸다.						
2	나의 동료교사들은 내가 능력 있는 교사라고 인정하지 않는다.(R)						
3	나는 나의 수업에 대한 피드백을 환영한다.						
4	나는 방학 중에 어떠한 수업교재도 연구하지 않는다. 왜냐하면 방학은 나의 시간이기 때문이다.(R)						
5	전문성 개발은 대개 시간낭비라고 본다.(R)						
6	나는 다른 동료교사들이 나의 수업내용과 방식에 대해 논의하는 것을 꺼려한다.(R)						
7	교육청이나 학교에서 강제화하지 않을지라도 연수활동을 통해 전문성을 계발할 것이다.						
8	교사는 학교 또는 지역의 교육과정이나 정책결정에 참여할 책임이 있다.						

5 이완결합체제로서의 학교조직

사회체제나 관료제로서의 학교조직은 질서정연하게 구조화되거나 합리적·과학적·논리적·분석적으로 파악되기 어려운 측면이 있다. 그러나 학교조직은 각자의 가치관과 신념, 태도와 욕구가 복합적으로 상호작용하여 긴장과 모순이 발생하기도 하며, 학교목표와 과정의 불확실성과 모호성 및 복잡성을 지니고 있어서 합리적이고 논리적으로 설명하기 어려운 측면도 있다. 이러한 점을 강조한 이론이 학교조직의 이완결합체제(loosely-coupled system)이다.

Weick(1976, p. 5)은 처음으로 학교조직을 이완결합체제라고 하였다. Weick은 이완결합을 "연관된 사건들이 서로 영향을 주고 있으나 각 사건들은 고유의 정체성을 가지고 있으며, 물리적 또는 논리적으로 별개"라고 하였다. Weick에 따르면, 학교에서는 업무를 어떻게 잘 수행할 것인가에 관한 사항들이 이완된 형태로 통제되고 있다. 수업활동에 대한 통제는 매우 드물며, 교수활동에 대한 평가는 형식적으로 이루어진다. 또한 학교의 한 부서에서 발생한 일은 다른 부서에 영향을 미치지 않는다. 예를 들면, 상담실에서 일어난 상황과 사건은 교육정보부의 업무와 관련이 없어서 영향력이 적다. 그러나 누가 업무를 수행하고, 이를 어떻게 처리해야 하는가에 대한 팽팽한 조직차원의 통제(시간표 작성, 봉급, 채용, 근무시간 준수 등)는 이루어진다.

한편, Meyer와 Rowan은 교육자들은 학교의 조직구조를 수업활동 및 결과와 분리시키고 있으며, 신뢰의 논리(logic of confidence)를 의지한다고 보았다. 또한 이들은 학교는 기본적으로 사람들에게 자격을 부여하는 사회기관으로 보았다. 표준화된 교육과정과 자격증을 가진 교사들은 표준화된 형태의 졸업생들을 배출하며, 졸업생들은 자신이 획득한 배경에 따라 경제 및 사회계층 체제에서 적절한 위치를 차지한다. 초등학교 교사, 영어교사, 교장, 졸업반 학생 등과 같은 의례화된 분류는 엄격하게 구조화된 교육조직의 토대를 이룬다. 학교는 외부 사회의 법률적·규범적 기준에 따름으로써 지역사회의 지원과 합법성을 얻게 된다. 철저한 감독 및 엄격한 평가를 통해 수업 프로그램의 문제점이 발견되고, 불확실성을 초래할 수 있기 때문에 교수활동에 대해서는 거의 통제가 이루어지지 않는다. 또한 교수학습과정의 효과성을 평가하는 것보다 추상화된 의례적인 분류를 따르고 있다. 따라서 학교는 의례화된 구조와 수업활동을 분리하고 있으며, 믿을 수 있다는 가정을 수용함으로써 이러한 분리를 정당화한다(Hoy & Miskel, 2013).

6 학교조직 특성 분류기준[8)]

학교조직은 관료적 측면과 전문적 측면이 공존하고 있다. 관료적 측면은 공식화된 규범과 규칙에 의해 공식화되고 중앙집권화된 방식으로 운영되는 것을 강조하며, 전문적 측면은 전문가의 재량과 판단에 의해 조직이 운영되는 측면을 강조한다. 그렇다면, 조직이 관료적 관점이 강한지 아니면 전문가적 관점이 그러한지를 구분하는 기준은 무엇일까? 여기서는 Daft(2013)의 조직 특성에 따른 분류기준과 Perrow의 테크놀로지 유형에 따른 분류기준을 제시해 보고자 한다.

1) Daft(2013)의 조직특성에 따른 분류기준

첫째, 조직의 절차와 직무내용이 문서로 표현되어 있는 정도를 의미하는 공식화(formalization)이다. 공식화 정도가 높으면 관료적 관점이, 낮으면 전문적 관점이 강하다.

둘째, 조직의 직무가 개별업무로 세분화되어 있는 정도를 말하는 전문화(specialization)이다. 전문화 수준이 강하면 관료적 관점이 강하고, 낮으면 전문가적 관점이 강하다.

셋째, 조직에서의 보고체계와 관리의 단계를 의미하는 권한계층(hierarchy of authority)이다. 보고 체계와 관리단계가 많으면 조직은 수직적이고 종적 관계가 강한 관료적 관점이, 단계가 비교적 적으면 수평적이고 횡적 관계가 강한 전문가적 관점이 강하다.

넷째, 의사결정의 권한이 어느 계층에 있는가를 말하는 집권화(centralization)이다. 의사결정 권한이 최고경영층에 집중되어 있으면 관료적 관점이, 분권적일수록 전문가적 관점이 강하다.

다섯째, 종업원들이 공식적인 교육과 훈련을 필요로 하는 정도를 의미하는 전문직화(professionalism)이다. 관료적 관점이나 전문가적 관점 모두 전문직화가 강한

8) 학교조직 특성 분류는 김규태 외(2016)가 쓴 책에서 제시한 『교직사회학』 일부를 요약 · 재구성한 것임.

경향을 보인다.

여섯째, 다양한 기능과 부서의 배치된 인력의 비율(예: 교원 대 행정직 비율)인 인원구성비이다. 교원의 비중이 클수록 전문가적 관점이 강한 경향을 보인다.

2) 테크놀로지 유형에 따른 분류기준

조직이 주로 사용하는 테크놀로지가 무엇인가에 따라서도 조직의 성격을 분류할 수 있다. 테크놀로지는 조직의 투입을 산출로 변환시키는 프로세스를 말한다. 이것은 조직의 투입물(원료, 정보, 아이디어)를 산출물(제품과 서비스)로 변화시키는 데 사용되는 작업절차, 기법, 기계, 행동 등을 총괄한 개념이다. 테크놀로지는 핵심기술과 비핵심기술로 구분된다. 핵심기술(core technology)은 학교의 교육과정 운영이나 수업지도 등과 직접적으로 연결된 작업 프로세스이다. 반면, 비핵심기술(non-core technology)은 조직 내부에서는 중요한 기능을 담당하는 작업 프로세스이지만, 교육과정 운영이나 수업과 관련은 적은 교무부, 연구부, 학생부 등과 관련된 작업 프로세스를 말한다.

Perrow는 테크놀로지를 다양성과 분석 가능성에 의해 테크놀로지를 분류하였다(Daft, 2013). 그는 일상적(routine) 기술, 장인(craft) 기술, 엔지니어링 기술, 비일상적(nonroutine) 기술 등 네 가지로 구분하였다.

첫째, 일상적 기술은 과업의 다양성이 거의 없고, 객관적이고 계산가능한 절차를 사용할 수 있는 경우이다. 과업은 공식화가 잘 되어 있고 표준화가 가능한 것으로, 주로 교육행정정보시스템(NEIS)나 일상화된 교직업무를 말한다. 이것이 강한 경우 교직은 관료적 성격이 높다고 할 수 있다.

둘째, 장인 기술은 매우 안정된 활동으로 되어 있지만, 변화과정은 분석 가능성이 낮고 잘 이해되지 않은 경우이다. 과업은 폭넓은 훈련과 경험을 요구하는데, 이는 교사들의 전문성, 지혜, 직관, 경험과 같은 것에 의존하는 것에 속한다. 이것이 강한 경우 교직은 전문적 성격이 높다고 할 수 있다.

셋째, 엔지니어링 기술은 정해진 공식, 절차, 기법대로 업무를 수행하는 경우이다. 따라서 교사들은 표준화된 방법과 절차를 알아 일을 해결해야 하므로 각종 연수를 통해 그것들을 익히게 된다. 이것이 강한 경우 교직은 관료적 성격이 높다고 할 수 있다.

넷째, 비일상적 기술은 매우 높은 과업의 다양성을 갖고 있으며, 그 변환절차는 분석이 가능하지도 않고 잘 이해되지 않는 경우이다. 즉, 전문적 경험과 지식이 활용되어 실천적 과제와 문제를 해결하고 성과를 낼 수 있는 기초연구, 전략계획, 새로운 프로젝트와 예상치 않은 문제를 해결해야 하는 작업들이 여기에 포함된다. 교직에서는 수업이나 생활지도 등이 표준화되어 있지 않고, 교사의 전문적 경험과 지식에 의해 상황에 맞게 적응한다는 점에서 비일상적 기술이 강한 측면이 많다. 이러한 점에서 이것이 강하면 전문적 성격이 높다고 할 수 있다.

이상에서 제시한 조직의 특성과 테크놀로지 유형에 따른 관료적 관점과 전문가적 관점의 경향성을 제시하면 다음 [그림 9-1]과 같다.

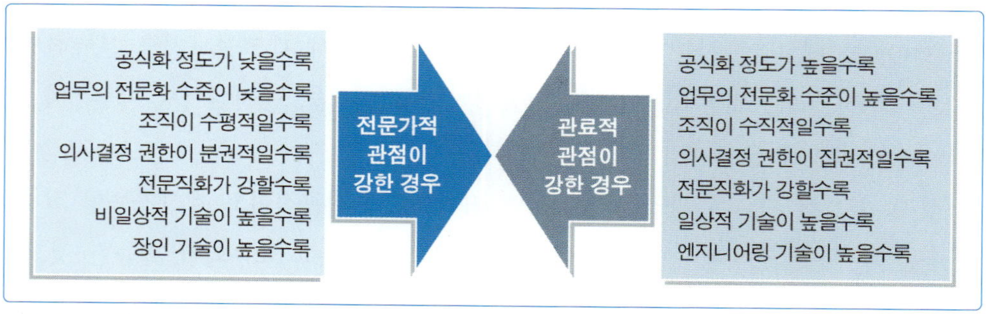

그림 9-1 조직의 특성과 테크놀로지 유형에 따른 조직관점 차이

참고 학교운영구조

학교운영구조는 학교운영을 위한 구조와 규칙이 업무를 방해하고 통제하는 것보다는 도움이나 지원을 주는가, 그리고 교직원 직무수행에 대한 실수나 실패에 대해 처벌보다는 문제해결을 이끌고 조언하게 되어 있는가에 관한 것이다(Hoy & Sweetland, 2000, 2001).

Hoy와 Sweetland(2000, 2001)가 학교운영 구조와 규칙이 업무를 방해하고 통제하는 것보다 도움이나 지원을 주는 위계를 지니고 있으며, 그리고 교직원 업무수행에 있어서 실패를 처벌하기보다는 문제해결을 이끄는 규정과 규칙을 지니고 있는가를 탐색하기 위하여 만든 척도를 소개한다.

Hoy와 Sweetland(2000, 2001)의 학교운영구조 척도

평균 점수가 높을수록 학교운영구조가 지원적이고 문제해결을 이끄는 규칙과 규정을 지니고 있다고 본다.

번호	문 항	전혀 그렇지 않다	그렇지 않다	보통 이다	그렇다	매우 그렇다
1	우리 학교의 행정규정(학칙이나 운영내규 등)은 교사와 교장 간의 진정한 의사소통을 촉진한다.					
2	우리 학교는 관료적이어서 문제이다.(R)					
3	우리 학교의 행정위계는 교사들이 업무를 처리하는 데 효과적이다.					
4	우리 학교의 행정위계는 학생의 학업성취를 저해한다.(R)					
5	우리 학교의 행정규정은 업무를 방해하기보다 촉진한다.					
6	우리 학교의 행정위계는 학교의 사명과 목표수행을 촉진한다.					
7	우리 학교의 행정규정은 교사를 보상하기보다는 처벌하는데 활용된다.(R)					
8	우리 학교 행정위계는 혁신을 저해한다.(R)					
9	우리 학교 행정규정은 전문적 재량과 판단의 기준					

	이 된다.(R)					
10	우리 학교 행정규정은 엄격한 절차이기보다는 해결책을 안내한다.					
11	우리 학교장의 권위는 교사들의 사기를 약화시키는 데 활용된다.(R)					
12	우리 학교장은 교사들에게 업무의 지시를 하는 데 행정권한을 주로 활용한다.					

주) (R)은 역채점 문항임.

7 조직문화

조직문화는 한 조직을 다른 조직과 구별하여 주고, 조직구조의 골격에 어떤 생명을 불어넣는 조직의 전통과 신념, 한 조직을 다른 조직과 구분하여 주는 구성원들이 공유하고 있는 하나의 의미 체계로서 다음의 일상규칙, 규범, 지배적 가치, 철학, 규칙, 감정 등을 포함한다(Lunenburg & Ornstein, 2012).

① **일상규칙**: 조직구성원들이 상호작용할 때 언어, 용어, 의식과 행사 등을 사용한다는 것
② **규범**: 사람들이 전형적으로 생각하는 행동강령, 도덕이나 법규
③ **지배적 가치**: 조직 내 사람들이 공유하고 있는 가치(학교에 적용하면 좋은 학교는 높은 학업성취, 낮은 결석과 중도탈락 등)
④ **철학**: 조직의 핵심사명, 경영철학 등과 같은 조직의 신념
⑤ **규칙**: 조직의 규정이나 신입직원이 학습해야 하는 조직의 불문율 같은 것
⑥ **감정**: 조직을 지배하고 있는 분위기나 심리적 적응방식 등이다.

학교문화는 행동규범, 가치와 신념, 전통과 의식절차, 역사, 이야기와 신화, 영웅들의 상징적 요소들이 중복되고 교차되어 정의될 수 있다. 조직문화가 그러하듯이, 학교문화도 각 학교마다 서로 다른 문화를 가지고 있다. 이는 각 학교의 역사는 고유하며, 학교가 미래를 향해 나아갈 때 그 역사 역시 지속적으로 함께 발전하기 때문이다. Hoy와 Miskel(2013)은 학교조직문화에는 다음과 같은 공통요소가 내재되어 있다고 하였다.

① **혁신**: 종업원에게 창조적이고 위험을 감수하도록 기대하는 정도
② **안정성**: 활동들이 변화보다는 현상유지에 초점을 두는 정도
③ **세부적인 것에 대한 주의**: 정확함과 세밀함에 대한 관심의 정도
④ **결과 지향성**: 조직관리가 결과를 강조하는 정도
⑤ **인간 지향성**: 관리적 의사결정이 개인에게 민감한 정도
⑥ **팀 지향성**: 협동과 팀워크를 강조하는 정도
⑦ **공격성**: 종업원들이 안일하게 지내기보다는 경쟁적이 되도록 기대하는 정도

학교조직문화는 교사가 생활하는 학교의 실제 모습은 어떠하고, 그 속에서 교사는 무슨 생각을 하고 어떤 행위를 하며, 어떻게 사회적 관계를 형성하는지에 관심을 가진다. Lortie(1975)는 교사에 대한 논의들이 학교 현실과 교사의 삶과 무관하게 실시됨으로써 그 실효성이 의심된다는 관점에서 연구를 실시하였다. 그는 이 연구에서 미국 교사들이 가지고 있는 문화를 크게 보수주의, 개인주의, 현재 지향성으로 규정하였다. 그리고 학교에서 교사들은 항상 이중적인 사고와 행동을 가지고 있는 것도 발견하였다. 즉, 교사들은 한편으로는 업무에 관한 많은 독립성과 강력한 통제력을 원하는 반면, 또 한편으로는 자신이 속해 있는 학교체제의 기존 지배권을 인정하고 의존하려는 입장을 가지고 있었다. 다음으로 학교조직문화를 살펴보면, 송병순 등(2000)은 상호 불간섭, 학년 통일의 원칙, 일정 거리 유지하기, 적당히 넘기

기 등과 같이 눈에 보이지 않는 암묵적 규범을 통해서 학교문화가 형성되어 있다고 하였다. 이인효(1990)는 학력신장식 수업, 학급관리에서는 온정적 학급관리, 교직문화의 핵심은 유능과 복종으로 분석하였다.

Cameron & Quinn(1999)의 학교조직문화 척도

관계지향(1－5), 혁신지향(6－10), 위계지향(11－15), 과업지향(16－20)

번호	문 항	전혀 그렇지 않다	그렇지 않다	보통 이다	그렇다	매우 그렇다
1	우리 학교는 인간적 인정이 흐르는 곳이다.					
2	우리 학교 조직을 결속시키는 힘은 충직과 상호신뢰이다.					
3	우리 학교는 팀워크와 합의 그리고 참여를 중시한다.					
4	우리 학교는 인간개발을 강조한다.					
5	우리 학교에서의 성공기준은 인력개발과 팀워크, 그리고 일체감 형성이다.					
6	우리 학교는 매우 역동적이며 진취적이다.					
7	우리 학교조직을 결속시키는 힘은 혁신과 발전에 대한 몰입이다.					
8	우리 학교는 개인적 모험과 혁신, 그리고 개성을 중시한다.					
9	우리 학교는 새로운 아이디어와 도전을 통한 성장을 강조한다.					
10	우리 학교에서 성공한 사람이라 함은 혁신자와 선도자를 지칭한다.					
11	우리 학교는 매우 통제적이고 구조화된 곳이다.					
12	우리 학교 조직을 결속시키는 힘은 공식적인 규정과 지침이다.					
13	우리 학교는 교사로서의 신분유지 및 규칙준수, 예측가능성을 중시한다.					
14	우리 학교는 지속성과 안정성을 강조한다.					
15	우리 학교에서의 성공기준은 원활한 업무추진과 능률성 실현					

	이다.					
16	우리 학교는 결과와 업무완수를 중시하고 경쟁적이다.					
17	우리 학교조직을 결속시키는 힘은 과업성취와 목표달성에 대한강조이다.					
18	우리 학교는 높은 경쟁력과 성취력을 중시한다.					
19	우리 학교는 경쟁적 행동과 업적을 강조한다.					
20	우리 학교에서의 성공기준은 경쟁에서의 승리이다.					

8 조직풍토

어느 조직이나 조직마다 전체적 분위기에서 차이가 있다. 일반적으로 조직의 이러한 분위기는 그 조직구성원의 행동에 영향을 주는 것으로 알려져 있다. 조직풍토는 조직구성원의 행동을 이해하는 매우 중요한 방법 중의 하나다. 왜냐하면 건강한 조직풍토는 조직과업의 효과적 성취를 촉진시켜줄 수 있기 때문이다(Kottkamp, Mulhurn, & Hoy, 1987). 또한 Hoy와 Miskel(2013)은 조직풍토를 조직의 구성원들이 그 조직의 업무와 관련된 환경에 대하여 공통으로 가진 인식으로 정의하였다. 조직풍토는 다음의 유형들로 구분된다.

① **개방적 풍토**: 조직목표를 향하여 움직이고, 집단구성원의 사회적 욕구를 충족시켜 주는 활기차고 생기 있는 조직으로 구성원의 행동에 대해 신뢰성을 갖는다.

② **자율적 풍토**: 리더가 구성원들 스스로 상호 활동 구조를 마련하도록 분위기를 조성하고, 구성원들이 사회적 욕구를 충족할 수 있는 방법을 모색하도록 하는 자율성을 보장한다.

③ **통제적 풍토**: 과업수행을 강조하고 구성원들의 사회적 욕구충족을 소홀히 하

는 풍토를 가지며, 리더의 행동이 위압적·지배적이고, 융통성이 거의 없다.

④ **친교적 풍토**: 리더와 구성원들 사이에 우정적인 태도가 형성되고, 사회적 욕구는 잘 충족되나 조직목적 달성을 위한 집단활동이 부족하다.

⑤ **간섭적 풍토**: 과업성취나 욕구충족 면에서 부적당한 풍토로서, 리더의 행정행위는 공정성이 결여되어 있고, 구성원들에게 과업만 강조한다.

⑥ **폐쇄적 풍토**: 이탈요인이 가장 높고 추진성과 사기가 낮은 풍토로서, 리더는 일상적인 사소한 일과 불필요한 일을 강조하고, 구성원들은 최소한으로 반응하며 거의 만족을 나타내지 않고 일하는 척한다.

이 제작한 Organizational Health Inventory for Secondary Schools (OHI-S) 교장과 관련된 행동을 지원적(supportive)과 지시적(directive) 행동으로, 교사와 관련된 행동을 참여적(engaged), 낙담적(frustrated), 친교적(intimate) 행동으로 구분하고 있다. 이 척도는 5개 하위요인의 4점 리커르트 척도 33문항으로 구성되어 있다. 본 척도의 하위요인별 문항구성과 신뢰도(Cronbach's α) 계수는 〈표 9-5〉와 같다.

Tarter, & Kottkamp(1991)의 학교조직풍토 척도

지원적 행동(5, 6, 23, 24, 25, 29, 30), 지시적 행동(7, 12, 13, 18, 19, 31), 참여적 행동(3, 4, 10, 11, 16, 17, 20, 28, 32, 33), 낙담적 행동(1, 2, 8, 9, 15, 22), 친교적 행동(14, 21, 26, 27)

번호	문 항	전혀 그렇지 않다	그렇지 않다	그렇다	매우 그렇다
1	우리 학교 교사들은 형식주의와 매너리즘을 좋아하지 않는다.				
2	교사들은 너무 많은 수행할 요구사항들을 가지고 있다.				
3	교사들은 방과 후에 개인적 문제를 지닌 학생과 시간을 보낸다.				
4	교사들은 우리 학교를 자랑스럽게 생각한다.				
5	교장은 스스로 열심히 일함으로써 본이 되고 있다.				
6	교장은 교사들을 칭찬한다.				

7	교사-교장 간의 협의는 교장이 주도한다.				
8	일상 업무가 수업과 학생지도에 방해된다.				
9	교사들은 교직원 회의에서 다른 교사의 발언 중간에 끼어든다.				
10	학생회는 학교 방침이나 규칙에 영향을 미친다.				
11	교사들은 학생과 우호적인 관계를 갖는다.				
12	교장은 절대권력을 가지고 학교를 관리한다.				
13	교장은 교사들이 하는 모든 것을 모니터링하는 경향이 있다.				
14	교사들의 가장 친한 친구는 교내 동료교사이다.				
15	공문서 작성(행정업무)은 가장 부담을 느끼게 하는 업무이다.				
16	교사들을 서로를 돕고 지원한다.				
17	학생들은 논리적 사고를 통해 자신의 문제를 해결한다.				
18	교장은 교사들의 행동을 밀면하게 점검하는 경향이 있다.				
19	교장은 독선적이다.				
20	교사들의 사기는 높다.				
21	교사들은 동료교사의 가족에 대해 알고 있다.				
22	행정적인 업무분장이 과도하게 많다.				
23	교장은 교사를 헌신적으로 돕는 편이다.				
24	교장은 교사들을 비평할 때 그 이유를 구체적으로 말하는 편이다.				
25	교장은 교사들을 지원하도록 일과 후에도 남아서 근무하는 편이다.				
26	교사들은 동료교사들을 자기 가정에 방문하도록 초대하는 편이다.				
27	교사들은 정기적으로 사교활동을 하는 편이다.				
28	교사들은 직장에서 일하기를 즐기는 편이다.				
29	교장은 건설적인 비평을 하는 편이다.				
30	교장은 교사들의 개인적 복지에 대해 존중하는 편이다.				
31	교장은 다른 사람의 말을 경청하기보다는 말을 많이 하는 편이다.				
32	학생은 관리와 감독 없이 서로 협업하는 것을 좋아하는 편이다.				
33	교사들은 동료교사들의 개인적 역량을 존중하는 편이다.				

9 조직건강

조직건강은 건강한 사람이 환경에 적응하고 유지하며, 생존해 나가는 것을 조직의 상황에 비유한 것이다. 조직은 환경 속에서 생존하기 위하여 끊임없이 변화에 대처하고 발전하기 위하여 최적의 상태와 기능을 발휘할 필요가 있다. 학교조직건강은 Miles(1969)에 의해 주창되었다. Miles(1969)는 학교조직을 개방된 사회체제로 보고, 체제접근이론의 투입−산출 모형에서 과정의 내적 요소로 첫째, 목표의 인지, 둘째, 역할 명세화와 성취, 셋째, 인간 상호 간의 규범, 넷째, 보상체제로 보았다. 그는 개방적 풍토, 상호 신뢰와 존경, 환경에 대한 능동적 적응과 대처, 높은 효과성, 강한 사명감과 응집성, 높은 사기 등의 특징을 지닌 조직으로 보고 있다. Hoy와 Miskel(2013)에 따르면, 조직건강은 제도적, 관리적, 기술적 수준이 조화를 이루고 있다. 첫째, 제도적 수준은 조직과 환경을 연결한다. 둘째, 관리적 수준은 조직의 내부 노력을 중재하고 통제한다. 셋째, 기술적 기능은 교수학습과정이며 교사들에게 직접적인 책임이 있다.

Hoy와 Tarter(1997)의 조직건강 척도

제도적 강직성(1, 8, 35, 38), 구조주도(4, 11, 17, 31), 배려(3, 10, 16, 23, 26, 30), 교장 영향력(2, 9, 15, 21, 22, 28, 29), 자원 지원(5, 12, 18, 25, 32, 42), 사기(6, 13, 19, 33, 36, 39, 41, 43), 학업강조(7, 14, 20, 24, 27, 34, 37, 40)

번호	문 항	전혀 그렇지 않다	그렇지 않다	그렇다	매우 그렇다
1	교사들은 지역사회와 학부모의 비합리적인 요구로부터 보호를 받는다.				
2	교장은 상급기관의 요구를 받아들인다.				
3	교장은 친밀하고 접근하기 편하다.				
4	교장은 교직원이 규칙과 규정을 준수하도록 요청한다.				
5	교사들이 요청하면 물품과 예산을 잘 지원해 준다.				

6	교사들은 서로를 지지한다.				
7	우리 학생은 자신을 위해 설정된 목표들을 달성할 수 있다.				
8	우리 학교는 외부압력에 취약하고 공격을 받기 쉽다.(R)				
9	교장은 자신의 상급기관에 영향을 잘 받는 편이다.				
10	교장은 모든 교직원을 공평하게 대한다.				
11	교장은 학교에 대한 자신의 태도를 명확하게 한다.				
12	교사들은 학급이나 수업을 위한 자료를 충분하게 제공받는다.				
13	교사들은 서로를 좋아한다.				
14	학교는 학업성과와 수행을 위한 높은 기준을 가지고 있다.				
15	교장은 교육장과 잘 협조하여 일을 한다.				
16	교장은 교사들이 제안한 사항들을 실행에 옮긴다.				
17	교장은 교사들에게 기대한 바를 알도록 강조하는 경향이 있다.				
18	교사들은 학급에 필요한 물품을 지원받는 데 어려움이 있다.(R)				
19	교사들은 서로에게 무관심하다.(R)				
20	학생은 성적이 우수한 학생만을 존중한다.(R)				
21	교사들은 지역사회로부터 압력을 느낀다.(R)				
22	교장의 권고는 고참교사들에게 진지하게 받아들여진다.				
23	교장은 변화하기를 즐겨한다.(R)				
24	교장은 분명한 학업성과와 표준을 제시한다.				
25	교수학습 비품은 교실에서 충분하게 활용되도록 지원된다.				
26	교사들은 서로에게 우호감을 보인다.				
27	학생들은 학업성적을 향상시키기 위해 스스로 보충학습을 한다.				
28	지역사회 인사는 학교운영위원회에 영향력을 행사한다.(R)				
29	교장은 상급기관에 의해 방해를 받는다.(R)				
30	교장은 교사의 개인 복지를 잘 고려한다.				
31	교장은 스케줄 관리를 체계적으로 잘하는 편이다.				
32	교사들은 필요한 수업매체와 자료를 자유롭게 사용할 수 있다.				
33	교사들은 서로에게 냉담하고 소원하다.(R)				

34	교사들은 학생이 학업적으로 성공할 수 있다고 믿는다.
35	우리 학교는 지역사회의 일관성 없는 지지와 비판에 개방적이다.(R)
36	교사들의 사기는 높은 편이다.
37	학생의 학업성취는 학교에서 인정받고 칭찬되어진다.
38	학부모에 의해 학교방침들이 변화될 수 있다.(R)
39	교사들은 서로 신뢰와 믿음이 있다.
40	학생들은 성취한 학업에서 더 이상 개선되기 어렵다.(R)
41	교사들은 열정적으로 자신의 과업을 수행한다.
42	학습환경은 질서 정연하고 진지하다.
43	교사들은 학교와 동일시되는 경향이 있다.

주) (R)은 역채점 문항임.

10 조직효과성

조직효과성은 조직이 목표를 달성하는 정도이다(Daft, 2009/2013, p. 126). 효과성은 여러 가지 목표, 구체적으로는 조직 전체의 공식목표와 운영목표에 대한 달성 정도를 통해서 평가한다. 조직은 목적을 달성하기 위해서 존재한다. 리더는 조직이 달성해야 할 구체적인 사명이나 과업을 설정한다. 사명서 또는 공식목표에는 조직의 목표와 조직이 나아갈 방향을 명확하게 보여준다. 운영목표는 실제 운영절차를 통해 달성하고자 하는 구체적인 결과물을 나타낸다. 공식목표와 운영목표는 외부집단과의 관계에서 조직이 존재하는 정당성과 함께 구성원에게 조직효과성 측정기준을 제시해주기 때문에 중요하다(Daft, 2009/2013, p. 132).

조직효과성은 조직목표를 달성하는 과정에서 구성원들이 교육의 내적·외적 환경의 욕구에 반응하여 긍정적으로 나타나는 양식으로, 구성원들의 직무에 대한 만족감과 교육의 내적·외적 환경의 변화에 효과적으로 적응하는 조직적응성 및 구성원들의 업무에 대한 직무성과를 말한다. 조직효과성은 구성원들이 자신에게 주어진 직무수행 역할에 만족감을 표시하며, 직무수행의 환경적 변화와 조직의 요구에 적극적으로 적응하고, 조직이 추구하고자 하는 목표를 효과적으로 달성하며, 조직에 대한 강한 소속감과 헌신하는 조직몰입 정도를 의미한다. 이러한 점에서 조직효과성은 직무만족, 조직몰입, 조직헌신, 조직시민행동, 조직적응성 등으로 다차원적으로 측정되고 있다.

조직효과성이 높은 학교의 교사는 첫째, 과업 지향적이면서 동시에 관계 지향적이며, 효과적인 리더십을 발휘한다. 둘째, 일반교사들에 대해 지원적이면서도 동시에 방향을 제시하고 높은 수행수준을 유지한다. 셋째, 독자적으로 사고하고 행동하는 능력을 갖추고 있을 뿐만 아니라, 상급자에게 영향력을 행사하기도 한다. 넷째, 교수학습활동에 헌신적이고 학생들을 위해 높지만, 달성 가능한 목표를 설정하고, 높은 성취기준을 유지하며, 학습분위기는 질서 있고 진지하다. 다섯째, 당해 학교교사들이 서로 좋아하고 신뢰하며, 직무에 열성적이고, 자신들의 학교에 대해서 자긍심을 가지도록 한다(Lunenburg & Ornstein, 2012).

Quinn(1988)의 학교조직효과성 척도 21

안정성(1－5), 공동체성(6－9)

번호	문 항	전혀 그렇지 않다	그렇지 않다	보통이다	그렇다	매우 그렇다
1	교내의 업무과정이 일관성 있게 돌아간다.					
2	교사의 헌신적인 노력과 학부모의 학교에 대한 믿음이 시너지 효과를 낸다.					
3	교사들을 위한 연수 등이 학교의 장기적인 변화를 기획하고 지침을 마련하는 데 활용된다.					
4	교내의 업무환경이 안정적이며 예측이 가능하다.					
5	학교가 행정규제에서 벗어나 스스로 경쟁력을 갖추려고 노력한다.					
6	다른 학교에서는 우리 학교를 활발하고 잠재력이 높다고 생각한다.					
7	학교가 공공의 이해와 참여를 개척함으로써, 공교육 기관뿐만 아니라 지역사회 공동체와 깊이 있는 정보제공, 교류 등의 원할한 이웃관계를 맺고 있다.					
8	학교가 성장하는 역동적인 시스템의 이미지를 가지고 있다.					
9	학교조직의 유지, 발전을 위해서 교사들이 지속적으로 교육받고 있다.					

Chapter

10

교육정책과 교육기획

1. 교육정책
2. 교육기획

1 교육정책

사회제도로서의 교육활동은 교육정책에 의하여 그 실제가 좌우되기 마련이다. 이러한 현상은 현대사회의 전반적인 특징이기도 하다. 여기서는 정부가 수행하는 교육에 관한 공적인 의사결정으로서 교육정책의 개념과 교육정책형성 과정에 대해서 살펴보고자 한다.

1) 교육정책의 개념

정책은 "권위 있는 공식기관(정부 등)이 문제해결이나 공적 이익을 달성하기 위하여 정치적·행정적 과정을 거치거나 당위성에 입각하여 의도적으로 선택한 장래의 행동계획"(이종열, 1985)이라고 할 수 있다. 정책의 내용은 정책 관련자에게 직·간접적으로 혜택 또는 피해를 발생시키며, 당사자 간의 이해갈등과 대립을 생겨나게 한다. 이러한 개념 속에 내재된 정책의 속성을 정리하면 다음과 같다(이상기, 옥장흠, 2007).

(1) 규범지향성

정책은 가치관을 취급하며 당위성의 내용을 포함하고 있다. 즉, 정책은 '실제로 요구되거나 필요한 것'만이 아니라 '마땅히 있어야 할 것', '당연히 바람직한 것'을 구현시키려는 의도이다.

(2) 미래지향성

정책은 가치와 행동을 미래에 연결시키고 인간이 미래를 변화, 관리한다는 적극적인 변동관을 그 기초로 한다.

(3) 인본주의적 성격

정책은 반드시 인간 삶의 질에 변화를 유발시킨다. 따라서 정책의 변화가 갖는 인본주의적 의의에 관한 고려를 내포한다.

(4) 연관성

정책은 전체·사회적 관련성 안에서 형성되고 집행된다. 그리고 정책은 사회적 관련성의 구조, 내용, 성격을 변화시킨다.

(5) 행동지향성

정책은 당위적인 가치를 현실적인 행동으로 관련·전환시키는 것을 내용으로 한다. 그러므로 정책은 현실성, 문제해결력, 효과성, 실현성, 능률성의 창조적·합리적 행동으로서의 통합 등을 그 속성으로 한다.

(6) 정치성

교육정책에서는 중립성을 강조하나, 정책은 정치체제와 밀접한 관계를 가지고 있으므로 정치적으로 대단히 민감하다. 그러므로 정책은 정치적 실현성의 중시, 정치적 합리성, 그리고 정치적 책임성 등을 그 속성으로 한다.

(7) 합리성

정책의 합리성은 투입과 산출의 대비를 의미하는 경제적 합리성을 포함한 당위적인 가치, 비합리성, 초합리성까지 포함하는 광의의 합리성을 가진다.

(8) 가변성

정책은 최종적·절대적인 것이 아니다. 정책의 구조화는 항상 계속되기 때문에 정책의 내용과 성격은 계속해서 변하는 것이다. 또한 정책에 의하여 변화된 사회는 환류기제를 통하여 정책을 변화시킨다.

(9) 불완전성

아무리 훌륭한 정책이라도 완전한 것일 수는 없다. 현실적으로 가능한 최고의 질을 확보해주는 정책형성의 모형도 없다. 그러나 정책은 건설적 행위에 대하여 지시적·제시적인 것이다.

이상의 정책에 대한 개념에 비추어, 교육정책은 교육에 대한 중요한 결정이나 권위적 결정 혹은 교육목표달성을 위한 수단의 기획이라 할 수 있는데, 학자에 따라 여러 가지 관점으로 정의를 내릴 수 있다. 교육정책에 대한 정의는 구체적인 교육상황에서 다음과 같은 내용들을 함축하고 있다(송미섭, 나동환, 1993).

첫째, 정치적 과정을 통해 결정되는 국가의 통치작용이다. 교육정책은 정책의 산출을 목적으로 이미 수립된 절차를 통해 적절한 정치적 권력에 의해 결정되는 행위이다.

둘째, 교육제도와 그 운영의 요강에 관한 기본 지침이다. 교육정책은 그를 통하여 수립되거나 개편 및 운용되는 교육제도의 지침이 된다.

셋째, 교육문제 해결을 위한 대안의 선택이다. 교육정책이 교육문제의 해결을 위한 대안들 중 특정한 기준에 의하여 하나의 대안을 합리적으로 선택하는 과정이다.

넷째, 교육이념의 구현이다. 교육정책은 교육이념의 구현과정에서 수단적 역할을 함으로써 교육이념의 구현을 지원한다.

다섯째, 교육행정에 대한 기본 지침이다. 교육정책은 이를 기본지침으로 삼아 그 구체적 목표를 실현시키는 과정인 교육행정활동의 기초가 된다.

이러한 점에서 교육정책은 국가 내지는 권력과 교육 간의 관계라는 작용으로 이루어짐을 알 수 있다. 따라서 교육정책은 정치적 과정을 통해 형성된 하나의 의사결정으로서 국민교육에 중대한 영향을 미치는 정부의 통치행위라는 특성을 갖는다.

2) 교육정책의 결정과정

정책과정은 정책문제의 발생에서부터 정책이 종결될 때까지 일어나는 일련의 과정을 말한다. 정책과정은 정책이 이루어지는 내부체제에서만 형성되는 것이 아니라 정치적·사회적 관련 속에서 역동적으로 이루어지고 있으며, 복잡한 관련 변인과 요소와의 상호작용하에서 여러 단계를 형성하면서 작동하게 된다(Jones, 1970). 이러한 정책과정은 일반적으로 정책문제 채택, 정책결정, 정책집행, 정책평가, 정책종결로 구분되지만, 학자에 따라서는 다소 차이가 있다(정일환, 김정희, 정현숙, 2013).

정정길, 최종원, 이시원, 정준금, 정광호(2012)는 정책결정의 과정을 정책의제설정, 정책결정, 정책집행, 정책평가의 단계로 정책결정과정을 제시하였다. 첫째, 정책의제설정단계는 정부가 사회문제를 공식적으로 해결하기 위해 정책문제로 전환하는 공식적 의사결정 활동이다. 둘째, 정책결정단계는 정책목표 달성을 위해서 여러 대안들 중 최선의 대안을 선택하고 결정하는 과정이다. 셋째, 정책집행단계에서는 정책수단을 실현하는 과정으로서 정책의도의 실현, 정책수단의 구체화 및 실질화, 정책내용의 수정 · 보완 등을 강조한다. 넷째, 정책평가단계는 정책집행이 끝난 후 정책효과와 정책성패를 판단하고 그 결과를 피드백하는 총괄평가와 정책집행의 도중에 정책과정에서의 투입계획, 투입자원, 집행활동, 정책수단 등 정책과정 전반에 대한 검토 · 피드백을 하는 과정평가로 이루어진다.

정책결정의 과정을 교육정책결정의 과정에 적용하면, 일반적으로 교육문제가 제기되어 그것이 본격적인 사회적 쟁점으로 이슈가 되고, 공공의 토론과 논쟁을 거쳐 결국 법제화되는 과정을 거치는 것을 말한다(최종진 외, 2012).

Campbell(1971)은 교육정책의 과정을 기본적 힘의 작용단계, 선행운동단계, 정치적 활동단계, 입법단계로 제시하였다. Rein(1983)은 문제의 선정단계, 정부의 정교한 조치단계, 정착의 달성단계로 나누었다. 김종철(1996)은 교육정책의 결정과정을 교육문제의 제기단계, 정책의제의 형성단계, 정책목표의 정립단계, 정책대안의 탐색과 설정단계, 정책의 심의 · 결정 및 합법화단계로 제시하였다. 정일환, 김정희, 정현숙(2013)은 교육정책의 과정을 교육정책문제의 채택, 교육정책결정, 교육정책집행, 교육정책평가, 교육정책종결의 5단계로 제시하고 있는데, 다음 〈그림 10-1〉과 같다.

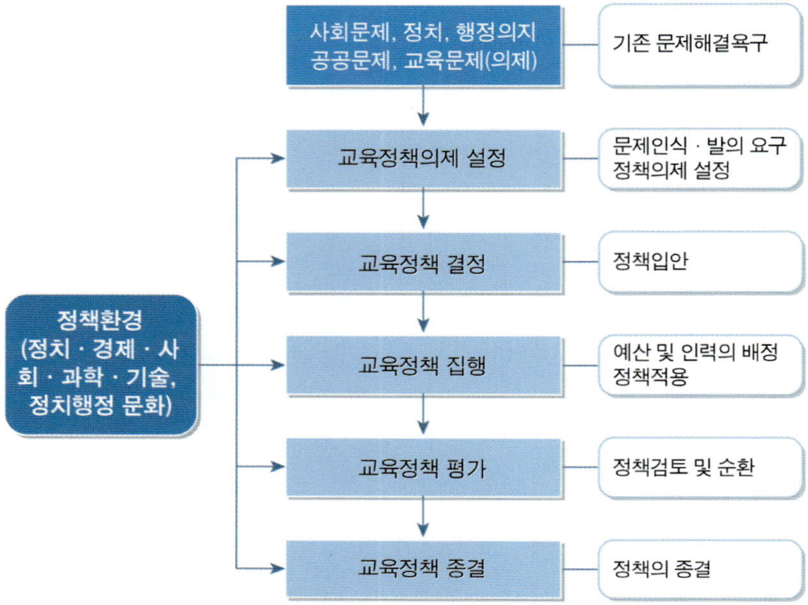

출처: 정일환, 김정희, 정현숙(2016). 교육행정의 이해. p. 94.

그림 10-1 교육정책과정과 환경

즉, 교육적 · 사회적 갈등으로 교육문제, 교육쟁점이 발생하여 정부에 귀속되면 이러한 교육정책문제(의제)를 해결하기 위해 다양하고 합리적인 정책수단을 선택(교육정책결정)하게 되고, 그 수단의 표현(교육정책집행)이 뒤따르게 되는 것이다. 그리고 교육정책목표 및 이를 달성하기 위한 수단과 수단의 표현에 대한 평가(교육정책평가)를 통해 교육정책의 효율성을 추구하게 된다. 이와 같은 교육정책과정은 매 과정마다 교육정책 환경과 상호작용을 하게 되고, 순환과정을 거치면서 이루어지게 된다(정일환, 김정희, 정현숙, 2013).

3) 교육정책의 평가

교육정책의 평가란 앞으로 시행되거나 이미 시행된 교육정책이 바람직하거나 성공적인지, 혹은 부당하거나 실패한 것인지를 판단하는 활동이다.

일반적으로 정책평가는 평가자에 따라 자체평가, 내부평가, 외부평가 등으로 나누어 볼 수 있고, 평가의 단계에 따라 사전평가, 과정평가, 사후평가 등으로 나누어 볼 수 있다. 그리고 평가의 시기에 따라 종합평가, 정기평가, 수시평가 등으로도 나눌 수 있다(이상기, 옥장흠, 2007). 교육정책의 평가유형은 정책과정을 고려하여 평가활동을 전개해야 하는데, 이러한 관점에서 평가유형을 나눈다면 정책형성단계에서는 투입평가, 정책집행단계에서는 과정평가, 정책성과단계에서는 산출평가 등으로 나눌 수 있다. 교육정책 평가의 준거로는 다양한 요소들이 포함될 수 있다. 주요 준거들을 정리하면 다음과 같다.

① **효과성**: 목표달성의 정도로서 처음에 의도했던 교육정책의 목표가 최종적으로 달성되어야 한다는 것을 의미한다.

② **효율성**: 교육정책의 시행을 위해 투입된 시간적 · 재정적 · 정신적 노력에 비해 더 많은 교육정책의 성과를 거두어야 한다는 것을 의미한다.

③ **공평성**: 교육정책이 모든 계층에게 평등한 정책이 되어야 한다는 것으로, 동일한 것은 동일하게 취급하는(모든 유권자에게 한 표의 투표권 행사, 동일 노동에 동일 임금) 수평적 공평성과 서로 다른 것을 다르게 취급하는(사회적 약자에 대해서는 혜택을 제공하고 정책비용을 보다 적게 부담시키는) 수직적 공평성 등이 있다.

④ **실현가능성**: 정책으로 채택되고 그 내용이 충실히 집행될 가능성이다. 정책의 실현을 제약하는 요인이나 조건들에 관한 정책의 제약조건들, 즉 법적 · 윤리적 제약, 정치적 반대, 행정적 · 재정적 · 기술적 제약 등을 고려하는 것이다.

⑤ **수용성**: 교육정책이 사회구성원들로부터 필요하다고 인식될 수 있는 것이어야 한다. 즉, 교육정책의 수용성은 대다수의 사회구성원들이 필요하다거나 중대

하다고 인식하고, 관련 있는 교육정책을 시행할 때 바람직한 교육정책이라는 점을 강조하는 특성이다(김달효, 2011).

⑥ **안정성**: 교육정책의 안정성은 교육정책이 한 번 시행되면 일정기간 지속적으로 계속 시행되어야 한다는 것으로, 교육정책의 빈번한 변동으로 혼란과 불신을 초래하지 않는 것이 바람직한 교육정책이라는 점을 의미한다.

⑦ **사회공헌성**: 시행된 교육정책으로 인해 사회가 더욱 긍정적으로 변화하고 발전하게 될 때 성공적인 교육정책이라는 점을 강조한다.

4) 교육정책 형성의 참여자

우리나라는 중앙집권적 국가체제를 운영하고 있기 때문에 교육정책의 형성도 대통령과 교육부장관을 중심으로 이루어지고 있다. 물론 그 형성과정에는 여러 가지 변인들이 다양하게 영향을 미치게 된다. 많은 사람과 기관이 그 과정에 참여하여 직·간접적인 영향을 미치게 된다. 참여하는 사람이나 기관, 그리고 그 과정에 개입되는 다른 많은 변인들은 교육정책의 형성에 긍정적으로 혹은 부정적으로 작용함으로써 그 결과에 영향을 주게 된다. 교육정책의 형성에는 직접적인 정책결정자 외에도 행정부처, 국회, 정당, 이익집단, 매스컴과 여론, 전문가 및 연구기관, 학부모, 그리고 기타 환경 등 여러 변인들이 영향을 미치고 있다(김규태, 2012). 이에 대해 정태범(1995)은 교육정책의 결정에 영향을 주는 요인을 다음과 같이 정리하였다.

(1) 외부체제의 환경

교육은 정치, 경제, 사회, 문화 등의 환경요인과 밀접한 관계를 맺고 있다. 정치적 이데올로기는 교육이념에 영향을 주고, 이는 다시 교육실천에 영향을 미친다. 경제는 교육체제 운영의 한계를 결정해 주며, 사회적 조건은 교육정책 실현의 기반을 제공해 준다. 그리고 문화는 교육정책의 내용과 밀접한 관련을 갖는다. 이들을 간과할 때 정책은 뿌리내리기 어렵다.

(2) 정책결정자

정책을 결정하는 과정에서 정책결정자의 특성이 큰 영향을 미친다. 즉, 정책결정자의 배경과 경험, 개인적 철학과 소신, 집단적 철학 등이 정책을 결정하는 과정에 영향을 미친다. 정책결정자의 성장배경, 가치관, 신념체계, 살아온 행동양식·경험체계와 같은 개인적인 특성, 정책결정가가 속한 조직의 권력형태, 조직풍토 등의 집단적 특성이 정책결정에 영향을 준다.

(3) 학자와 연구기관

교육정책은 그 대상과 범위가 광범위하고, 복잡한 과정을 거쳐 형성되며, 민주적 참여와 공공의 이익을 도모한다는 특징을 가지고 있기 때문에 그 형성과정에서 전문적 지식과 통찰을 가진 전문가와 지식인 집단을 요구한다. 물론 그러한 사람과 집단은 일차적으로 교육부 관계자들일 것이다. 그들이 교육문제를 위한 고도의 전문화되고 조직화된 정보를 가진 사람들이기 때문이다. 그러나 교육행정가 중심의 교육부 관계자들은 비록 현실적 문제에 대해서는 전문가이지만, 현실적 정보를 정확하게 해석하고 합리적으로 판단하여 미래를 조망하는 안목에서는 다소 미흡한 특성을 가진 전문가 집단이라고 말할 수 있다. 교육정책은 미래지향적인 것이기 때문에 현실적 해결능력 외에 그러한 안목이 절대적으로 요청된다. 따라서 그러한 역할은 대개 교육전문가나 학자에게 기대할 수 있기 때문에, 학자나 연구기관은 교육정책 형성에 있어서 중요한 역할을 하게 되는 것이다.

(4) 정당과 국회

중요한 교육정책은 국회에서의 심의와 의결이 필요하기 때문에 국회와 정당은 교육정책 형성의 중요한 참여자라 볼 수 있다. 국회는 법률안의 의결, 예산안의 심의 확정, 국정의 처리상황 파악 및 질의 등을 통하여 각종 정책을 결정한다. 다만, 국회나 정당 자체는 교육정책 결정 과정에서 발안기능을 거의 갖지 못하고, 행정부에 비해 자체의 정보가 부족하여 대체로 행정부의 제출안에 대하여 승인이나 할 뿐 대체안이나 수정안을 내놓는 경우가 드물며, 설혹 수정을 가한다 하더라도 경미한 사항이거나 적은 범위 내의 수정뿐이라는 한계를 가지고 있다.

(5) 이익집단

교육정책의 대상이 대단히 포괄적이고 다양하기 때문에, 압력단체의 역할을 수행하는 이익집단도 상당히 다양하고 폭넓게 존재한다. 이들은 한국교원단체 총연합회와 같은 교원단체, 사회재단연합회와 같은 육영단체, 학원연합회와 같은 이익단체 등으로 행정부 또는 입법부의 교육정책을 심의 또는 개발하는 과정에서 다양한 방법으로 영향력을 행사하려 하고 있다. 이익단체의 교육정책에의 참여는 성격상 사적인 접촉을 통해 이루어진다. 대체로 인간적인 유대관계를 통해 관련 집단의 이익을 관철하려는 형태로 나타나는 것이다. 그러나 때로는 진정서, 건의서 등을 통한 공식적 요청이나 실력행사를 하기도 한다. 이러한 다양한 이익단체의 참여는 이익집단의 의견을 주로 대변하는 경우가 많기 때문에 부정적인 측면도 있지만, 교육정책의 실현가능성을 확대하고, 보다 좋은 정책대안을 수립할 수 있게 함으로써 교육발전에 기여하고 있다.

(6) 매스컴과 여론

매스컴은 정보전달과 비판의 기능을 통하여 정책결정과정에 영향을 준다. 우선 매스컴은 정책당국과 국민 사이의 의사소통 통로로서의 역할을 수행한다. 정책당국의 정보를 국민에게 전달하며, 국민의 의견을 여론이라는 형식을 통해 정책당국에 전달한다. 따라서 매스컴은 이러한 정부와 국민과의 매개역할을 통해 교육정책 형성에 강력한 영향을 미치고, 그 수정과 정교화에 참여하는 것이다. 한편 매스컴은 비판기능을 통하여 정책결정과정에 영향을 미치기도 한다. 즉, 정부의 정책안에 담겨 있는 내용에 대해 문제를 제기하고 비판을 가함으로써 교육정책 형성에 영향을 미치는 것이다. 또한 매스컴은 그러한 비판을 통해 정책대안을 제시하기도 하고, 이해관련자의 의견을 직·간접으로 공적 토론의 장으로 이끌어내며, 민의를 전달하여 기존 정책방향을 수정하기도 한다.

(7) 국민과 학부모

어떤 교육문제가 하나의 교육정책으로 형성되는 것은 국민들이 새로운 요구를 계속하고, 그 요구가 국회나 다른 기구를 통하여 정책결정자에게 전달됨에 의해서이다. 사실 어떤 교육문제가 정책의제로 결정되는 것은 일반적으로 그 문제에 의해 불편하고 불만스러운 상태를 지속적으로 받아온 사람이나, 집단이 보여준 노력의 산물일 경우가 많다. 이러한 관점에서 보면, 교육정책의 형성에 있어 일차적인 참여자는 분명히 국민과 학부모라 할 수 있다. 한편, 이들은 그러한 정책형성에의 참여 외에도 정책의 영향을 받는 가장 중요한 대상이기도 하다. 그래서 국민과 학부모는 교육정책의 형성에 있어서 개인적으로나 집단적으로 그들의 교육적 요구를 반영시키려 하며, 영향력을 행사하려고 노력하는 것이다. 이는 민주사회에서 필수적인 민중통제의 원리를 충족시킴으로써 교육의 민주화를 도모하고, 보다 국민과 밀착된 교육정책을 수립할 수 있는 기회를 제공하기도 한다.

5) 교육정책 형성의 제약요인

교육정책의 형성에서 가장 핵심적인 사항은 합리적인 교육정책을 어떻게 수립하느냐 하는 것이다. 하지만 교육조직은 다른 조직에 비해 의사결정에 많은 요소가 개입할 여지가 많기 때문에 교육정책의 형성에서 합리적인 선택을 할 가능성이 비교적 낮다. 교육정책 형성의 제약요인을 살펴보면 다음과 같다(김창걸, 1986, 윤정일, 송기창, 조동섭, 김병주, 2008, 이상기, 옥장흠, 2007).

(1) 인적요인

의사결정은 인간이 행하는 것이므로 결정자인 인간이 지니는 여러 가지 속성이 의사결정의 제약요인으로 작용하게 될 수 있는 것이다. 즉, 정책결정자의 인성, 가치관, 사회·경제적 배경과 경험, 정책결정에 관한 전문적 지식·기술과 경험의 부족, 정책결정자의 권위주의적 태도 등에 따라 정책결정의 질이 좌우된다.

(2) 조직적 요인

정책결정은 조직 내의 여러 요인의 상호작용 속에서 이루어지며, 조직구조의 특성, 규범, 배분, 계층제, 의사소통 등이 합리적 결정을 좌우한다. 구체적으로 살펴보면, 집권화와 계선 중심의 행정, 정책담당기구의 모호성, 상향식 및 횡적 의사소통의 비활성화, 인적·물적자원의 제약, 정확하고 신속한 정보의 부족, 시간의 제약, 기존 교육정책 무시 등은 정책결정의 질을 저하시킨다.

(3) 환경적 요인

조직을 둘러싸고 있는 정치적 풍토, 경제적·법률적·문화적 요인, 사회적 관습 등이 정책결정에 영향을 미치며, 교육정책의 결정에 대해 여론, 언론, 전문가 집단, 이익단체, 정당, 국회 등이 너무 민감하게 반응함으로써 합리적인 정책결정을 저해한다. 또한 정책결정자들의 재임기간이 짧기 때문에 단기적인 활동에 치중하고, 책임을 모면하려는 보신주의적 관료풍토가 교육정책의 질을 저하시킨다.

6) 최근의 교육정책 예시

여기서는 최근 정부가 발표한 교육정책들 중 공교육정상화 제도를 그 예로 제시한다. 이에 대한 자세한 사항은 교육부 홈페이지(http://www.moe.go.kr)에서 살펴볼 수 있다.

(1) 공교육정상화

2014년 9월 12일부터 시행되고 있는 「공교육 정상화 촉진 및 선행교육 규제에 관한 특별법」의 약칭으로, 초·중·고등학교에서 선행교육을 하거나 선행학습을 유발하는 평가 등을 금지하기 위한 법이다. 또한 중·고교와 대학의 입학전형도 각급학교 입학단계 이전 교육과정의 범위와 수준을 벗어나지 못하도록 하고 있다.

제1조(목적) 이법은 「초·중등교육법」에 따라 공교육을 담당하는 초·중·고등학교의 교육과정이 정상적으로 운영되도록 하기 위하여 교육 관련 기관의 선행교육 및 선행학습을 유발하는 행위를 규제함으로써 「교육기본법」에서 정한 교육목적을 달성하고 학생의 건강한 심신발달을 도모하는 것을 목적으로 한다.

이 법이 도입된 배경은 첫째, 선행학습 위주의 과도한 사교육으로 인한 학부모의 경제적 부담, 정상적 학교수업의 방해, 전인적 교육을 위한 교육목적에 방해, 둘째, 학교 내 선행학습 유발행위인 교육과정 운영과 평가의 문제점을 개선하기 위해서 제정되었다. 미리 배워온 것을 전제로 한 수업과 시험을 금지하여 교육과정에 충실한 수업의 구현과 초·중·고등학교 학생의 발달단계에 맞는 교육실현이 기대된다.

① 공교육정상화법 세부 추진사항

- 선행학습이 필요 없는 학교교육과정: 학교가 편성한 교육과정의 범위와 수준 내에서 학교수업 및 방과 후 학교 실시
- 학교시험은 배운 내용에서 출제: 학교시험(지필평가, 수행평가 등) 및 각종 교내대회 등은 배운 내용에서 출제
- 사교육 없이 준비할 수 있는 공정한 입학전형: 대학, 특성화중, 특목고, 자사고 등의 입학전형은 입학 이전 교육과정의 범위 안에서 시행
- 학원 등 사교육기관의 선행학습 유발광고 및 선전금지: 선행학습 유발 광고 또는 선전에 대한 지속적인 행정지도, 공교육 정상화를 위한 사교육기관의 동참유도

② 교육과정 편성·운영·평가

편성단계	• 국가 교육과정, 시도 교육과정에 근거하여 학년(군), 학교급 범위 내에서 편성 – 목표, 내용, 수준, 지도순서, 시간, 방법의 조정
운영단계	• 계획(편성)된 학교교육과정 운영 – 교과별 지도계획과 운영의 일관성 유지 – 교육과정 재구성으로 내용의 순서와 비중 등 조정 운영 가능
평가단계	• 학생이 배운 학교교육과정 범위와 수준 내에서 평가 – 지필평가, 수행평가 등 학교에서 가르친 내용과 기능평가

가. 선행교육

- 수업이나 방과 후 학교에서 편성된 학교교육과정을 앞서는 교육과정을 운영하는 행위('앞서는' 교육과정이란, 해당 학기, 학년, 또는 학년군에서 학습하도록 계획된 것에서 벗어난 내용)
- 입학이 예정된 학생을 대상으로 해당 학교의 교육과정을 사실상 운영하는 행위(예: 고등학교 입학예정인 학생을 일정기간 출석시켜 고등학교 과목내용을 지도하는 경우)

나. 선행학습 유발행위

- 학생이 배운 학교교육과정의 범위와 수준을 벗어난 내용을 지필평가, 수행평가, 각종 교내대회 등에 출제하는 행위
- 입학이 예정된 학생을 대상으로 해당 학교 입학단계 이전 교육과정의 범위와 수준을 벗어난 내용을 출제하여 평가하는 행위(예: 고등학교 입학 예정인 학생을 대상으로 하는 배치고사에 고등학교 내용을 출제하는 경우)

③ 입학전형

- 대통령령으로 정하는 학교의 입학전형 범위 준수
- 학교의 설립목적과 특성에 맞는 학교생활기록부 기록 반영
- 입학전형 반영 금지사항 준수
- 입학전형 영향평가 실시

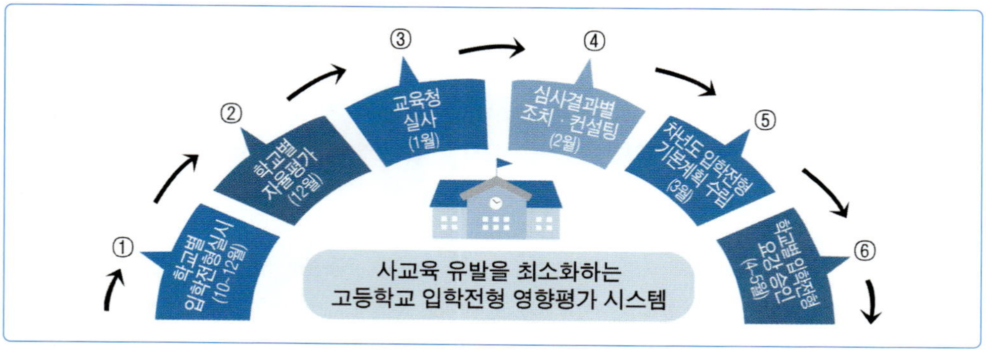

그림 10-2 입학전형

2 교육기획

교육기획은 미래교육활동의 합리성과 효율성을 극대화하기 위한 지적·합리적인 사전준비 과정으로서 교육의 비전과 방향을 제시한다. 새로운 해마다 학교에서 수립하는 학교교육계획서나 교육활동을 위한 프로그램 등을 구상하고 설계하는 일로 연상하면 이해하기 쉬울 것이다. 여기서는 교육기획의 개념, 유형과 과정, 평가 등에 대해서 살펴볼 것이다.

1) 교육기획의 개념

미래를 예측하여 대비하는 것은 고도의 정신능력을 가진 인간만이 할 수 있다. 기획(planning) 또는 계획(plan)은 인간이 조직적인 생활을 시작하면서부터 필요하게 되었다(정일환, 김정희, 정현숙, 2013). 특히 사회체제가 훨씬 조직화되고, 그 활동을 위해 보다 체계적인 노력을 요청하고 있는 오늘날은 모든 조직에서 기획의 개념을 도입하여, 과업을 보다 장기적이고 종합적인 관점에서 체계적으로 수행하고 있다(윤정일, 송기창, 조동섭, 김병주, 2004).

흔히 기획이라는 용어는 계획이나 정책과 혼용해서 사용되는 경우가 많다. 사전적으로 기획(planning)은 계획하는 과정과 계획을 집행하는 과정을 포함한 의미이다. 여기서 계획(plan)은 기획을 통해 산출되는 결과로서 문서화된 활동목표와 수단을 말한다. 정책은 기획에 선행되는 것으로서 기획을 위한 기본적 틀을 말한다(김윤태, 1984). 현대의 행정 또는 경영에서 기획의 기능은 그 중요성이 점차적으로 강조되고 있으며, 국가를 비롯한 각급 행정기관에 있어서 필수 불가결한 기능으로 받아들여지고 있다(임연기, 최준열, 2010).

교육의 영역에서도 오래전부터 기획의 개념이 도입되어 미래의 교육을 위한 사전준비를 통해 교육활동을 보다 체계적이고 합리적으로 계획·수행하고 있다. 교육기획은 국가수준에서부터 단위학교에 이르는 다양한 교육단계와 활동영역에서 장래의 불확실성을 제거하고, 교육의 합리성과 효율성을 극대화하기 위한 준비과정으로 이루어지고 있다(최종진, 박균달, 구병두, 심은석, 박경수, 2012). 즉, 교육기획이란 미래의 교육활동에 대하여 일련의 결정을 준비하는 과정으로, 교육현상에 대한 분석과 미래에 대한 예측을 기초로 하여 타당한 목표를 설정하고 그 목표를 달성할 수 있는 전략과 함께 활동계획을 수립하는 의식적인 과정이다(이상기, 옥장흠, 2007).

이러한 교육기획의 개념에 비춰 볼 때, 교육기획은 다음과 같은 특징을 지니고 있다(김수영, 전제상, 2005).

① **목표지향적인 활동**: 교육기획은 교육조직의 행동을 목표달성에 집중시킨다.

② **미래지향적인 행동과정**: 교육기획은 미래교육의 구상으로 앞으로의 교육활동에 관해 준비하는 과정이다.

③ **합리성과 능률성을 추구하는 과정**: 교육기획은 미래교육을 합리적으로 실현하는 과정이기 때문에 기획의 과정은 합리성과 능률성 등과 같은 과학적인 방법을 적용하여 최적의 수단을 제시하는 데 있다.

④ **의사결정의 과정**: 교육목표 실현을 위한 대안마련에 있어서 기획은 의사결정과정과 다를 바 없다.

⑤ **역동적인 준비과정**: 교육기획은 사전 준비과정이지, 실제적인 시행이나 집행이 아니기 때문에 상황변화에 따라 수정하거나 보완할 수 있는 역동성을 지닌다.

교육기획은 급변하는 지식정보사회에서 미래교육의 불확실성을 감소하고, 생산적인 노동력을 확보하기 위한 첫걸음이라고 할 수 있다. 이러한 관점에서 보면, 교육기획은 미래지향적인 교육이 가능하도록 하고, 교육력의 극대화를 위한 준비과정으로서 필수적인 기능을 담당하고 있다.

2) 교육기획의 기능 및 원리

교육기획은 교육목적을 효율적으로 달성하기 위한 보조적 · 수단적 기술이다. 따라서 교육기획의 목적은 교육목적을 효율적으로 달성하기 위한 일종의 지원체제로서의 역할이라 할 수 있다. 즉, 교육기획은 내·외적 효율성을 향상시키기 위한 활동이다. 내적 효율성은 교육체제 내부에 있어서의 성과를 높이는 것이고, 외적 효율성은 교육활동의 사회적 목표에 대한 타당성과 효율성을 의미하는 것으로 외부사회에 대한 성과를 향상시키는 것이다(김창걸, 2001). 교육기획의 기능을 제시하면 다음과 같다(김윤태, 1994; 김창렬, 2001; 이상기, 옥장흠, 2007).

① **교육의 기회균등화 촉진**: 교육계획을 통하여 취학률과 진학률의 향상, 성별·인종별·종교별·사회적 신분별·경제적 빈부별 등에서 교육상의 차별대우를 없애고 능력과 적성에 따른 교육의 기회균등을 촉진한다.

② **교육내용과 방법의 현대화 및 효율화의 촉진**: 변천하는 사회의 요구에 부응하는 교육내용과 교육방법을 개선·개발하여 교수학습의 효과를 올릴 수 있도록 보조적 역할을 한다.

③ **교직의 전문화와 교원의 지위향상 촉진**: 직전교육과 현직교육의 발전, 교원처우와 후생의 개선, 신분과 사회보장의 강화 등 교원정책 전반에 걸친 개선을 촉진한다.

④ **교육행정의 현대화 촉진**: 교육행정조직의 효율화, 행정요원의 전문화, 인사행정의 개선, 사무관리의 표준화·간소화·전문화·기계화, 교육시설의 발전과 시설활용의 개선 등을 촉진한다.

⑤ **교육재정의 효율화**: 교육계획을 통하여 적정규모의 교육재원을 확보하고, 기획과 예산의 연결을 통하여 예산의 효율적 배분과 효과적인 집행을 도모한다.

⑥ **교육연구개발의 촉진과 평가활동 강화**: 교육발전을 위한 연구개발을 촉진하며, 과학적인 평가체계를 확립하여 피드백, 피드 포워드(feed forward)함으로써 교육목적의 달성을 극대화한다.

⑦ **교육의 사회수요와 인력수요 충족 및 교육의 외적 생산성 고양**: 교육에 대한 사회의 요청, 즉 능력, 지식, 기술, 태도, 가치관 등을 인력 수급면에서 충분히 만족시킬 수 있도록 도와준다.

⑧ **계획하는 교육의 체제구축**: 교육계획을 통해서 과학성 · 합리성 · 효율성을 추구하며, 변화에 대응하고 계속적으로 계획하는 교육의 체제를 구축한다.

교육기획은 미래의 불확실한 세계에 대비하여 계획을 수립하는 과정이기 때문에 사실상 쉬운 교육행정 업무가 아니다. 즉, 미래예측의 곤란성, 기획에 대한 인식의 부족, 시간 · 비용의 제약, 기획요원 및 행 · 재정적 지원의 미흡, 정치적 · 사회적 압력, 목표설정의 갈등과 계량화의 곤란, 개인적 창의성의 위축 등과 같은 많은 저해요인과 한계를 지닌다(김창걸, 1992, 1995).

교육기획의 기능이 잘 실현되기 위해서는 교육계획을 하는 과정에서 고려해야 할 원리들이 있다. 좋은 계획을 만들기 위해 지켜야 할 교육기획의 원리는 강조점과 관점에 따라 다를 수 있지만, 공통적으로 적용되는 원칙들은 종합성, 민주성, 전문성, 합목적성, 경제성, 중립성, 융통성, 안정성, 균형성, 계속성, 적응성, 단순성, 과학성 등을 들 수 있다. 그런데 이들 원칙 중 기획을 하는 과정에서 우선적으로 고려되어야 할 원리가 타당성, 민주성, 효율성, 종합성이라 할 수 있다. 이들 네 가지의 원리를 중심으로 교육기획의 원리를 설명하면 다음과 같다(임연기, 최준열, 2010).

① **타당성의 원리**: 합목적성의 원리와 같은 원리로서, 기획이 추구하는 목적을 달성할 수 있도록 적절히 계획되어야 한다.

② **민주성의 원리**: 교육기획을 수립하는 과정에서 교원과 학부모, 관련 집단 등의 광범위한 참여를 통해 민주적으로 이루어져야 한다.

③ **효율성의 원리**: 교육기획은 추구하는 목표를 달성할 수 있는 능률적이고 효과적인 수단과 방법을 동원할 수 있도록 수립되어야 한다.

④ **종합성의 원리**: 교육기획을 수립하면서 국가와 지방의 교육계획, 타 부문의 교육계획과 연계하여 전체를 일관하여야 한다.

3) 교육기획의 유형

교육기획의 유형은 분류기준을 어떻게 설정하느냐에 따라 여러 가지로 구분할 수 있지만, 여기서는 기획의 주체, 기획의 기간, 기획의 종합성 정도에 따른 유형으로 분류하여 제시하면 다음과 같다.

(1) 기획 주체에 따른 유형

교육기획을 수립하는 주체가 누구냐에 따라 국가교육기획, 지역교육기획, 학교교육기획 등으로 분류될 수 있다. 국가교육기획은 교육부가, 지역교육기획은 시・도 교육청이, 학교교육기획은 단위학교가 수립하는 계획이다. 이러한 분류는 서로 계획의 내용이나 기능이 달라야 함을 전제로 한 분류일 뿐, 상호 밀접한 연계성을 가지고 수립되어야 전반적인 교육발전을 도모할 수 있다.

(2) 기획 기간에 따른 유형

교육기획을 완성하는 데 소요되는 기간을 기준으로 단기교육계획, 중기교육계획, 장기교육계획으로 구분된다. 단기계획(short-tern plan)은 통산 1년에 추진하는 연간 계획으로 중・장기계획을 집행하기 위한 운영계획으로서 예산과 연결된 구체적 실천계획이다. 중기계획(medium-turn plan)은 3~5년에서 실천되는 계획이다. 장기계획(long-turn plan)은 7년 이상 실천되는 계획으로 장기적인 발전전망과 비전하에 구조적인 차별화와 지속적인 개발추진을 강조한다(김창걸, 2001, 안병환, 가영희, 성낙돈, 임성우, 2008). 이러한 계획은 서로 밀접한 관련 속에서 수립되기도 하는데, 단기교육계획은 중기나 장기교육계획에, 중기교육계획은 장기교육계획에 의거하여 수립될 수가 있다.

(3) 기획의 종합성 정도에 따른 유형

교육기획의 범위를 어디까지 하느냐에 따라 종합교육계획과 부문교육계획으로 구분된다. 종합계획은 한정된 대상이나 부문만을 다루는 부문별 교육기획과는 달리 부문별 또는 부처별 사업을 조정하여 중복 시행으로 인한 낭비를 줄일 수 있고, 대상영역의 전체적인 모습을 일목요연하게 파악할 수 있는 효과가 있다. 반면에 부문별 교육기획은 종합계획과의 관련 속에서 수립되는 것이 원칙이지만, 국가 또는 지방자치단체의 필요에 따라 수시로 수립되기도 한다. 전체적인 사업과 조율되지 않은 채 한 분야의 사업계획이 수립되는 경우, 다른 부문과의 갈등이 야기될 가능성이 있다.

4) 교육기획의 과정

교육기획의 과정은 교육계획을 수립하는 절차를 의미하는데, 교육계획의 수립 시에는 절차를 꼼꼼히 거쳐야 합리적이고 바람직한 계획이 수립될 수 있다.

교육기획의 과정에는 어떤 정형이 있는 것이 아니라, 기획의 성격과 내용, 필요한 시간과 자원, 환경조건 등에 따라 거치는 과정이나 단계가 다를 수 있다. 그렇지만 대체로 교육기획의 과정은 과학적 문제해결의 과정과 유사한 단계를 거쳐 이루어진다. 교육기획은 일반적으로 첫째, 목표설정, 둘째, 현황파악, 셋째, 기획전제의 설정, 넷째, 대안의 탐색과 비교, 다섯째, 최종안의 선택, 여섯째, 기획의 집행과 후속기획 등의 과정을 거쳐 수립된다(최종진 외, 2012). 교육기획의 과정을 학교상황에 적용하면 다음과 같은 단계로 제시될 수 있다(안병환 외, 2008).

① **상황 분석**: 학교체제의 현황을 체제 내외의 여러 변인과 관련시켜 확인하고 당면문제 및 필요성 등을 분석한다.

② **목표설정 계획**: 상황분석을 토대로 목표설정 계획이 이루어진다. 여기에는 '학교교육 목표설정', '학교경영 목표설정', '학교경영 방침설정' 등이 포함된다. 이 목표들은 일관성 있게 목표의 위계화에 의해서 상위목표와 하위목표의 관계로 이루어져야 한다.

③ **학교경영 조직계획**: 학교목표, 경영목표, 경영방침이 수립되면 실천단계에서 각종 활동이나 과업을 수행할 조직을 편성하고 업무분장을 하는 계획이다.

④ **활동계획의 작성**: 선정된 경영방침을 실천에 옮기기 위한 조직계획을 세운 다음에 세부적인 실천계획이 작성되는 단계이다. 즉 누가, 무엇을, 언제, 얼마나 수행할 것인가를 정확하고 상세하게 기술하는 계획과정이다.

⑤ **평가계획**: 학교교육목표가 효율적으로 달성되었는지 각 절차와 요소들을 점검하는 단계이다. 피드백과정을 통해 각 단계를 자세하게 분석하여 잘못된 부분은 수정을 하고, 전체적인 단계가 제대로 이루어지도록 돕는다.

5) 학교에서의 기획 실제

(1) 학교교육계획서

일선 학교에서는 그해 2월에 1년간의 학교교육활동에 관한 계획을 학교별로 수립하여 지역 시·도 교육청에 제출한다. 그리고 제출된 교육계획서에 포함된 학사일정에 따라 모든 교육활동이 진행된다.

표 10-1 ○○고등학교 학교교육계획서 사례

Ⅰ. 계획의 기저
1. 상위목표 분석
2. 학교현황 및 실태
3. 전년도 학교경영평가 결과

Ⅱ. 목표 및 방침
1. 교육목표
2. 경영목표 및 방침
3. 교육목표 구현 체계표

Ⅲ. 교육목표 구현계획
1. 교육목표 1의 구현계획
2. 교육목표 2의 구현계획
3. 교육목표 3의 구현계획
4. 교육목표 4의 구현계획
5. 교육목표 5의 구현계획

Ⅳ. 교육과정 운영계획
1. 편제 및 시간배당
2. 교과교육 운영
3. 수준별 교육과정 운영
4. 재량활동 운영
5. 특별활동 운영
6. 기초학력책임지도제 운영
7. 주5일 수업제 운영
8. 학사 일정(수업일수·시수 확보)

Ⅴ. 교육활동지원계획
1. 조직관리
2. 재정관리
3. 시설관리
4. 교내자율장학
5. 생활지도

Ⅵ. 역점 사업계획
1. 노력중심
2. 특색사업
3. 혁신과제

Ⅶ. 학교 중·장기 발전계획
1. 교육활동분야
2. 교육활동 지원분야
3. 교육복지분야

Ⅷ. 학교경영평가계획
1. 평가계획(목표, 대상, 방법)
2. 평가기준(영역, 지표, 요소)

〈부록〉
부서별 업무 추진 계획
교과별 업무 추진 계획
학교경영계획 수립을 위한 설문지
학칙, 학업성적관리규정, 학교생활규정 등 주요 학교규정

출처: 윤정일, 송기창, 조동섭, 김병주(2009). 교육행정학원론. p. 385.

표 10-2 ○○초등학교 학교교육계획서 사례

Ⅰ. 학급경영계획의 기저 1. 학교교육과정 편성 · 운영의 법적 근거 2. 교육부 학교정책 추진방향 3. 대구교육의 기본방향 4. 서부교육의 추진방향 5. 학교 현황 6. 기초 조사 Ⅱ. 학교교육 목표 1. 학교장 경영관 2. 본교 교육의 기본 방향 3. 우리 학교! 이렇게 변하겠습니다. 4. 학급 특색 사업 운영계획 Ⅲ. 학교교육과정 편성 1. 교육과정 편성 · 운영위원회 2. 편성의 기본 방향 3. 교육과정 편제 Ⅳ. 학교교육과정 운영 1. 운영의 기본방향 2. 교과 3. 수준별 교육과정의 편성 · 운영 4. 재량활동 5. 특별활동	Ⅴ. 교육과정 지원활동 1. 교무기획부 운영계획 2. 교육과정부 운영계획 3. 학습지도부 운영계획 4. 교육정보부 운영계획 5. 생활지도부 운영계획 6. 과학교육부 운영계획 Ⅵ. 학교교육과정 평가 1. 학년도 평가계획 2. 교과학습 발달 평가 3. 재량활동 평가 4. 특별활동 평가 5. 행동발달 평가 6. 교육과정 평가 〈부록〉 업무분장 봉사반 학교예산의 편성과 운영 학교발전을 위한 중장기 계획 학교경영계획 수립을 위한 설문조사 학교경영계획을 수립을 위한 의견서 학교 안내도

출처: 윤정일 외(2009). 교육행정학원론. p. 384.

(2) 학급경영계획서

학급경영안은 학교의 통일된 양식에 따라 작성할 수도 있고, 교사 자신이 별도의 양식을 개발하여 사용할 수도 있다. 대부분의 문헌에서 언급하고 있는 학급경영계획은 주로 초등학교 상황을 가정하고 쓰인 것이다. 중등학교의 경우에는 학습지도계획을 학급경영계획에 포함시키기 어렵기 때문에 학급경영계획의 내용도 그만큼 제한적일 수 밖에 없다. 초등학교의 경우에는 위와 같은 학급경영안을 작성하는 것이 보통이지만, 중등학교의 경우에는 별도의 학급경영안보다는 교무수첩을 활용하는 것이 보통이다.

표 10-3 학급경영안 예시

Ⅰ. 학급경영목표(교육목표) Ⅱ. 학급경영목표 및 방침 Ⅲ. 학급현황 1. 학급현황 2. 학생 개인자료 Ⅳ. 실천계획(지도중점) 1. 교과지도 2. 생활지도 3. 특별활동지도 4. 학교재량시간 5. 특색교육지도	Ⅴ. 교육활동(주 · 월별) 1. 학급역할 분담조직 2. 학급환경 정리 3. 학습지도 4. 생활지도 Ⅵ. 학생발달 평가 1. 개인별 교과활동 2. 개인별 행동발달 3. 클럽활동 상황 Ⅶ. 학급경영 평가 및 반성 Ⅷ. 기타 참고자료

출처: 윤정일 외(2009). 교육행정학원론. p. 470.

Chapter

11

교육제도와 교육행정조직

1. 교육법
2. 교육제도
3. 교육행정조직

1 교육법

“교육제도에 관한 기본적인 사항은 반드시 국민의 대표기관인 국회에서 제정하는 법률로 정한다.”는 교육법의 기본원리에서도 시사하듯이, 모든 교육법규는 교육제도의 기초가 되며, 학교제도는 교육법규에 의해 공인된다. 이러한 점에서 교육법규와 제도는 불가분의 관계에 있다고 하겠다. 따라서 교육제도를 살펴보기에 앞서 먼저 ‘교육법’을 살펴볼 필요가 있다.

1) 교육법의 개념

교육법이란 교육에 관한 법으로서, 학교교육과 평생교육을 포함한 교육정책, 제도 및 그 운영, 교육재정 및 교원의 지위에 관한 사항을 규정한 법을 통칭하는 것이다.

교육법은 교육과 법이라는 두 개의 용어로 성립한다. ‘교육’은 인간의 성장 가능성이 최대한으로 실현되도록 가치 있는 것을 전수해주는 일이다. 따라서 교육이 이루어지는 학교사회는 다른 사회와는 달리 자율적 구조가 되어야 하며, 이를 장려하고 지향하도록 하기 위한 제도적 장치가 마련되어야 한다. ‘법’은 사회질서를 유지하기 위한 하나의 강제적 규범이며, 이것을 위반하는 행위에 대해서는 외부의 제재가 가해진다. 국가 백년대계로서 교육제도는 공공성을 띠고 있으므로, 강제력을 가진 법규범의 제재가 필요하게 된다(윤정일 외, 2009).

교육법은 적용하는 대상이나 내용에 따라 다양하게 제정되어 적용되고 있기 때문에 그 특성을 밝히기가 쉽지 않지만, 교육법은 다음과 같은 성격을 지니고 있다.

(1) 조장적 성격

교육법은 인간을 육성하는 것이므로 지휘·복종의 공권력 관계라기보다 오히려 비권력적이고 지도·조언·이해의 성격이 강하며, 전문적 기술성을 요하는 조장적 성격이 강하다.

(2) 특별법적 성격

교육법은 일반법에 대하여 특별법의 지위를 갖고, 내용이 상충되는 경우에는 우선적 효력을 지닌다. 법의 효력범위에 따라 그 효력범위가 일반적·보편적 사항에 대한 것인가, 특수한 사항에 대한 것인가를 기준으로 할 때 전자를 일반법, 후자를 특별법이라고 한다. 교육법은 대체로 교육에 관계되는 사람, 교육장소 및 시설, 그리고 기타 교육에 관한 사항에 대해 구체적이고 특별히 규정하고 있으므로 특별법적 성격을 가진다고 할 수 있다(표시열, 2001).

(3) 특수법적 성격

교육법은 공법과 사법의 구별이 명확하지 않은 특수법적인 성격이 강하다. 개인 간의 관계를 규율하는 법을 사법이라고 하며, 국가나 지방자치단체와 개인과의 관계를 규율하는 법을 공법이라고 한다. 시대의 흐름에 따라 교육권은 공권력 개념으로만 해석하기에는 논리정립이 어렵게 되었다. 특히 국민교육의 사회보장적 경향과 교육개방 및 평생교육 등의 등장은 교육법의 특수법적 성격을 더욱 뚜렷하게 해 준다(김낙운, 1986). 또한 사립학교의 경우에는 사법적 성격이 강하여 어느 경우에는 민사로 재판을 밟는 특수성이 있기 때문이다(표시열, 2001).

(4) 사회복지적 성격

의무교육과 교육의 기회균등이 개인의 사회적·경제적 지위향상을 위해 필수적이라는 점에서, 또 헌법이 국가에게 평생교육 진흥의무를 부과시키고 있다는 점에서 교육법은 사회복지 증진을 위한 성격을 가지고 있다(표시열, 2001).

(5) 윤리적 성격

교육법은 윤리적인 면이 특히 강조되는 특성을 지닌다. 교육법에서 공·사립의 교육기관을 불문하고, 국가와 민족에 대한 의무와 책임이 다른 법률에 비하여 현저하게 강조되고 있음은 이러한 윤리적 성격 때문이다(김낙운, 1986).

또한 교육법규는 인격도야 또는 전인교육이라는 교육의 목표달성을 위한 합리적인 수단을 제시하는 것을 주안점으로 하기 때문에 조장적 성격과 함께 수단적 성격을 지니며, 국가의 주권이 미치는 범위 내에서만 시행되므로 국제법과는 상이한 국내법적인 성격을 가진다.

2) 교육법의 기본원리

교육법은 교육에 관련된 사항을 규정하는 법률로서, 교육이 추구해야 할 정신과 가치를 내포하고 있다. 교육법의 기본원리는 교육관계 여러 법규에 일관하여야 되는 근본이념이나 기본가치 또는 기본방침으로서 교육법의 시행으로 구현하고자 하는 궁극적인 목표이거나 교육운영상 견지되어야 할 기본입장이라 할 수 있다. 교육법의 원리는 교육 관련 법령의 해석척도가 되고, 교육입법 및 정책입안의 방향을 제시하며, 교직종사자를 포함한 국민일반의 교육에 관련된 행동지침이 되는 것으로서, 이를 명백히 하는 일은 매우 중요하다.

교육이념을 구현하기 위해서 교육법 전반에 기본원리가 내재되어 있는데, 「교육기본법」의 제1장 총칙에서는 학습권, 교육의 기회균등, 교육의 자주성 · 전문성 · 중립성, 의무교육, 학교교육 등에 관한 기본적인 방향을 설정하고 있다. 이는 교육법의 기본원칙을 간접적으로 천명한 헌법 제31조에 근거한다.

교육법이 추구해야 할 원리를 남정걸(2005)은 기회균등의 원리, 자주성 존중의 원리, 지방자치의 원리, 법률주의의 원리, 공공성의 원리로 정리하고 있으며, 김종철(1982)은 법제면에서 본 교육행정의 기본원리로 법치행정, 기회균등, 적도집권, 자주성 존중의 네 가지를 들었다. 여러 학자가 제시한 교육법의 기본원리를 종합하고, 헌법의 교육조항과 교육관계 여러 법령의 취지와 정신을 분석해 볼 때 교육법의 기본원리를 교육제도의 법정주의, 교육자주성의 원리, 교육권 보장의 원리, 교육전문성의 원리, 교육기회균등의 원리, 교육중립성의 원리로 요약해 볼 수 있다(윤정일 외, 2009).

(1) 교육제도의 법정주의

「헌법」 제31조 제6항에 규정되어 교육제도에 관한 기본적인 사항은 반드시 국민의 대표기관인 국회에서 제정하는 법률로 정하게 함으로써, 교육을 받을 권리가 국가의 행정기관이나 학교법인 등에 의하여 부당하게 제한되거나 침해를 받지 않도록 예방조치를 하고 있다.

(2) 자주성 존중의 원리

교육의 독자성과 자주성을 존중해야 한다는 원리로, 「헌법」 제31조 제4항에 규정되어 교육내용이 교육자에 의하여 자주적으로 결정되고 행정권력에 의한 교육통제가 배제되며, 지방교육자치제를 보장하고 있다. 이는 또한 민주교육의 원리 또는 지방교육자치의 원리와 통하는 것이라 하겠다.

(3) 교육권 보장의 원리

대부분의 나라에서 '교육을 받을 권리'를 보장하기 위한 규정은 헌법상의 국가적 의무로서 명시되어 있는데, 우리나라에서도 예외는 아니다. 현행 「헌법」과 「교육기본법」에서는 교육권을 보장하기 위하여 모든 아동의 보호자에 대하여 그 자녀의 교육을 받게 할 의무를 지우고 있으며, 무상의무교육을 보장하고 있다.

(4) 교육전문성의 원리

교육 관련법에서는 교육의 전문성을 보장하기 위해서 교육의 자유 및 학문의 자유를 명시하고 있다. 이는 「헌법」 제22조 제1항의 교육의 전문성을 보장하기 위한 교육의 자유 및 학문의 자유와 관련되어 있다.

(5) 교육기회균등의 원리

민주주의의 기본원리로서, 특히 교육행정에 있어서 가장 뚜렷하게 주장되고 있는 원리이다. 「헌법」 제31조 제1항에서는 "모든 국민은 능력에 따라 균등하게 교육을 받을 권리를 가진다."고 규정하고 있다. 여기에는 사회적 신분에 의한 차별을 금지하고, 의무교육의 무상원칙, 단선형 학교제도의 운영 등이 포함된다.

(6) 교육중립성의 원리

공교육체제는 교육의 기회균등을 실현하는 외적 조건의 보장뿐 아니라, 교육의 중립성이라는 그 내적 사항의 보장을 본질로 하고 있으며, 이에 따라 학생은 중립적인 교육을 받을 권리를 지니고 있다. 교육의 중립성은 종교적·정치적 중립성을 포함한다(윤정일, 송기창, 조동섭, 김병주, 1994).

3) 교육법의 구조

현행 교육법은 헌법을 근간으로 하고 있으며 「교육기본법」, 「유아교육법」, 「초·중등교육법」, 「고등교육법」, 「평생교육법」, 「지방교육자치에 관한 법률」이 교육법의 주요내용을 이루고 있다. 「교육기본법」은 교육에 관한 이념과 방향을 설정한 법이고, 「유아교육법」, 「초·중등교육법」, 「고등교육법」은 학교급별 학교의 설치와 운영에 관한 법이다. 「평생교육법」은 학교 이외의 교육에 관한 규정이고, 「지방교육자치에 관한 법률」은 지역의 특성에 부합되게 교육을 자주적으로 운영하기 위해 규정한 법이다. 이들 외에도 「사립학교법」, 「교육공무원법」, 「지방교육재정교부금법」 등 많은 법들이 제정되어 운영되고 있는데, 주요 법률을 중심으로 현행 교육법의 구조를 살펴보면 다음과 같다.

(1) 헌법

교육에 관하여 직접적으로 규정하고 있는 조항은 「헌법」 제31조 제1항에서부터 제6항까지이다. 제1항은 교육을 받을 권리, 제2항은 교육을 받을 의무, 제3항은 의무교육의 무상, 제4항은 교육의 자주성, 전문성, 정치적 중립성 및 대학의 자율성, 제5항은 평생교육의 진흥, 제6항은 교육제도·운영·재정 및 교원의 지위 등의 법률주의에 관한 사항을 규정하고 있다.

(2) 교육기본법

「교육기본법」은 부칙을 제외하고 3장 29조로 되어 있다. 제1장은 총칙, 제2장은 교육당사자, 제3장은 교육의 진흥에 관한 사항을 규정하고 있다. 교육에 관한 국민의 권리·의무 및 국가와 지방자치단체의 책임을 정하고 교육제도와 그 운영에 관한 기본적인 사항을 규정하고 있으며, 교육이념, 학습권, 교육의 기회균등, 교육의 자주성, 교육의 중립성, 교육재정, 의무교육, 학교교육, 사회교육 등 교육이 나가야 할 기본방향과 원칙을 제시하고 있다.

(3) 유아교육법

유아교육에 관한 사항을 규정하고 있는 「유아교육법(법률 제11690호, 2013. 3. 23.)」은 총 5장 35조로 되어 있다. 제1장은 총칙, 제2장은 유치원의 설립 등, 제3장은 교직원, 제4장은 비용, 제5장은 보칙 및 벌칙에 관한 사항을 규정하고 있다.

(4) 초·중등교육법

「초·중등교육법」은 「교육기본법」 제9조에 따라 초·중등교육에 관한 사항을 규정하기 위해 제정되었으며, 5장 68개 조항과 부칙으로 되어 있다. 제1장은 총칙, 제2장은 의무교육, 제3장은 학생과 교직원으로 제1절은 학생, 제2절은 교직원에 관해 규정하고 있다. 제4장은 학교에 관한 규정으로, 제1절은 통칙, 제2절은 학교운영위원회, 제3절은 삭제, 제4절은 초등학교·공민학교, 제5절은 중학교·고등공민학교, 제6절은 고등학교·고등기술학교, 제7절은 특수학교, 제8절은 각종학교, 그리고 제4장의 2는 교육비 지원에 관해 규정하고 있다. 제5장은 보칙 및 벌칙에 관해 규정하고 있다.

(5) 고등교육법

「고등교육법」은 고등교육에 관한 사항을 규정하고 있으며, 4장 64개조 조항과 부칙으로 되어 있다. 제1장은 총칙, 제2장은 학생과 교직원으로 제1절에 학생, 제2절에 교직원에 관한 사항을 규정하고 있다. 제3장은 학교에 관한 규정으로 제1절은 통칙, 제2절은 대학 및 산업대학에 관해 규정하고 있다. 제4장은 보칙 및 벌칙에 관해 규정하고 있다.

(6) 평생교육법

「평생교육법」은 평생교육의 진흥에 대한 국가 및 지방자치단체의 책임과 평생교육제도와 그 운영에 관한 기본적인 사항을 정함을 목적으로 제정되었으며, 8장 46개조와 부칙으로 되어 있다. 제1장은 총칙, 제2장은 평생교육진흥계획 등, 제3장은 국가평생교육진흥원 등, 제4장은 평생교육사, 제5장은 평생교육기관, 제6장은 문해교육, 제7장은 평생학습결과의 관리·인정, 제8장은 보칙에 관해 규정하고 있다.

(7) 지방교육자치에 관한 법률

이 법은 교육의 자주성 및 전문성과 지방교육의 특수성을 살리기 위하여 지방자치단체의 교육·과학·기술·체육 그 밖의 학예에 관한 사무를 관장하는 기관의 설치와 그 조직 및 운영 등에 관한 사항을 규정함으로써 지방교육의 발전에 이바지함을 목적으로 제정되었으며, 모두 8장 59개조와 부칙으로 되어 있다. 제1장은 총칙, 제2장은 교육위원회, 제3장은 교육감에 관한 규정으로 제1절에는 지위와 권한 등, 제2절에는 보조기관 및 소속교육기관, 제3절에는 하급교육행정기관에 관해 규정하고 있다. 제4장은 교육재정, 제5장은 지방교육에 관한 협의, 제6장은 교육감 선거, 제7장은 교육의원 선거, 제8장은 벌칙에 관해 규정하고 있다.

(8) 기타 교육관련 법령

앞에서 제시한 법령 이외에도 교육과 직접적으로 관련되는 법령으로는 교육인사에 관한 「교육공무원법」, 「교원지위 향상을 위한 특별법」, 「사학에 관한 사립학교법 및 동 시행령」, 교육예산에 관한 「지방교육재정교부금법」 등의 여러 법령이 있다.

2 교육제도

교육제도는 국가와 지방자치단체가 법규에 의해서 수립한다. 여기서는 교육제도의 성립 주체인 국가와 지방자치단체, 이들 주체가 수립하는 교육제도의 의미와 기능, 교육제도의 구체적인 실현으로서의 학제를 살펴볼 것이다. 또한 이들 교육제도를 규정하는 교육법규에 대해서 살펴볼 것이다.

1) 교육제도와 학교제도

학교제도나 학교행정은 교육제도를 기반으로 이루어진다. 교육제도란 국민교육 전반에 관한 조직·기관·기구와 그 기능이나 작용에 관한 것으로, 법규에 규정되어 있다(남정걸, 2002). 일반적으로 교육제도란 국가의 교육이념 및 교육목적을 달성하기 위한 국가적 차원의 인위적 장치로서 교육활동(교육목적, 교육내용, 교육방법, 교육평가 등), 학생, 교원, 교육기관, 교과용 도서 그리고 조직 및 기구 등에 관한 표준은 물론 기준을 총칭한다(노종희, 1996). 이러한 교육제도는 인간생활의 기본적이며 보편적인 필요를 충족시켜 주는 사회적 대행기관이기 때문에, 모든 다른 사회제도와 마찬가지로 그것은 부단히 변화하고 약속된 사회적 목적 또는 목표를 반영한다(이상기, 옥장흠, 2007). 따라서 교육제도는 국가의 교육목적을 달성하기 위한 교육활동의 장치로 법적·사회적으로 공인되어 있는 제도라 할 수 있다(김규태, 강유정, 강성복, 2014).

교육제도라는 말을 할 때 흔히 우리는 학교라는 조직체를 연상한다. 그러나 입학시험제도도 교육제도의 일부이며, 초·중·고등교육의 6-3-3-4제의 학제도 교육제도이다. 그러고 보면 기관, 조직, 집단 같은 외형적인 것이 교육제도인가 하면, 절차, 활동, 규범, 가치관에다 지위, 구실, 관계와 같은 무형의 요소들도 포함하는 셈이다.

학교 상호 간의 결합관계에 바탕을 둔 학교제도는 교육제도의 중핵적 영역이다.

학교제도는 교육제도의 하위체제 중의 하나이며, 교원양성제도, 교육 행・재정제도 및 사회교육제도들과의 상호작용 속에서 유지・발전할 수 있으므로 교육제도와는 불가분의 관계에 있다(유평수 외, 2014). 다만 교육을 협의의 학교교육에 국한시킬 때, 학교제도는 교육제도와 동일시된다(윤정일 외, 2009).

학제는 학교의 단계와(school level)와 학교계통(school stream)으로 구성된다. 학교단계란 여러 가지 유형의 학교들을 횡적・수평적으로 구분한 학교급별(school ladder)을 의미하는데, 주로 학습자의 발달단계에 따라 교육의 목적과 내용을 달리한다. 일반적으로 취학전 교육・초등교육・중등교육・고등교육 등으로 분류하여 사용하고 있다. 학교계통은 학제를 구성하는 종적・수직적인 계열에 따른 학교의 종별을 말한다. 흔히 인문계 학교와 실업계 학교로 구분하거나 단선형 학제와 복선형 학제로 구분하는 것은 학교계통을 말하는 것이다(남정걸, 2002). 단계성과 계통성은 학교제도의 필수적인 요소이며, 사회의 변화, 학생의 발달단계에 따라 단계성과 계통성이 달라지고 있다.

학교제도의 유형은 먼저 기능성의 차원에서는 기본학제, 특별학제로 나눌 수 있다(윤정일 외, 2009). 기본학제는 기간학제라고 칭하기도 하는데, 학제의 주류를 이루는 초등학교, 중학교, 고등학교, 대학 및 대학원 등의 정규 학교교육에 대한 제도를 의미한다. 특별학제는 기본학제의 보완적 기능을 수행하거나 사회교육의 성격을 지니고, 정규학교의 교육과정에 준하는 교육을 실시하는 학제를 가리킨다. 방송통신고, 방송통신대, 기술대, 산업대, 공민학교, 고등공민학교, 고등기술학교, 각종학교 등이 포함된다.

그리고 구조적인 차원에서는 계통성을 중심으로 하는 복선형과 단계성을 중심으로 하는 단선형으로 나눌 수 있으며, 그 중간적 형태로서 분기형으로 나눌 수 있다. 복선형의 학제는 상호관련성을 가지지 않는 두 가지 이상의 학교계통이 병존하면서 학교계통 간의 이행을 인정하지 않는 학교제도이다. 단선형 학제는 학교계통이 하나뿐인 단일의 학교제도이다. 현실적으로 순수한 단선형은 존재하지 않으며, 공통의 기초학교 위에 수업년한이나 수료자격에 있어서 동등한 복수의 학교나 코스로 분화되는 형태를 취하는 경우가 많다(김수영, 전제상, 2005). 분기형 학제는 복선형의 기본학교 부분이 통일되고, 그 위에 동격이 아닌 복수의 학교계통이 병존하는 학교제도이다.

2) 학교제도의 원칙

학교교육제도란 교육제도 가운데에서 학교교육에 관한 제도를 말한다. 어느 나라를 막론하고 학교교육제도는 교육제도의 가장 핵심을 이루고 있다. 학교교육은 학습의 자유를 보장하고, 그것의 방해요소를 배제하는 제도적 원칙이 마련되어야 한다. 학교제도의 원칙을 크게 공교육의 원칙과 기회균등의 원칙으로 구분하여 살펴보고자 한다(유평수 외, 2014).

(1) 공교육의 원칙

공교육이란 국가 및 지방공공단체 그리고 그에 준하는 기관에 의해서 관리되는 교육을 말한다. 학교제도는 국가의 발전과 국민의 복리증진을 전제로 확립되는 것으로, 이의 운영을 위해서는 모든 국민에게 교육을 받을 수 있는 기회를 공적으로 마련해 주어야 한다. 이와 같은 교육을 받을 권리를 보장해 주기 위해서 먼저 의무성과 무상성 및 중립성이 전제되어야 가능하다.

① 의무성

의무성은 학생을 가정이나 직장으로부터 해방시켜 교육기관에 접근시키는 의무를 성인들이 가지고 있다는 원리이다. 현행 「교육기본법」에서는 교육권을 보장하기 위하여 모든 아동의 보호자에 대하여 그 자녀의 교육을 받게 할 의무를 지우고 있다. 따라서 학부모는 아동들을 취학시킬 의무가 있으며, 그 누구도 취학을 방해해서는 안 된다는 의무가 있는 것이다. 또한 학생을 교육기관에 접근시키려면, 국가나 지방자치단체는 모든 학생을 교육할 만큼의 충분한 학교시설과 전문적인 교사를 확보해야 할 의무가 있다는 것으로 학교설치의 의무가 국가나 지방공공단체에 부과되는 것이다.

② 무상성

무상성은 교육에 필요한 경비는 모두 원칙적으로 공비로 처리한다는 원리이다. 어린이들이 경제적인 문제에서 벗어나 자유로이 교육기관에 접근할 수 있음을 뜻한다. 헌법에서는 "의무교육은 무상으로 한다."고 규정되어 있는데, 무상성이 교육받을 권리의 보장을 위한 것인 만큼, 그 대상이 의무교육에 한정되어서도 안 되며 그 내용 또한 교육받을 권리를 적극적으로 보장할 수 있도록 충실해야 한다.

③ 중립성

중립성은 교육내용이 성인사회의 기존의 종파나 당파 또는 교사의 가치관으로부터 자유로워야 한다는 것이다. 공교육체제는 교육의 기회균등을 실현하는 외적 조건의 보장뿐 아니라, 교육의 중립성이라는 그 내적 사항의 보장을 본질로 하고 있다. 이에 따라 학생은 중립적인 교육을 받을 권리를 지니고 있다. 학교의 교육적 기능이 교육 이외의 특정한 의도에 종속되는 일이 없도록 학교의 교육적 기능을 독립적으로 확보해야 함을 의미한다. 학교교육의 중립성이 실현되기 위해서는 학문의 자유와 교육의 자주성을 지키는 교육행정의 중립성이 보장되어야 한다.

(2) 기회균등의 원칙

이것은 민주주의의 자유와 평등사상을 실현시키기 위한 교육적 장치인 것이다. 헌법과 교육관계 법규에서는 "모든 국민은 능력에 따라 균등하게 교육을 받을 권리를 가진다."고 규정하고 있다. 따라서 학교제도는 교육을 받을 권리보장의 제도적 장치로서 교육의 기회균등 원리를 실현하도록 조직되어야 한다. 여기에서 "능력에 따라"라는 제한된 어구는 경쟁과 선발의 원리에 따른 능력주의와 결부되며, 이 능력주의는 능력에 의한 차별을 긍정하고 용인한다. 즉, 능력에 따라 교육을 받을 기회가 균등한 것을 의미하는 것이지, 균등한 교육을 의미하는 것은 아니다. 모든 국민에게 각자의 적성 · 흥미 · 필요 · 능력 · 진로 등을 고려함이 없이 동일한 교육을 제공한다는 것은 교육의 획일화나 균일화로서 진정한 의미의 교육 기회균등이라는 민주이념과는 어긋난다(남정걸, 2002).

3) 현행 학교제도의 구조

일반적으로 학교제도(school system, school ladder system)는 학제 또는 학교교육제도와 동의어로 사용되며, 교육제도의 핵심을 이루는 부분이다. 우리나라의 학제는 1948년 대한민국 정부가 수립되고, 1949년 「교육법」이 공포됨으로써 비로소 공식적인 학제가 수립되었다. 그후 몇 차례의 수정을 거치면서 1951년 3월에 '6−3−3−4'제의 학제가 확정되었고, 기본적인 골격은 유지하면서 일부 학교유형이 신설되거나 부분적으로 수정·보완되면서 오늘에 이르고 있다.

(1) 기본학제

초등학교, 중학교, 고등학교, 대학으로 이어지는 정규학제이며, 교육의 중추적인 역할을 담당하고 있다.

① 유치원

유치원은 취학 전 교육으로 유아 심신의 조화로운 발달을 위하여 「유아교육법」에 따라 설립·운영되는 학교로서, 만 3세부터 초등학교 취학 전까지의 유아를 대상으로 한다.

② 초등학교

일반학제로서 초등학교는 「초·중등교육법」 제38조와 제39조에 근거를 두고 있다. 초등학교는 국민생활에 필요한 기초적인 초등교육을 하는 것을 목적으로 한다. 초등학교의 수업년한은 6년으로 한다.

③ 중학교

기본학제로서의 중학교는 「초·중등교육법」 제41조에 따라 초등학교에서 받은 교육의 기초위에 중등교육을 하는 것을 목적으로 하며, 그 수학년한은 3년으로 한다.

④ **고등학교**

고등학교는 「초・중등교육법」 제45조에 따라 중학교에서 받은 교육의 기초 위에 중등교육 및 기초적인 전문교육을 하는 것을 목적으로 한다. 고등학교의 수업년한은 3년으로 한다.

⑤ **고등교육기관**

우리나라의 현행 교육법상 고등교육기관에는 대학, 교육대학, 전문대학, 방송통신대학, 개방대학, 대학과정의 각종 학교 등이 있는데, 기본학제의 고등교육기관으로는 대학, 교육대학, 전문대학 등이 있다.

(2) 특별학제

특별학제는 기본학제의 보완적 기능을 수행하거나 사회교육의 성격을 지니고, 정규학교의 교육과정에 준하는 교육을 실시하는 학제를 가리킨다.

① **초등학교과정**

「초・중등교육법」 제40조에 따라 공민학교는 초등교육을 받지 못하고 취학연령을 초과한 자에 대하여 국민생활에 필요한 교육을 하는 것을 목적으로 한다. 공민학교의 수업년한은 3년으로 한다.

② **중학교과정**

특별학제로서 중학교 과정의 교육기관으로 고등공민학교가 있다. 고등공민학교는 중학교과정의 교육을 받지 못하고 취학연령을 초과한 자 또는 일반 성인에게 국민생활에 필요한 중등교육 및 직업교육을 하는 것을 목적으로 한다. 고등공민학교의 수업연한은 1년 이상 3년으로 한다.

③ **고등학교과정**

특별학제의 고등학교 과정의 교육기관으로 방송통신고등학교, 근로청소년을 위한 특별학급, 고등기술학교 등이 있다.

방송통신고등학교는 일반계 고등학교에 부설하여 인터넷수업, 출석수업 등의 방식으로 고등학교를 졸업하지 못한 자에게 교육의 기회를 제공하고 있다. 근로청소년을 위한 특별학급은 산업체에 근무하는 청소년에 대한 고등학교과정의 교육을 위하여 산업체에 인접한 고등학교에 야간수업을 주로 하는 특별학급을 말한다. 고등기술학교는 국민생활에 직접 필요한 직업기술교육을 하는 것을 목적으로 하는 학교로서, 수업연한은 1년 내지 3년이다.

④ 고등교육기관

특별학제의 고등교육기관으로는 산업대학과 방송통신대학 및 기술대학 등이 있다.

⑤ 특수학교

신체적 · 정신적 · 지적 장애 등으로 인하여 특수교육을 필요로 하는 자에게 유치원 · 초등학교 · 중학교 또는 고등학교에 준하는 교육과 실생활에 필요한 지식 · 기능 및 사회적응교육을 하는 것을 목적으로 하며, 고등학교 이하의 각급 학교는 관할청의 인가를 받아 특수교육을 필요로 하는 학생들을 위한 특수학급을 둘 수 있다.

⑥ 각종 학교

「초 · 중등교육법」 제2조의 1호에서 4호, 「고등교육법」 제2조의 1호에서 6호의 정규학교와 유사한 교육기관을 말한다(「초 · 중등교육법」 제60조, 「고등교육법」 59조). 외국인학교, 대안학교 등이 이에 속한다.

4) 현행 학제의 문제점

현재 우리나라의 학제는 국민들에게 교육기회를 확대하여 주고, 사회의 필요한 인재를 양성하며, 교육의 양적 성장을 기하는 데 공헌하였다. 그러나 재수생, 사교육, 입시문제 등 많은 사회문제를 유발하면서도 교육의 근본적인 해결책을 찾지 못하고 있다. 현행 학제의 주요문제는 경직성, 비효율성, 지체성, 청소년 발달에의 부적합성이라는 네 가지로 제시할 수 있다(김영식, 최희선, 1988).

(1) 경직성

기본학제와 특별학제의 기능적 연계성이 부족하며, 상급학교 입시제도가 하급학교 교육과정에 미치는 영향이 크다. 또한 교육년한의 획일성으로 개인차에 맞는 학습이 불가하며, 사회의 교육적 요구에 부응하지 못하고 있다.

(2) 비효율성

교육기간의 장기화로 사회진출 시기가 지연되고 있으며, 단선형 학제가 과도한 진학수요를 유발하고 있고, 과열 입시경쟁에 따른 학부모의 비용부담이 과중되고 있다.

(3) 지체성

중등교육의 정체성이 모호하고, 산업사회의 교육적 요구를 수용하지 못하고 있다. 멀티미디어의 확산과 새로운 정보통신기술의 교육적 활용요구가 증대되고 있지만, 그에 부응하는 교육체제의 개편이 이루어지고 있지 않다.

(4) 청소년 발달에의 부적합성

청소년의 성장 및 발달이 급격하게 향상되고, 사춘기나 2차성징(性徵)의 연령이 낮아지는 추세에 비해, 6년간의 초등학교 수업연한에서 저학년과 고학년 학생들의 성장・발달수준의 차이에 대응하는 교육이 이루어지지 못하고 있다.

학제개편 또는 발전을 위해서는 신중한 검토와 연구를 기초로 해야 하며, 독자적 유형의 학제를 구안한다고 하여도 지역의 특수성에 따른 융통성의 부여가 필요하며, 주요 국가와의 학술교류를 통하여 총 수업년한 등에 있어서도 국제성을 잃지 않아야 한다(김윤태, 2001).

3 교육행정조직

교육행정조직은 교육법에 따라 만들어진 교육제도를 운영하기 위한 조직으로, 중앙교육행정조직과 지방교육행정조직으로 나뉘어진다. 중앙교육행정조직은 교육부를 중심기구로 하여 주요 정책을 입안하고 실행한다. 유치원교육, 초·중등교육, 고등교육, 평생교육 등 교육의 모든 영역을 담당한다. 반면에 지방교육행정조직은 지역의 특성에 맞게 교육을 계획하여 실천하는 조직으로, 교육감의 책임하에 시·도의 교육, 학예 사무와 유치원·초등·중등교육을 주로 담당한다.

1) 중앙교육행정조직

중앙교육행정조직이란 중앙정부에서 교육행정을 담당하는 기관의 조직으로, 교육부를 중심으로 교육에 관한 업무가 이루어지지만 대통령, 국무총리, 국무회의에서도 교육에 관해 많은 영향을 미친다. 즉 교육에 관한 행정권은 '대통령→국무총리와 국무회의→교육부장관'의 체계를 통하여 행사되고 있으므로, 중앙행정조직에서 대통령, 국무총리와 국무회의, 그리고 교육부를 고찰할 필요가 있다.

(1) 대통령

대통령은 정부의 수반으로서 교육행정을 포함한 모든 국가행정권의 정점에 있으며, 교육에 관해서는 법률에서 구체적으로 위임받은 사항과 법률을 집행하기 위하여 필요한 사항에 관하여 대통령령을 발포할 수 있다(「헌법」 제75조). 또한 장관, 차관, 부교육감, 국립대학의 총장, 국·공립학교 교장의 임면권을 가지고 있으며(「헌법」 제78조), 국무회의의 의장(「헌법」 제88조 제3항)으로서 교육정책 수립과정에 영향력을 행사한다.

(2) 국무회의와 국무총리

국무회의는 정부의 주요 정책을 심의하는 행정의 최고 심의기관으로 대통령, 국무총리와 15인 이상 30인 이하의 국무위원으로 구성된다. 국무총리는 국무회의의 부의장으로서 국무회의를 통해서 교육부에 영향력을 행사할 수 있을 뿐만 아니라 (「헌법」 제88조 제3항), 대통령을 보좌하고 행정에 관하여 대통령의 명을 받아 각 부를 통괄하는 권한도 가지고 있다(「헌법」 제68조 제3항 및 제86조 제2항).

(3) 교육부

중앙교육행정조직의 핵심은 교육부이다. 교육부는 교육행정의 중추적 기능을 담당하며, 교육관계법령과 대통령의 지시·명령 및 국무회의의 결정에 따라 국가의 교육에 관한 정책을 입안하고 집행하는 최고의 교육행정기관이다. 교육부장관은 전형적인 독임제 집행기관으로서 정무직 공무원이고, 차관, 실장, 국장, 과장은 장관의 보좌기관이며, 교육부에 설치되어 있는 각종 심의회나 위원회는 자문기관의 성격을 가진다. 2016년 3월 기준으로, 교육부의 조직은 3실 3국 11관 49과(담당관) 체제로 구성되어 있다.

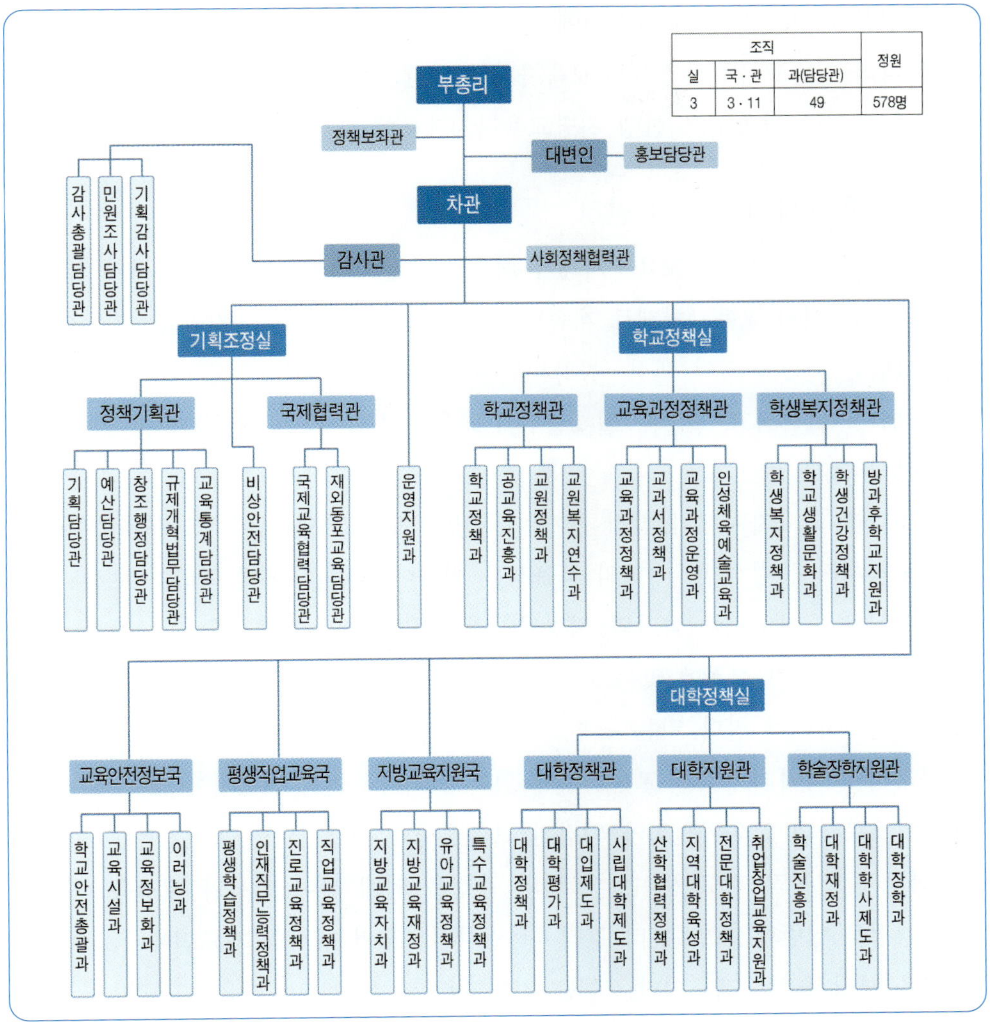

조직			정원
실	국·관	과(담당관)	
3	3·11	49	578명

그림 11-1 교육부 조직도

2) 지방교육행정조직

지방교육행정조직이란 지방의 교육행정을 위한 전반적인 조직과 구조를 의미한다. 우리나라의 지방교육행정조직은 유·초·중등교육에 한해 지방자치단체에서 지역의 특색에 맞게 자주적으로 책임을 지고 교육을 운영할 수 있도록 교육운영에 관한 권한을 1991년 「지방교육자치에 관한 법률」을 제정하면서 지방에 위임하였으며, 이에 따라 지방교육행정조직은 교육자치를 근간으로 하고 있다. 따라서 교육자치의 의의와 원리를 알아보고 현행 지방교육자치제도에 대해 고찰하고자 한다.

(1) 교육자치의 의의와 원리

우리나라는 1952년에 교육자치제가 처음으로 실시되었으나, 지방자치가 실시되지 않은 상태에서의 교육자치제로 계속되다가 1991년 3월 8일에 「지방교육자치에 관한 법률」(법률 제4347호)이 제정·공포되면서 일반 지방자치(시·도 단위 및 시·군·구 단위)가 실시되고, 그 해 7월 1일부터 교육자치제(시·도 단위)가 본격적으로 실시되게 되었다.

우리나라 교육자치제의 법적 근거는 「헌법」 제31조 제4항에 "교육의 자주성·전문성·정치적 중립성 및 대학의 자율성은 법률이 정하는 바에 의하여 보장된다."와 「교육기본법」 제5조에 "국가와 지방자치단체는 교육의 자주성을 확보하여 공정한 민의에 따라 각기 실정에 맞는 교육행정을 하기 위하여 필요 적절한 기구와 시책을 수립·실시하여야 한다."라는 규정에 근거를 두고 있다.

따라서 교육자치제도는 교육행정에 있어서 지방분권의 원칙하에 교육에 관한 의결기관으로서의 교육위원회와 의결된 교육정책의 집행기관인 교육감을 두고, 민주적 통제와 전문적 지도 사이에 조화와 균형을 얻게 하여 인사와 재정을 비롯하여 교육행정을 일반행정으로부터 분리·독립시킴으로써 행정의 제도면에서 교육의 자주성을 보장하려는 제도이다. 교육자치의 원리를 살펴보면 다음과 같다.

① **주민자치의 원리**: 민주주의 이념을 반영한 것으로, 교육정책을 심의하고 의결하며 집행하는 과정에 어떤 형태로든지 다양한 배경을 가진 지역사회 주민의 대표가 참여할 수 있도록 제도적 장치를 마련하여야 한다는 것이다. 즉, 교육행정이 국가기관이나 관료에 의해서 집행되는 관치행정과는 달리 지역주민의 참여에 의하여 집행되어야 하며, 일정한 지역의 주민이 그들의 대표자를 통하

여 교육정책을 심의 · 결정해야 한다는 원리이다.

② **지방분권의 원리**: 중앙에 집중된 권한을 지방으로 위임하거나 이양하는 원리로 중앙정부에 의한 획일적인 통제와 지시를 지양하고, 지방의 실정과 특수성을 고려하여 독자적이며 창의적으로 교육정책을 수립하고 집행함으로써 지방교육의 특수성과 다양성을 유지하고 교육행정을 민주화하기 위한 원리이다.

③ **일반행정으로부터의 분리 · 독립의 원리**: 교육의 특수성과 자주성을 확보하기 위하여 교육행정을 일반행정으로부터 벗어나서 교육의 정치적 중립성을 보장해야 한다는 원리이다. 일반행정에서 완전한 분리 · 독립이 되기 위해서는 교육재정의 독립과 교육인사행정의 자주성이 확보되어야 한다.

④ **전문적 관리의 원리**: 교육의 본질과 교육활동 및 교육조직의 특수성을 이해하고, 교육행정에 관한 전문지식과 기능을 겸비한 인사가 교육행정을 담당해야 한다는 것이다.

교육자치는 「지방교육자치에 관한 법률」에 의해 제도적 보장을 받고 있다. 「지방교육자치에 관한 법률」에서는 당해 지역 교육 · 학예에 대한 심의 · 의결기관으로서 교육위원회와 집행기관으로서 교육감을 명시하고 있어 교육행정분야가 일반행정과 분리 · 독립적 성격을 지님을 밝히고 있다. 즉, 현행 교육자치제는 합의제 집행기관이었던 교육위원회를 의결기관화 하고, 교육감을 집행기관화 하고 있는 시 · 도 단위의 광역 지방교육자치제이다(유평수 외, 2014).

(2) 현행 지방교육자치제도

현행의 교육자치제도는 「지방교육자치에 관한 법률」(2008. 2. 29. 법률 제8852)에 의해 교육위원회, 교육감, 보조기관 및 소속교육기관, 하급행정기관을 두어 운영한다. 현행 지방교육자치제도를 살펴보면 다음과 같다.

① 교육위원회

지방자치단체의 교육 관련 사항을 심사・의결하는 기관으로 2006년부터 주민 직선제로 선출한 교육의원으로 교육위원회를 구성했으나, 「지방교육자치에 관한 법률」 개정으로 2014년 관련 제도가 폐지되었다. 일부 지방자치단체에서는 지방의원으로 교육위원회를 구성하는 방식으로 유지하고 있다.

② 교육감

대한민국의 교육감(敎育監)은 각 광역자치단체(총 17개)의 교육에 관한 사무를 총괄 처리하는 직위를 말한다. 대한민국의 모든 광역자치단체에 설립되는 지방교육청의 수장으로 차관급 지방정무직으로 보하며, 구청장이나 군수 등의 기초자치단체의 장과 권한을 나눠 갖는 시・도지사와는 달리 교육감의 권한은 분산되지 않는다.

- **지위와 권한**: 시・도의 교육・학예에 관한 사무의 집행기관으로, 교육・학예에 관한 소관 사무로 인한 소송이나 재산의 등기 등에 대하여 당해 시・도를 대표한다. 또한 국가행정사무 중 시・도에 위임하여 시행하는 사무로서 교육・학예에 관한 사무는 교육감에게 위임하여 행한다.
- **임기**: 4년으로 하되 계속 재임은 3기에 한한다.
- **자격**: 당해 시・도지사의 피선거권이 있는 자로서 후보자 등록 신청 개시일로부터 과거 1년간 정당 당원이 아닌 자이어야 하며, 후보자 등록 개시일 기준으로 교육경력, 교육행정경력, 혹은 둘을 합쳐 3년 이상 있는 자이어야 한다.
- **선출**: 교육감은 주민의 보통・평등・직접・비밀선거에 따라 선출한다.
- **관장사무**: 교육감은 교육・학예에 관하여 조례안의 작성, 예산안의 편성, 결산안의 작성, 교육규칙의 제정, 학교의 설치・이전・폐지, 교육과정의 운영 등의 사무를 관장한다.

③ 보조기관 및 소속교육기관

- **보조기관**: 교육감을 보좌하기 위해 부교육감을 두며 해당 시・도 교육감이 추천

한 자를 교육부 장관의 제청으로 국무총리를 거쳐 대통령이 임명한다. 교육감 소속하에 국가공무원으로 보하는 부교육감 1인(인구 800만 명 이상이고 학생 170만 명 이상인 시·도는 2인)을 두되, 대통령령이 정하는 바에 따라 「국가공무원법」 제2조의2의 규정에 따른 고위공무원단에 속하는 일반직공무원 또는 장학관으로 보한다.

- **소속기관**: 교육감은 소관사무의 범위 안에서 필요한 때에는 대통령령 또는 조례가 정하는 기준에 따라 교육기관을 설치할 수 있다. 교육연수원, 교육정보과학원, 청소년수련원 등이 소속기관에 해당된다.

④ 하급교육행정기관

- **설치**: 시·도의 교육·학예에 관한 사무를 분장하기 위하여 1개 또는 2개 이상의 시·군 및 자치구를 관할 구역으로 하는 하급교육행정기관으로서 교육지원청을 둔다. 교육지원청에는 교육장을 두되 장학관으로 보하고, 그 임용에 관하여 필요한 사항은 대통령령으로 정한다.
- **분장사무**: 교육장은 시·도의 교육·학예에 관한 사무 중, 공·사립의 유치원·초등학교·중학교·공민학교·고등공민학교 및 이에 준하는 각종 학교의 운영·관리에 관한 지도·감독, 그리고 그 밖에 조례로 정하는 사무를 위임받아 분장한다.

시·도 교육청의 직제는 지방교육자치의 원리에 따라 시·도마다 다양하게 편성하고 있으며, 지역의 인구에 따라 조직편성의 기준도 다르다. 2016년 3월 기준으로 대구광역시의 경우를 예로 들면 다음 [그림 11-2]와 같다.

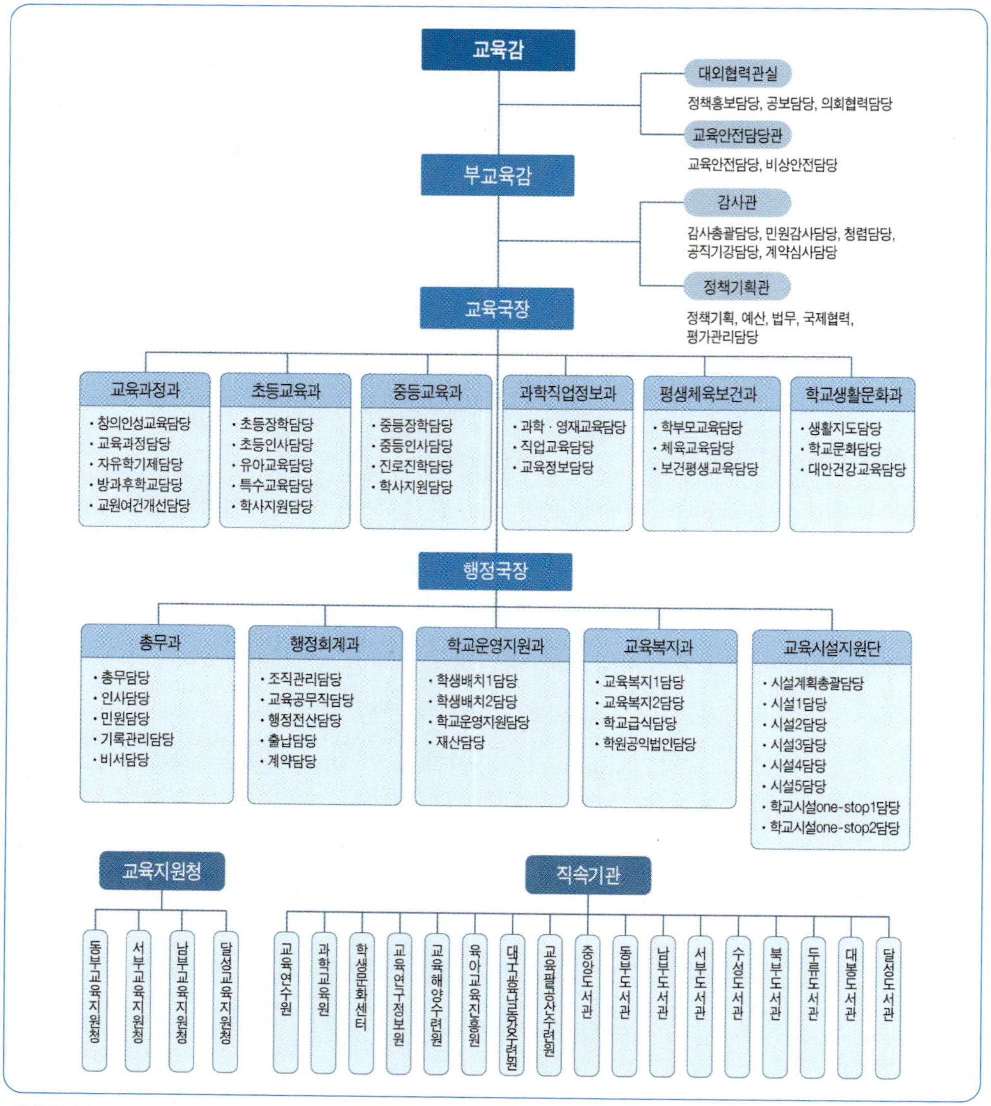

그림 11-2 시 · 도 교육청 직제: 대구광역시의 예

Chapter 12

교육인사행정

1. 교육인사행정의 개념
2. 교육인사행정의 영역
3. 교원에 대한 이해
4. 교원양성
5. 교원의 임용
6. 교원의 능력개발

조직을 운영하기 위해서 최소한으로 갖추어야 할 요소로는 인력, 물자, 기구 및 재정을 들 수 있으며, 그중에서도 인력이 가장 중요한 요소라는 것에는 이론의 여지가 없을 것이다. 모든 조직은 구성원의 질에 따라 그 조직의 목적달성에 대한 성패가 좌우된다. 이는 조직운영의 과정과 결과가 결국 이를 운용하고 관리하는 사람에 의해 좌우되기 때문이다. 이러한 점에서 교육활동에 주체적인 역할을 담당할 교육직원을 확보하고 적재적소에 배치·활용하며, 이들이 최선을 다할 수 있는 조직환경 내지 근무조건에서 근무할 수 있도록 하는 교육인사행정은 교육행정에서 가장 중요한 부분 중의 하나이다.

1 교육인사행정의 개념

우선 교육활동에 종사하는 직원의 범위를 규정할 필요가 있다. 교육직원은 한마디로 교육활동에 관련된 모든 사람이라고 하겠다. 즉 각급 학교교육활동에 직접 종사하고 있는 교원은 물론 이들 활동을 지원하는 각급 학교직원, 그리고 교육행정기관이나 교육연구기관에서 근무하고 있는 사람들을 모두 포함한다. 따라서 교육직원에 관한한, 공무원만이 아니라 사립교육기관에서 근무하는 교직원도 이에 포함된다(김윤태, 2001).

그러므로 교육인사행정은 교육직원을 대상으로 교육목표를 효율적으로 달성하기 위한 교육활동에 요구되는 인적자원을 동원하고 관리하는 활동이다(김창걸, 1994). 즉, 교육목표를 효율적으로 달성할 수 있도록 필요한 인적자원을 확보(신규임용, 배치, 퇴직)하고, 계속적으로 능력개발을 유도하여 갖고 있는 역량을 최대한 발휘하도록 도모하는 과정이라고 할 수 있다(주삼환, 천세영 외, 2009). 이와 같이 교육인사행정은 교육의 궁극적인 목적을 달성하는 데 필수적인 요소가 된다. 교육인사행정의 목표는 ① 조직의 목적을 달성하고, ② 구성원이 지위에 맞는 업무수행을 하도록 도와주며, ③ 구성원의 능력개발을 극대화하고, ④ 개인의 목적과 조직의 목적을 조화시키기 위해 인력을 유치·개발·유지하고 동기화 하는 것이다.

이러한 교육인사행정은 교육목표를 효과적으로 달성하기 위하여 일반적으로 따라야 할 원리가 있다(주삼환 외, 2009).

첫째, 전문성 확립의 원리이다. 이는 학교별·교과별 전문성이 지켜져야 한다는 것을 포함한다.

둘째, 적정배합의 원리이다. 교직은 오래 근무한 연공주의와 직무수행능력에 가치를 두는 실적주의가 적절하게 강조되어야 한다.

셋째, 공정성 유지의 원리이다. 학교급별, 공·사립별, 성별·지역별 등의 이유로 차등을 두어서는 안 되며, 능력에 따라 누구에게나 동등한 기회가 부여되어야 한다는 원리이다.

넷째, 적재적소 배치의 원리다. 구성원 자신의 능력과 적성, 흥미 등에 맞는 일을 맡기는 것이 조직의 능률향상 측면이나 개인의 동기유발 측면에서 바람직하다.

다섯째, 적정수급의 원리이다. 교원의 수요와 공급을 조절하여 교원의 질을 유지하도록 적정의 교원을 양성하는 것이 중요하다.

인사행정의 제도와 운영방법은 역사적·정치적·경제적·사회적 상황에 따라 많은 변화를 해왔으나, 공통적인 기본이념은 실적주의를 기본으로 하면서 사회변동에 적극적으로, 그리고 신축성 있게 대응할 수 있도록 보완적 이념을 아울러 활용하여 발전시켜 나가야 할 것이다.

2 교육인사행정의 영역

교육인사행정의 영역은 인사행정의 개념에서 알 수 있듯이 학자에 따라 조금씩 다르게 규정하고 있지만, 근본적인 내용은 비슷하다.

교육인사행정의 주요 영역은 교직을 희망하는 사람들을 교원수급계획에 따라 선발, 양성, 자격부여, 채용, 연수, 승진, 전보, 퇴직의 과정과 처우, 근무조건, 복지후생, 사기, 인간관계관리 등의 여건을 조성하는 전 과정을 포함한다. 이러한 영역들은 상호 밀접한 관련성을 가지고 있어서 독립적으로 다루는 것은 어렵다. 지원에서 퇴직까지의 교육인사행정의 주요 과정을 그림으로 나타내면 다음 〈그림 12-1〉과 같다.

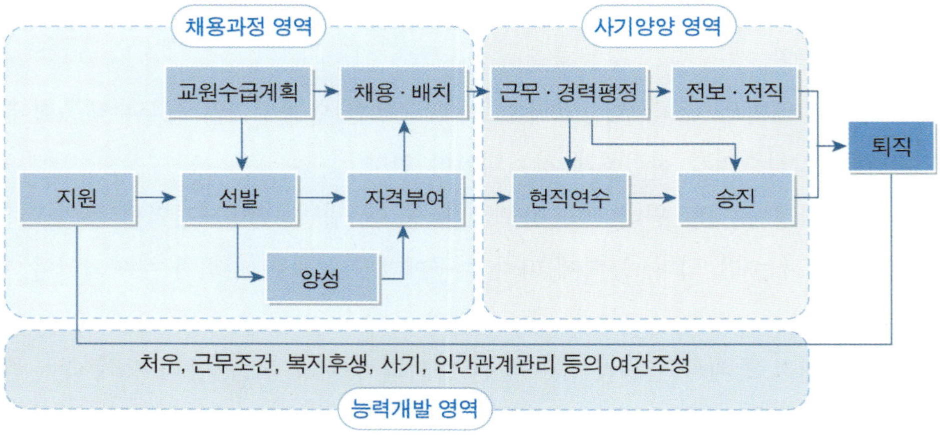

출처: 주삼환 외(2009). 교육행정 및 교육경영. p. 293.

그림 12-1 교육인사행정의 영역

3 교원에 대한 이해

1) 교원의 신분과 유형

교원은 교육을 통하여 국민 전체에 봉사하는 직무와 책임, 특히 수업 및 학생지도를 담당하는 교육공무원이다. 교육공무원으로서 교원은 자격, 임용, 보수, 연수 및 신분보장 등에 관하여 「교육공무원법」 등에 따라 특례를 적용받는다.

공무원은 넓은 의미로는 국가 또는 공공단체의 공무를 담당하는 모든 사람을 의미한다. 「헌법」 제7조 제1항에 "공무원은 국민 전체에 대한 봉사자이며, 국민에 대하여 책임을 진다"라고 규정되어 있으며, 동조 제2항에는 "공무원의 신분과 정치적 중립성은 법률이 정하는 바에 의하여 보장된다"라고 규정하고 있다. 좁은 의미에서 공무원은 국가 또는 지방자치단체와 공법상의 근무관계에 있는 모든 사람으로서, 「국가공무원법」 및 「지방공무원법」 기타 공무원의 지위 및 신분에 관해 규율하고 있는 각종 공무원법상의 공무원이 이에 해당된다.

교육공무원은 교육을 통하여 국민 전체에 봉사하는 직무와 책임의 특수성을 가진 공무원으로서 그 자격, 임용, 보수, 연수 및 신분보장 등에 관하여 「국가공무원법」 및 「지방공무원법」에 대한 특례를 규정한 「교육공무원법」의 적용을 받는다. 교원은 수업활동과 학생지도에 필요한 소양과 지식을 갖추고, 고도의 자율성과 사회적 책임성을 아울러 가져야 한다는 점에서 경력직공무원 중 특수한 지식과 기술을 담당하는 특정직으로 분류되고 있다.

교육공무원을 좀 더 자세히 분류해보면, 교육기관에 근무하는 교원 및 조교, 교육행정기관에 근무하는 장학관 및 장학사, 그리고 교육기관, 교육행정기관 또는 교육연구기관에 근무하는 교육연구관, 교육연구사 등이 있다. 교육지원청이나 시·도 교육청 등 교육행정기관에서 근무하는 교육공무원을 교육전문직이라 불린다. 교원의 범위는 ① 유치원의 원장, 원감, 교사, ② 초·중·고 및 공민, 고등공민, 고등기술, 특수학교, 각종 학교의 교장, 교감, 교사, ③ 대학의 총장, 교수, 부교수, 조교수 등이 있다. 여기서 '교원'은 국·공·사립 각 학교에 근무하는 교원을 모두 포함하나, '교육공무원'에는 사립학교 교원은 포함되지 않는다는 점이 주의할 사항이다.

사립학교 교원은 「사립학교법」에 따른 적용을 받는 것을 원칙으로 하고 있다. 이러한 설립주체별 교원의 구분에도 불구하고, 우리나라는 국·공립학교 교원과 사립학교 교원에게 동일한 수준의 권리와 의무를 부여하고 있다. 왜냐하면 우리나라는 사립학교를 공익을 추구하는 공교육기관으로 보고, 사립학교에 대해 인건비 및 운영비 등을 국고로 지원하고 있기 때문이다. 사립학교 교원의 근무관계에 관해 규정하는 「사립학교법」은 임용권자가 서로 다름에 따른 교원임용 절차에 대한 규정만을 달리할 뿐, 그 밖의 자격요건·복무·연수의무·신분보장 및 사회보장 등에 있어서 국·공립교원과 동일하게 처우하고 있다. 이에 따라 사립학교 교원은 「교육공무원법」에 따른 국·공립학교 교원과 같이 정년이 62세까지 보장되고 있으며, 보수 및 복무사항도 비슷하다.

표 12-1 교육직원의 분류

<table>
<tr><td rowspan="7">국공립계통 교육직원</td><td rowspan="4">교육공무원 (특정직)</td><td rowspan="3">교원</td><td>유치원</td><td>원장, 원감, 교사</td></tr>
<tr><td>초·중등</td><td>교장, 교감, 교사</td></tr>
<tr><td>고등</td><td>총장, 부총장, 학장, 교수, 부교수, 조교수, 조교</td></tr>
<tr><td colspan="2">교육전문직</td><td>교육장, 장학관, 장학사, 교육연구관, 교육연구사</td></tr>
<tr><td rowspan="2">일반직공무원</td><td colspan="2">사무계(행정)</td><td>교육행정직</td></tr>
<tr><td colspan="2">기술직</td><td>직군, 직렬, 직급으로 세분</td></tr>
<tr><td>기타 별정직</td><td colspan="3">비서관, 비서, 기능직, 고용직</td></tr>
<tr><td colspan="2">사립계통 교육직원</td><td colspan="3">국공립 계통에 준함</td></tr>
</table>

2) 교원의 신분보장 및 책임

교원의 정년은 1999년 8월부터 62세이다. 교원의 신분은 법적으로 보장되어 있으므로 다른 직종에 비해 그 신분이 정년까지 안정적으로 보장되어 있다. 교원의 신분보장은 교원의 직업적 안정성을 확보하고 사기를 높이기 위해서 반드시 필요하다.

민주국가에서 공무원의 지위는 국민 전체를 위한 봉사자에 불과하며, 어떠한 신분상의 특권도 가질 수 없다. 그러나 공무원은 일반 국민이 부담하지 않는 특별한 의무와 책임을 지고 있는 만큼, 일반국민에게는 인정되지 않는 여러 가지 권리를 갖는다(이형행, 고전, 1999). 구체적으로 법규상 교육공무원의 권리는 다음과 같다(김규태, 강유정, 강성복, 2014).

첫째, 교육권을 갖는다. 교육과정 결정 및 편성권, 교재의 선택·결정권, 교육내용과 방법 및 수업할 권리, 성적 평가권, 학생지도 및 징계권 등의 권리가 있다.

둘째, 신분상의 권리를 갖는다. 신분 및 직위보유권, 직무집행권, 재심청구 및 행정소송권, 의사에 반한 신분조치를 당하지 않을 권리, 권고사직 당하지 않을 권리, 불체포특권, 처분사유 설명서 교부권 및 후임자 보충발령의 유예를 받을 권리, 여교원의 동등신분 보장권 등이 있다.

셋째, 재산상의 권리를 갖는다. 여기에는 보수청구권 등이 있다. 교원의 봉급은 교원의 동일 자격 · 학력 · 경력에 의하여 동일호봉의 원칙에 준한다. 봉급 외의 보수청구권은 수당청구권(특수업무수당, 상여수당, 가계보전수당, 초과근무수당, 명예퇴직수당 등)과 연금청구권, 실비변상청구권 등이 있다.

넷째, 교원단체 참여권을 갖는다. 교원은 상호 협동하여 교육의 진흥과 문화의 창달에 노력하며, 교원의 경제적 · 사회적 지위를 향상시키기 위하여 각 지방자치단체 및 중앙에 교원단체를 조직할 수 있다.

한편, 서정화(1989)는 교원의 권리를 적극적 권리와 소극적 권리로 대별하고, 적극적 권리는 자율성 신장, 생활보장, 근무조건 개선, 복지후생 제도의 확충 등을 들었고, 소극적 권리는 신분보장, 쟁송 제기권, 불체포특권, 교직단체 활동권을 들었다.

교원에게는 교육의 목표를 효율적으로 달성할 수 있도록 법률적으로 보장된 권리와 함께 교원으로서의 책임이 있다. 교사의 책임을 구체적으로 제시하면 다음과 같다.

첫째, 교사는 행정적 책임이 있다. 교사는 학기 설정, 수업일수 조정, 학급 편성 운영, 수업시간, 조기진급 및 조기졸업, 입학과 수료 및 졸업 등 법령에 규정한 기준에 부합하도록 학사운영을 해야 하며 복무, 승진, 연수, 징계 등을 규정하는 법규 및 행정규칙을 이행해야 한다. 그리고 교사는 학생의 학업성취도 및 인성 등을 종합적으로 관찰 · 평가하여 학생지도 및 상급학교의 학생선발에 활용할 수 있는 자료를 교육부장관이 정하는 기준에 따라 작성 · 관리해야 한다.

둘째, 교사는 전문가로서 전문적 책임을 수행해야 한다. 교사는 교육자로서 갖추어야 할 품성과 자질을 향상시키고, 그 직무를 수행하기 위하여 부단히 연구와 수양에 노력해야 한다.

셋째, 교사는 학생과 학부모의 필요와 요구에 부응하는 책임을 담당해야 한다. 교사는 학생의 수준과 흥미 및 요구에 맞는 교과서를 선택해야 함은 물론, 학생의 수준에 맞는 교재 및 자료를 개발해야 한다.

넷째, 교사는 도덕적 책임을 지녀야 한다. 즉, 교사는 직무를 수행하는 데에 필요한 개인적이고 단체적인 수준의 윤리를 실천할 필요가 있을 것이다. 「국가공무원법」(법률 제11392호, 2012. 3. 21.)의 제7장은 공무원들이 수행해야 하는 윤리적 복무사항을 제시하고 있다. 교사들은 성실 의무(제56조), 복종의 의무(제57조), 직장 이탈 금지(제58조), 친절·공정의 의무(제59조), 비밀 엄수의 의무(제60조), 청렴의 의무(제61조), 품위유지의 의무(제63조), 영리업무 및 겸직금지(제64조), 정치운동의 금지(제65조), 집단행위의 금지(제66조) 등의 도덕적 책무를 이행해야 한다.

3) 교직관

교원의 역할에 비추어 볼 때 교직의 특성은 어떠해야 하는가 하는 문제가 제기되는데, 이것은 결국 교직을 어떠한 관점으로 바라볼 것인가 하는 문제로 귀결된다. 교직관은 교직에 대한 인식의 틀로서 교직이라는 '직업'을 어떻게 파악하느냐 하는 문제이며, 넓게는 교육관과 좁게는 교사관에 연결된 개념구조를 갖는 특성을 지닌다(김수영, 전제상, 2005). 교직은 일반적으로 가르치는 업무를 수행하는 전문직, 임금근로자로서의 노동직, 헌신과 봉사의 정신으로서의 성직으로 보는 견해가 일반적이다.

성직관은 교사를 성직자와 같이 소명의식을 가진 직분을 수행하는 사람으로 본다. 이는 교사는 언제나 교육의 중심에 있으며, 지적으로나 도덕적으로 학생들이 본받아야 할 모델로서의 역할을 수행해야 한다는 측면을 강조한다. 즉, 성직관의 교사에 대한 역할기대는 학습자와의 관계에서 가치 있는 지식의 전달자이며, 윤리적인 모범으로서의 역할을 강조하면서 제자에 대한 한없는 사랑과 헌신, 희생과 봉사 그리고 정신적 활동에 전념해야 하고, 학생들에게 학문적으로 모범이 되어야 할 뿐만 아니라 윤리적으로도 모범을 실천해야 한다는 점을 강조한다. 그래서 성직관에 기초한 교사들은 교사의 물질적 보상, 근무형태, 인사문제에 대한 요구 등을 세속적인 관심으로 간주하고 교사에게 어울리지 않는 것으로 생각하는 경향이 있다.

노동직관은 교사를 근로자로 보는 관점이다. 근로자라 함은 직업의 종류를 불문하고 임금·급료 기타 이에 준하는 수입에 의하여 생활하는 자이다(「노동조합 및 노동관계조정법」 제2조의1). 노동직관에 입각한 교사는 정신적 노동을 주로 하는 것이며, 계약에 의해 고용된 상태이므로 교사 또한 노동법에서 규정하는 권리와 의무를 행사할 수 있다고 본다.

전문직관은 성직관과 노동직관을 변증법적으로 통합한 교직관이다. 성직관은 교직의 규범성을 강조하고 노동직관은 현실적이고 기술적인 관점에 기초하였으나, 전문직관은 규범적, 현실적 관점을 통합한 교직관이라고 할 수 있다. 전문직관은 교사를 고도의 지적·정신적 전문성을 실천하는 봉사자로서 본다. 전문직관에 입각한 교사는 교과내용에 관한 지식과 함께 교과를 가르치는 방법에도 정통해야 하며, 개별 학생에 대한 이해를 바탕으로 최상의 학습 및 생활지도를 실천하는 사람이다.

교직에 대한 관점은 성직관을 통해서는 바람직한 교사상의 의미를, 전문직관을 통해서는 교육활동의 전문성을 반영한 직업적 요구를, 노동직관을 통해서는 교원의 근로자로서의 기본적인 보장과 사회·경제적 지위에 대한 이론적 토대 위에서 변화·발전되어 왔다. 그러나 교사의 본질적 역할에 대한 역할기대에 의해서 교직에 대한 관점이 많은 영향을 받는 경향이 있다.

4 교원양성

교원양성제도는 흔히 두 가지로 구분한다. 교육대학이나 사범대학과 같이 교사양성을 목적으로 설립된 교육기관에서만 교사를 양성하게 하는 폐쇄체제와 일정한 조건만 갖추면 많은 교육기관에서 교사양성을 인정하고, 재학 중에 법에 규정된 교사

자격증 취득조건을 충족하면 본인의 신청에 의해 교사자격증을 주는 개방체제가 있다(남정걸, 2002).

한국의 교원양성은 초등교사와 중등교사를 별도의 기관에서 양성하고 있다. 초등교원의 양성은 목적대학으로서 국가가 설립·운영하는 국립 교육대학교를 중심으로 거의 전부를 양성하는 폐쇄체제의 형태를 취하고 있으며, 중등교원은 국립이나 사립의 사범대학을 포함하여 일반대학 교직과정, 교육대학원 등에서 폭넓게 양성하고 있는 개방체제적 양성이라고 할 수 있다.

현행 한국의 교원양성은 학생선발·양성 및 자격부여 단계에서 '인·적성요소'를 강화하고, 대학의 교직과목 이수기준 강화 및 교직과정 운영 내실화를 추구하는 방향을 지향하고 있다. 우선 교직에 적합한 학생을 선발하기 위하여 교사양성기관의 학생선발 시에 '입학사정관 전형'의 확대를 추진하고, 재학기간 중에는 2회 이상의 '인·적성검사' 실시를 의무화하여 단계별 진로지도를 강화하며, 그 결과를 교사자격증 취득을 위한 무시험검정에 반영한다.

이와 함께 현재 교사자격증을 취득하기 위해서 적용되는 교직과목에 대한 이수기준을 졸업평점 환산점수 100분의 80점 이상으로 설정하고 대학에서 학생들이 제대로 교육학적 소양을 함양할 수 있도록 대학의 교직과정 운영을 내실화하고 있다.

표 12-2 교사자격증 취득을 위한 무시험 검정의 반영 요건

구분	2012년 이후 입학자
대학 교직과목 이수기준 강화	▸대학 교직과목 이수기준 강화 – 전공과목의 경우, 졸업평점 환산점수 100분의 75 이상 – 교직과목의 경우, 졸업평점 환산점수 100분의 80 이상(다만, B 학점 이상의 비율은 최대 70% 수준에서 대학 자율 결정)
학생선발 및 양성·자격부여 단계에서 '인·적성요소' 강화	▸(학생선발) '입학사정관 전형' 확대 및 전형시 인·적성요소 활용 ▸(양성 및 자격부여) 필수적으로 '인·적성검사'실시 및 결과반영 – 재학 중 2회(1~2/3~4학년) 이상 실시 ▸(도구) 교직적성 및 인성검사 모형 개발 및 보급(2012)

5 교원의 임용

교원의 임용이란 교원의 신규채용, 승진·승급·전보·전직·겸임·파견·해임 및 파면을 포함한 매우 포괄적인 개념이다. 그러므로 교원인사관리의 대부분의 영역을 포함한다. 여기에서는 교원의 신규채용과 승진에 관하여만 살펴보기로 한다.

1) 임용

교원의 신규임용은 크게 두 가지 원칙에 입각하고 있다. 하나는 교육전문직인 교육장, 장학관, 연구관, 장학사, 연구사 등 소정의 자격기준의 요건을 갖춘 자 중에서 소정의 절차를 거쳐 임용하는 경우이고, 다른 하나는 유·초·중·고교의 교원인 교(원)장, 교(원)감, 교사와 같이 소정의 자격증을 소지한 자 중에서 소정절차를 거쳐 임용하는 경우가 있다. 이를 흔히 자격 임용주의라고 한다.

자격 임용주의와 더불어 교원의 임용에 있어서 성적주의가 적용된다. 정실을 배제하고 능력 있는 적격자를 선발·임용함에 있어서 자격뿐만 아니라, 연수성적, 근무성적을 고려하고 신규교사의 채용에 있어서는 대학에서의 성적 순위나 임용고시의 순위에 따르는 것은 이와 같은 성적주의 임용을 반영한 것이다(남정걸, 2002).

(1) 초·중등학교 교원의 신규임용

국공립의 경우, 교원임용시험에 의한 공개경쟁 전형으로 이루어지고 있다. 초등임용시험은 1차시험에서는 '교직'과 '교육과정' 과목을 각각 논술형과 서답형으로 평가하고, 2차시험에서는 수업실연, 교직적성 심층면접 등이 실시된다. 반면에 중등임용시험은 1차에서 교육학 논술과 서답형 전공시험으로 평가하고, 2차는 초등과 동일하게 실시한다. 아울러 교사들에게 올바른 국가관 및 역사관이 필요하다는 인식하에 임용시험 응시자격에 '한국사능력검정 인증(3급)'을 부과한다. 사립학교 교사의 신규임용은 원칙적으로 사학의 자율성을 보장한다는 측면에서 그 임용의 권한을 학교경영자에게 부여하고 있다.

표 12-3 초 · 중등교원 임용시험

구 분	임용시험방법
초 · 중등교사 임용시험 체제 개선	▸초등 – (1차) 교직(논술), 교육과정(서답형) – (2차) 수업실연, 심층면접 등 ※ 유치원 및 초등특수 포함 ▸중등 – (1차) 교육학(논술), 전공(서답형) – (2차) 수업실연, 심층면접 등 ※ 비교과 및 중등특수 포함 ▸교직적성 심층면접 강화: 학생 이해 및 학교폭력 등 다양한 교실상황에 대한 문제해결 중심 평가
임용시험 응시자격에 한국사능력검정 인증 부과	▸한국사능력검정시험(3급) 인증 부과

(2) 교장 · 교감의 임용

대부분이 교사들의 승진 임용이거나 교육전문직에서의 전직 임용으로 이루어진다. 자격기준은 다음과 같다.

교장(「초 · 중등교육법」 제21조 제1항의 별표 1)

여기서는 중등학교 교장의 자격을 기준으로 제시하도록 한다.

① 중등학교의 교감 자격증을 가지고 3년 이상의 교육경력과 일정한 재교육을 받은 사람
② 학식 · 덕망이 높은 자로서 대통령령이 정하는 기준에 해당한다는 인정을 교육부장관으로부터 받은 사람
③ 교육대학 · 전문대학의 학장으로 근무한 경력이 있는 사람
④ 특수학교의 교장 자격증을 가진 사람
⑤ 공모 교장으로 선발된 후 교장의 직무수행에 필요한 교양과목, 교직과목 등 교육부령으로 정하는 연수과정을 이수한 사람

교장은 1991년에 종신제에서 임기제로 전환되어 임기는 4년이고, 1차에 한하여 중임할 수 있다.

교감(「초·중등교육법」 제21조 제1항의 별표 1)

여기서는 중등학교 교감의 자격을 기준으로 제시하도록 한다.

① 중등학교 정교사(1급) 자격증 또는 보건교사(1급) 자격증을 가지고 3년 이상의 교육경력과 일정한 재교육을 받은 사람
② 중등학교 정교사(2급) 자격증 또는 보건교사(2급) 자격증을 가지고 6년 이상의 교육경력과 일정한 재교육을 받은 사람
③ 교육대학의 교수·부교수로서 6년 이상의 교육경력이 있는 사람
④ 특수학교의 교감 자격증을 가진 사람

(3) 장학관·교육연구관, 장학사·교육연구사의 임용

교원들은 교육전문직으로의 전직 임용도 이루어지는데, 그 자격기준을 살펴보면 다음과 같다.

장학관·교육연구관(「교육공무원법」 제9조의 별표)

① 대학·사범대학·교육대학 졸업자로서 7년 이상의 교육경력이나 2년 이상의 교육경력을 포함한 7년 이상의 교육행정경력 또는 교육연구경력이 있는 사람
② 2년제 교육대학 또는 전문대학 졸업자로서 9년 이상의 교육경력이나 2년 이상의 교육경력을 포함한 9년 이상의 교육행정경력 또는 교육연구경력이 있는 사람
③ 행정고등고시 합격자로서 4년 이상의 교육경력이나 교육행정경력 또는 교육연구경력이 있는 사람
④ 2년 이상의 장학사·교육연구사의 경력이 있는 사람

⑤ 11년 이상의 교육경력이나 2년 이상의 교육경력을 포함한 11년 이상의 교육연구경력이 있는 사람

⑥ 박사학위를 소지한 사람

장학사 · 교육연구사(「교육공무원법」 제9조의 별표)

① 대학 · 사범대학 · 교육대학 졸업자로서 5년 이상의 교육경력이나 2년 이상의 교육경력을 포함한 5년 이상의 교육행정경력 또는 교육연구경력이 있는 사람

② 9년 이상의 교육경력이나 2년 이상의 교육경력을 포함한 9년 이상의 교육행정경력 또는 교육연구경력이 있는 사람

(4) 초빙교사

최근 능력 위주의 교원을 확보하여 단위학교 교육의 질을 보장하기 위해서 초빙교사제, 수석교사제, 교장초빙제 및 교장공모제 등을 통해 교원임용체계를 개방하고 있다.

초빙교사제는 고등학교 이하 각급 학교의 장이 초빙교사를 임용 · 요청하고자 하는 때에는 학교운영위원회의 심의를 거쳐 당해 학교교사 총 정원의 20% 이내에서 정할 수 있다. 초빙교사의 임용 요건은 교사자격증을 소지한 자로서 국 · 공립학교에 재직하고 있는 교사이며, 구체적인 초빙교사 요건은 당해 학교의 장이 교직원 및 학부모의 의견, 학교교육과정, 기타 교육여건 등을 고려하여 학교운영위원회 심의를 거쳐 결정한다.

초빙교사제는 원칙적으로 정기전보대상자를 중심으로 실시하되, 초빙교사의 당해 학교 근무기간은 시 · 도 자체의 교사 정기전보기간에 준하여 초빙교사 임용권자가 정한다. 초빙교사의 당해 학교 초빙기간이 만료되는 경우, 다른 학교에 다시 초빙임용 가능하며, 당해 학교 재초빙은 1차에 한한다.

(5) 수석교사

수석교사는 2011년 6월 법제화되어 2012년부터 유・초・중등학교 현장에 도입되었다. 수석교사는 15년 이상의 교육경력(교육전문직원으로 근무한 경력을 포함한다.)을 가지고 교수・연구에 우수한 자질과 능력을 가진 사람 중에서 대통령령으로 정하는 바에 따라 교육부장관이 정하는 연수 이수결과를 바탕으로 검정・수여하는 자격증을 받은 사람이어야 한다(「초・중등교육법」 제21조 제3항).

수석교사는 승진중심의 교직구조와 문화를 수업의 전문성을 가진 교사가 우대받고 승진구조의 이원화를 통해 승진기회를 확대하고, 교직경력에 부합된 교직의 지위와 역할을 부여하는 교직사회의 전환과 개방을 촉진하고 있다. 수석교사는 임기(4년, 1차 연임가능) 중에 교장・원장 또는 교감・원감 자격을 취득할 수 없으며 매년 업무수행태도, 업무실적 등을 평가하고, 재심사 결과에서 심사기준을 충족한 경우 재임용하고 있다. 수석교사는 해당 학교별 교사 1인당 평균수업시간 수의 2분의 1로 경감하고, 예산의 범위에서 연구활동비를 지급받고 있다.

(6) 교장초빙제 및 교장공모제

교장초빙제는 교장 자격증을 소지한 자 가운데 학교운영위원회가 희망하는 사람을 교장으로 초청할 수 있게 하는 교장임용방식으로 1996년부터 시행되었다. 2006년부터는 교장 응모 자격을 대폭 완화하여 교장 자격증이 없더라도 교직경력이 15년 이상이면 교장에 응모할 수 있도록 했고, 특성화 학교나 전문계 또는 예체능계 학교의 경우에는 교직경력이 없어도 관련 기관에서 3년 이상 종사한 경력이 있으면 교장에 지원할 수 있다. 이러한 새로운 교장임용제도는 인재에 대한 폭넓은 발굴과 공모과정을 통한 정기적인 평가과정으로 책무성을 확보한다는 점에서 긍정적인 평가를 받고 있다.

2) 승진과 전보

교원의 인사이동 가운데 대표적인 것이 승진과 전보이다. 승진이란 보다 상위직으로의 상향적 · 수직적 이동을 의미한다. 승진은 교원의 전문적 성장을 의미하며 보다 높은 지위와 보수 및 사회적 위신과 명예가 따르고, 교원의 사기와 직무만족의 요인이 되기 때문에 매우 중요시된다.

과거 교사에서 교감, 그리고 교장으로 이루어지던 승진체계가 2011년 이후 수석교사가 제도화된 이후 교원의 승진체계는 수석교사가 되는 교수(instruction)경로와 교장 · 교감으로 승진하는 행정관리(management) 경로인 이원화 체계로 전환되었다(김규태, 강유정, 강성복, 2014).

한국의 교원승진은 경력평점과 근무성적 및 연수성적 평점 및 가산점을 합산하여 산출된 성적을 근거로 하고 있다. 교감(원감) 승진 평정점수는 200점 만점(가산점은 별도)으로 경력평정점 70점, 근무성적평정점 100점, 연수성적평정점 30점으로 구성되어 있으며, 교장(원장) 승진 평정점은 188점 만점(가산점은 별도)으로 경력평정점 70점, 근무성적평정점 100점, 연수성적평정점 18점으로 구성되어 있다. 이는 교육공무원 임용령과 교육공무원 승진규정에 근거를 두고 있다.

교원의 전보는 동일 직위간의 수평적 이동을 의미하는데 근무지나 근무교의 이동이 이에 속한다. 흔히 순환근무제라 하여 지역별, 학교급별에 따라 일정기간 근무하면 정기적으로 전보를 실시하고 있다. 전보의 원칙은 시 · 도 교육청별로 다른데, 임용권자는 전보를 함에 있어서 거리 · 교통 등 지리적 조건과 문화시설의 보급 등을 고려하여 설정한 인사구역 및 인사구역별 근무기간 등을 정한 전보기준을 전보발령 6개월 이전에 공개하여야 한다.

한편, 교원을 교육전문직으로 또는 교육전문직을 교원으로 직렬을 바꾸어 임용하는 것을 전직이라고 한다. 교육전문직에서 교원으로 전직할 때에는 교육전문직 이전의 직위로 전직하는 것을 원칙으로 한다. 다만 교사에서 교육전문직원으로 전직한 경우 5년 이상, 교감에서 교육전문직원으로 전직한 경우 2년 이상 근속한 자는 임용권자가 정하는 기준에 따라 교감 또는 교장으로 전직할 수 있다. "교육경력이 10년 이상이고 교육전문직원으로 10년 이상 근속한 자는 전직될 직위에 제한을 받지 아니한다"라고 교육공무원 인사관리규정에 정해져 있다.

교사전보제도가 교육의 목적을 잘 수행하는 제도가 되기 위해서는 객관적으로 공정 타당한 기준을 세워서 정실주의를 배제하고, 합리주의의 원칙을 준수해야만 모든 사람을 만족시킬 수는 없을지라도 인사이동에 수반하기 쉬운 불평을 완화할 수 있을 것이며, 사기의 앙양에도 기여하게 될 것이다(신제흡, 2010). 따라서 교사전보제도는 전문성 향상의 원칙, 공정성의 원칙, 형평성의 원칙, 효율성 제고의 원칙을 기준으로 시행되어야 할 것이다(이윤식, 한만길, 유현숙, 1992).

6 교원의 능력개발

새로운 지식이나 기술이 폭발적으로 증가하고, 빠르게 변화하는 현대사회를 살아가는 모든 조직의 구성원들은 처음에 가지고 있던 지식과 기술만으로 그 직을 계속 유지하기는 어렵다. 특히 교직은 공급자인 교사들의 권익보다 수요자인 학생들의 권익을 우선시하는 사회공공적 및 윤리적 책임이 수반되기 때문에 전문적인 지식과 기술을 습득하기 위하여 장기적이고 계속적인 현직연수가 필요하다(유평수 외, 2014).

현직연수란 일정한 자격을 가지고 임용된 교육직원에게 해당직무에 대한 적응능력을 길러주기 위하여 의무적으로 부과하는 교육·훈련활동이며, 또한 재직 중 교육직원의 전문적 능력을 배양하고, 일반적 자질을 함양시키기 위하여 자발적 또는 의무적으로 이루어지는 제반교육·훈련활동이다(노종희, 한만길, 1982)

교원의 연수에 관한 법적 근거는 「교육기본법」, 「교육공무원법」, 「교육공무원 승진규정」, 「교원 등의 연수에 관한 규정」 등을 들 수 있다.

우리나라에서는 교원 및 교육전문직을 대상으로 교원의 전문성 신장을 위해 다양한 연수를 운영하고 있는데, 실시 단위를 기준으로 기관 중심 연수, 단위학교 중심 연수, 개인 중심 연수로 구분할 수 있다.

첫째, 기관 중심 연수는 중앙단위연수기관, 대학부설 교육연수원, 시·도 교육연수원, 원격교육연수원 등 여러 기관에서 실시하는 각종 연수를 말하는데, 자격연수, 직무연수, 특별연수로 구분된다.

- **자격연수**: 교원의 상위자격을 취득하기 위해 실시하는 것으로 신규교사연수, 초·중등학교 1·2급 정교사, 교(원)장, 교(원)감, 비교과교사(보건, 전문상담, 사서, 영양, 특수) 연수가 있다. 유치원 교사나 특수학교 교사에게도 적용되며 자격연수의 기간은 15일 이상, 90시간 이상(단, 교장 및 원장의 자격연수는 25일 이상 180시간 이상)으로 한다.
- **직무연수**: 2013년 7월 15일에 개정된 「교원연수에 관한 규정 및 시행규칙」에 따르면, 직무연수란 교원능력개발평가 결과 직무수행능력 향상이 필요하다고 인정되는 교원, 그 밖에 교육의 이론·방법 연구 및 직무수행에 필요한 능력배양을 위한 연수이다. 교과, 생활지도, 정보화, 교양·취미 관련 연수 또는 「교육공무원법」 제45조 제3항 규정에 의거해 장기휴직 후 복직을 위한 연수 등이 해당된다.
- **특별연수**: 국가나 지방자치단체가 계획을 수립하여 교육공무원을 국내외의 교육기관 또는 연구기관에서 일정기간 연수를 받게 하는 것을 말한다. 부전공연수, 학위취득 대학위탁, 교원 장기 해외유학, 해외 장·단기 체험연수, 학습연구년제 등의 연수를 말한다. 특별연수의 경우 소요되는 경비를 예산의 범위 안에서 지급할 수 있으며, 특별연수를 받은 교육공무원에 대하여는 6년의 범위 안에서 대통령령이 정하는 바에 의하여 일정기간 복무의무를 부과할 수 있다.

둘째, 단위학교 중심 연수는 학교 내 혹은 학교 간 자율적으로 실시하는 연수로, 일반적인 교육발전을 위한 자체연수와 교과수업 발전을 위한 교과협의회로 구분할 수 있다. 컨설팅 장학, 연구 수업, 교과교육연구회, 전달강습, 교내자율장학 등을 말한다.

셋째, 개인 중심 연수는 교원 스스로 전문적 지식을 습득하기 위해 교육을 받는 것을 의미하는 것으로, 국내외 교육기관에서의 학위취득, 학회활동, 교과교육연구회 등에 가입하여 개인연구를 수행하는 것 등을 말한다.

이러한 현직연수는 교원의 직무수행능력 개선, 승진 및 승급을 위한 교원의 사전 경험 확대, 교원의 전문적 지식 및 이해증진, 그리고 교원의 개인적 욕구충족과 일반교양의 증진 등을 목적으로 한다(정일환, 김정희, 정현숙, 2013).

Chapter

13

교육재정

1. 교육재정의 개념
2. 교육재정의 성격
3. 교육재정 운영의 원리
4. 교육비의 분류
5. 교육재정의 구조
6. 교육예산의 종류
7. 교육예산의 여러 기법

오늘날 교육은 국가의 중요 기능으로 인식되고 있으며, 교육비는 바로 국가발전을 위한 장기적 투자로 간주되고 있다. 그동안 우리나라가 어려운 경제사정 속에서도 국방비 다음으로 교육에 대한 투자를 강조해 온 것도 그러한 이유이다. 이 장에서는 교육재정의 개념을 고찰하고 교육비의 개념, 중앙과 지방의 교육재원의 구조, 학교회계제도, 교육예산의 종류 및 기법 등을 다룬다.

1 교육재정의 개념

재정(public finance)이란 국가나 지방자치단체가 공공의 목적을 달성하기 위해 필요한 수단을 조달하고, 이를 관리하는 국가의 공경제활동이라 할 수 있다. 그리고 재정학이란 정부의 조세정책이나 지출정책과 같은 정부의 각종 정책들이 경제에 어떠한 영향을 끼치고, 나아가 사회구성원들의 후생에 어떠한 변화를 가져다주는가를 연구하는 학문이다(김동건, 1992).

교육재정은 국가재정의 일부분을 이루고 있다. 일반재정이란 국가나 지방공공단체가 영위하는 경제활동으로서 그 본질은 재화나 노동력을 획득, 관리, 소비하는 일련의 활동이다. 교육재정도 많은 점에서 일반재정의 성격과 공통점을 가지고 있다. 교육재정이 국가재정의 일부분이며, 국가재정 중 교육활동에 관한 재정이기 때문에 그 근본적 성격은 같다고 할 수 있다(손영환, 신수균, 2007). 즉, 재정은 정부의 경제라고 할 수 있으며, 교육재정은 교육에 관한 재정이며 교육재정학은 교육재정을 연구하는 학문이다. 그러면 교육재정을 좀 더 구체적으로는 어떻게 정의내릴 수 있는가?

김종철(1994)은 교육재정이란 "국가나 지방 공공단체가 교육활동의 운영을 지원하기 위하여 경비를 조달하고 그것을 관리·사용하는 것"이라고 하였고, 윤정일(1992)은 "국가·사회의 공익사업인 교육활동을 지원하기 위하여 국가나 공공단체가 필요한 재원을 확보 · 배분 · 지출 · 평가하는 일련의 경제활동이다."라고 정의하였다.

이와 같은 교육재정의 정의에 내포되어 있는 세 가지의 주요 특성을 살펴보면(임연기, 최준열, 2010), 첫째는 교육재정의 주체가 국가 및 공공단체이다. 국가 및 공공단체가 수행하는 활동은 민간이 수행하는 활동과 다르다. 국가 및 공공단체는 공공복리를 증진하기 위해 재원을 조달하고 배분하고 있으며, 민간이 수행하는 활동은 이익창출을 주목적으로 한다. 교육재정은 국가 및 공공단체가 추진하는 활동이기 때문에 이익창출이 목적이 아니라, 국민 모두의 공공복리를 증진하기 위해 활동을 수행하며, 이를 공경제활동이라 한다.

둘째, 교육재정의 기능은 교육활동을 지원하는 수단이다. 잘 가르치고 배우는 일이 교육의 핵심이며 목적이라면, 교육재정은 이런 활동이 원활하게 이루어질 수 있도록 지원하는 수단적 봉사활동이다.

셋째, 교육재정의 영역은 재원을 확보하고 배분하며, 지출하고, 평가하는 활동이다. 교육재정의 과정이라고도 할 수 있으며, 교육재원이 어떻게 운영되고 있는가를 알 수 있게 해주는 재정활동의 실제라 할 수 있다.

2 교육재정의 성격

교육재정은 일반재정과 같이 공공적 성격을 지니고 있으면서도 교육사업이라는 특수한 목적에 경비가 지출된다는 점에서 일반재정과 다른 성격을 지니고 있다. 교육재정은 그 개념상에서나 규모면에서 교육이라는 특수성을 고려해 다음과 같은 성격을 지니고 있다.

1) 독립성

교육재정은 국가재정의 일부분으로서 경제원칙에 따라 운영되며, 일반재정의 특성에 따른다. 그러나 교육의 자주성과 정치적 중립성, 그리고 전문성을 살리기 위해 일반재정으로부터 분리되어 독립적으로 운영하여야 한다. 이런 성격을 살리기 위해 지방교육재정이 지방교육비특별회계로 운영되고 있다.

2) 강제성

재정은 가계나 민간기업과 같은 민간의 사경제와는 달리, 공권력을 통하여 기업과 국민들의 소득의 일부를 조세(租稅)라는 수단을 통해 정부의 수입으로 이전시키는 강제적 성격을 갖는다. 국가나 지방공공단체는 강제적 조세권을 통해 세금을 징수하게 되며, 교육활동에 필요한 재원도 이런 과정을 통해 확보하게 된다.

3) 공공성

교육재정은 개인의 이익만을 위한 것이 아니라, 국가 전체의 이익을 위한 활동이기 때문에 공공성을 지닌다. 따라서 교육재정은 교육목표를 효과적으로 달성하기 위한 수단으로서, 어느 개인이나 집단의 이해관계를 떠나 국민전체의 공공적 이익이 충족되도록 사용되어야 한다.

4) 비긴급성과 장기효과성

국방비나 경제개발비는 국가안보와 국민생계에 직접 영향을 주기 때문에 긴급하다. 그러나 교육경비는 이런 긴급성이 없다. 그리고 교육의 효과는 기간상으로 그 효과의 표출시간을 기다려야 하고, 또한 그 효과는 개인적으로나 집단적으로 장기간에 완만하게 눈에 보이지 않는 듯이 나타나서 가시적·계량적으로 쉽게 측정할 수 없는 것이기 때문에, 교육에의 투자는 그 효율성을 의심하게 되는 경향이 있다.

그러나 장기적인 안목에서 볼 때, 교육을 통해 국가·사회발전과 직결되는 인적 자본이 형성되기 때문에 교육투자는 비생산적인 소비가 아니고 생산적인 투자이며, 정부정책들의 우선순위에서 반드시 선행되어야 할 것이다(유평수 외, 2014).

5) 결과의 비측정성

교육에 투입되는 경비는 교육의 결과로 나타난다. 오늘날의 모든 재정투자는 실적을 중시하기 때문에 계수적으로 측정·평가될 수 있는 객관적이고 가시적인 결과를 요구한다. 그런데 교육활동은 수량화할 수 없는 질적인 측면이 많기 때문에 교육의 결과를 양적으로 측정하기 어렵고, 특히 정의적 영역의 결과는 측정하기가 더욱 곤란하다.

6) 양출제입(量出制入)

국가나 공공단체는 그 목적과 임무에 비추어 활동의 종류와 범위를 결정하고, 이에 필요한 경비를 산출한 후 수입을 확보한다.

7) 영속성

교육재정은 단기적이고 비영속적으로 그 재원이 확보·배분·지출·평가되는 것이 아니라, 그 존속기간이 긴 영속성을 바탕으로 한다. 즉, 교육재정은 교육의 장기성, 공공성, 결과의 비측정성, 장기효과성 등을 감안하여, 국민들의 공익을 위해 장기적인 안목으로 교육재정을 확충하고 운영하는 것이 필요하다.

3 교육재정 운영의 원리

교육재정 운영의 원리란 교육재정을 운영할 때 준수해야 하는 지침이자 덕목이라고 할 수 있다. 즉, 교육재정의 원리를 준수하면 더욱 효과적이며, 바람직한 교육재정이 될 수 있다는 의미가 내포되어 있다.

교육재정의 운영 원리들이 중요한 이유는 첫째, 교육에 투입되는 재원이 무한하지 않고 항상 부족하다는 점, 둘째, 교육에 투입되는 재원의 외현적 또는 잠재적 효율은 배분양식에 따라 동일하지 않다는 점, 셋째, 교육재원의 배분양식은 무수하며 그 효율도 각기 다르다는 점이다(유평수 외, 2014). 교육재원이 교육활동에 도움을 주기 위해서는 확보된 재원을 다양한 방법과 기준으로 배분해야 한다. 교육재정의 배분과 운영에 있어서 추구되어야 할 가치, 원리, 준거는 다양한데, 주요 원리는 다음과 같다(박병량, 주철안, 1999; 김달효, 2010).

1) 충족성

교육활동을 수행하기 위해서는 어느 수준의 재원이 확보되어야 한다. 재원이 확보되지 않고는 교육활동을 원활히 수행하기 어렵다. 교육활동을 원활히 수행하기 위해서는 우선적으로 재원을 확보하기 위해 노력하여야 한다. 재원이 얼마나 확보되는 것이 적절한가는 국가의 형편이나 추구하고자 하는 목적에 따라 달라지나, 일반적으로 GNP 대비 공교육비의 비율, 학생 1인당 교육비 수준을 충족성의 지표로 활용하고 있다.

2) 평등성

이 원리는 교육기회의 평등이 보장되도록 해야 한다는 것이다. 즉, 교육재정은 지역, 성별, 학교, 사회·경제적 배경, 학교설립 등에 따라 차등적으로 운영되어서는 안 된다는 것이다. 이러한 생각은 근대국가의 성립과 더불어 형성·발전되었으며,

프랑스혁명의회는 교육의 모든 국민에 대한 사회적 책임을 선언하고 교육의 전 단계에 대한 무상지원을 주장하기도 하였다(배종근, 정태범, 1991). 교육기회 평등의 개념은 교육에 대한 평등한 접근, 교육의 과정에서 평등한 접근, 교육의 결과 내지 산출의 평등에까지 확대되고 있다.

3) 공정성

공정성은 어떠한 기준에 의하여 교육재원의 규모나 교육자원 배분의 차이가 생기는 것을 정당화하는 것이다. 공정성은 수평적 공정성과 수직적 공정성으로 구분된다. 수평적 공정성은 동일한 것은 동일하게 취급하는 것을 말하는 것으로, 모든 교육대상자에게 동일한 교육적 보장을 하는 것을 말한다. 수직적 공정성은 다른 것은 다르게 취급하는 것으로, 여건이 다른 경우 동일한 학생을 다르게 대하는 원리이다. 학생의 능력이나 가정형편이 다른 학생들을 다르게 대하는 것이 공정하다는 원칙이다. 신체적으로 어려움이 있는 경우, 가정형편이 어려워 재학하기 힘든 경우 이들에게 별도의 특별 프로그램을 제공하거나, 학비를 면제해주는 것과 같이 차별을 두어 다르게 대하는 것이 바람직하다는 원리이다. 공정성을 실현하기 위해서는 다름의 기준이 명확하게 제시되어야 한다. 학생의 학습상의 장애, 신체적 장애 등과 같이 합리적인 기준을 선정하고, 이들 기준에 따라 차등적으로 예산을 배분할 수 있는 기준을 설정하여야 한다.

4) 효율성

효율성이란 최소의 비용으로 최대의 효과를 얻으려는 가치로서 투입 대 산출의 비율이다. 효율성을 추구하는 방법에는 두 가지가 있다. 하나는 교육의 효과는 동일하되 투입된 자원을 최소화하는 방법이고, 다른 하나는 동일한 자원을 투입하여 최대의 교육효과를 가져오게 하는 방법이다. 교육투자의 효율성을 측정하기는 쉽지 않다. 교육에 대한 투자는 어느 정도 측정할 수 있지만, 교육의 산출은 측정하기 어렵기 때문이다. 효율성의 원리는 공정성의 원리와 대립되는 개념이다. 지나치게 공정성을 추구하다 보면 효율성이 떨어지는 결과를 초래하고, 반대로 효율성을 강조하다 보면 공평한 자원의 배분이 어렵게 된다. 따라서 이 양자는 상호보완적인 차원으로 생각하여 경제적인 투자효과뿐만 아니라, 사회전체의 효율성을 높이는 방향으로 기여하여야 한다(유평수 외, 2014).

5) 자율성

자율성은 교육기관에서 교육활동을 수행하기 위해 필요한 재원을 확보하고, 예산을 편성하여 집행할 수 있는 권한의 정도이다. 집권제를 택하면 통제와 획일성을 통해 자유가 제약되고, 분권제를 택하면 자유는 보장되지만 효율성이 떨어지고 책임도 모호해지는 경향이 있다. 학교단위재정제도, 학교단위책임경영, 교육자치의 확대, 교육권한의 위임, 교사의 권한 확대 등의 교육개혁의 경향에 부응하여 교육재정 운영의 자율성이 확대되고 있다.

그 외에도 교육이 장기적으로 영속성 · 일관성을 유지하기 위해서는 필요한 재원을 안정되게 확보해야 한다는 안정성, 교육활동을 수행하기 위해 배분된 재원을 투명하게 지출해야 한다는 투명성, 교육재정은 교육활동을 수행하는 데 지출된 재원이 본래 목표했던 바를 달성했는지 여부를 평가해야 한다는 효과성, 교육활동을 수행하는 데 지출된 재원이 합리적이었고 타당하였는지의 책임여부를 평가해야 한다는 것을 의미하는 책무성의 원리 등이 있다.

4 교육비의 분류

교육은 투자없이 성립될 수 없다. 교육은 본질적으로 비용을 수반하며 자원의 투자를 요구한다. 자원의 투자가 바로 비용이며, 교육의 3요소라 할 수 있는 교사와 학생, 그리고 교재가 자원이자 비용이다. 즉, 교재를 갖추려면 비용이 들고, 교육전문가인 교사의 시간을 확보하기 위해서도 비용이 들며, 학생 자신의 시간도 곧 비용의 개념에 해당된다.

교육의 비용은 교육이라는 기능을 위한 자원의 희생이라고 할 수 있다. 이 때 자원은 유·무형재, 금전적·비금전적, 사적·공적, 직·간접적 특성을 갖는 모든 자원을 가리킨다. 흔히 교육비라고 불리는 교육의 비용은 교육활동을 위해 투입되는 여러 자원을 포괄하는 의미이다.

표 13-1 교육비의 분류

<table>
<tr><td rowspan="4">총 교육비</td><td rowspan="3">직접교육비</td><td rowspan="2">공교육비</td><td>공부담 공교육비</td><td>국가, 지방자치단체, 학교법인 등의 공공단체가 부담하는 교육비</td></tr>
<tr><td>사부담 공교육비</td><td>입학금, 수업료, 학교운영지원비, 특기적성활동비 등 학부모가 부담하는 경비</td></tr>
<tr><td>사교육비</td><td>사부담 사교육비</td><td>학용품비, 교통비, 학원비 등</td></tr>
<tr><td>간접교육비</td><td colspan="3">기회비용</td></tr>
</table>

우리나라에서는 일반적으로 교육비라 할 때는 재원적 측면에서 공교육비와 사교육비를 말한다. 그리고 공교육비와 사교육비를 포함한 교육비와 교육기회경비를 합하여 총 교육비라고도 한다. 교육비의 구성요소를 분류해보면 다음과 같다.

첫째, 교육비는 교육비의 지출방법에 따라 직접교육비와 간접교육비로 나눠진다. 직접교육비는 교육목적 달성을 위하여 교육활동에 직접적으로 투입되는 경비로, 공교육비와 사교육비가 모두 포함된다. 간접교육비는 교육기간 중에 취업할 수가 없기 때문에 포기한 수입을 의미한다. 즉, 교육기회 때문에 간접적으로 포기한 유실소득이므로 기회경비(opportunity cost)라 한다.

둘째, 교육비를 확보하고 배분하는 과정에서 공공절차를 거치는가 거치지 않는가에 따라 공교육비와 사교육비로 구분된다. 공교육비란 교육활동을 재정적으로 지원하기 위하여 국가나 지방공공단체가 합리적인 회계절차에 의하여 지급하는 경비,

즉 예산에 계상되는 경비를 말한다. 사교육비란 합법적인 공공단체의 회계에 포함되지 않고, 학부모가 학교교육을 위해서 사용하는 경비로 정의된다.

셋째, 교육비를 부담하는 주체가 누구냐에 따라 공부담 교육비와 사부담 교육비로 나눌 수 있다. 공부담 교육비는 국가, 지방자치단체, 학교법인 등의 공공단체가 부담하는 교육비를 말한다. 사부담 교육비는 학부모가 부담하는 경비로, 여기에는 수업료 등의 공교육비와 학용품비, 과외교육비 등의 사교육비가 모두 포함된다.

OECD와 같은 국제기구에서는 사부담교육비를 사교육비로 분류하고 있다. 즉, 부담주체가 국가나 지방공공단체이냐, 개인이냐에 따라 사교육비와 공교육비로 구분하고 있는데, 우리나라에서는 사교육비이지만 국가와 지방공공단체에서 회계절차를 거쳐 집행하는 경비를 사부담 공교육비라 하여 공교육비로 분류하고 있다. 따라서 OECD 통계지표에서 공교육비를 국가별로 비교할 경우, 공교육비의 구성요소가 다름을 고려해야 한다(백일우, 2000).

5 교육재정의 구조

우리나라의 교육재정은 중앙의 교육재정, 지방의 교육재정, 그리고 학교교육재정으로 구분할 수 있다. 우리나라의 경우는 초·중등교육을 관장하는 지방교육재정이 성격이나 규모측면에서 중심을 이루고 있다(박종렬, 신상명, 2004). 교육재정의 배분은 먼저 중앙정부가 각 시·도 교육청에 교육재정을 배분하면, 각 시·도 교육청이 단위학교로 교육재정을 배분하는 경로를 갖는다.

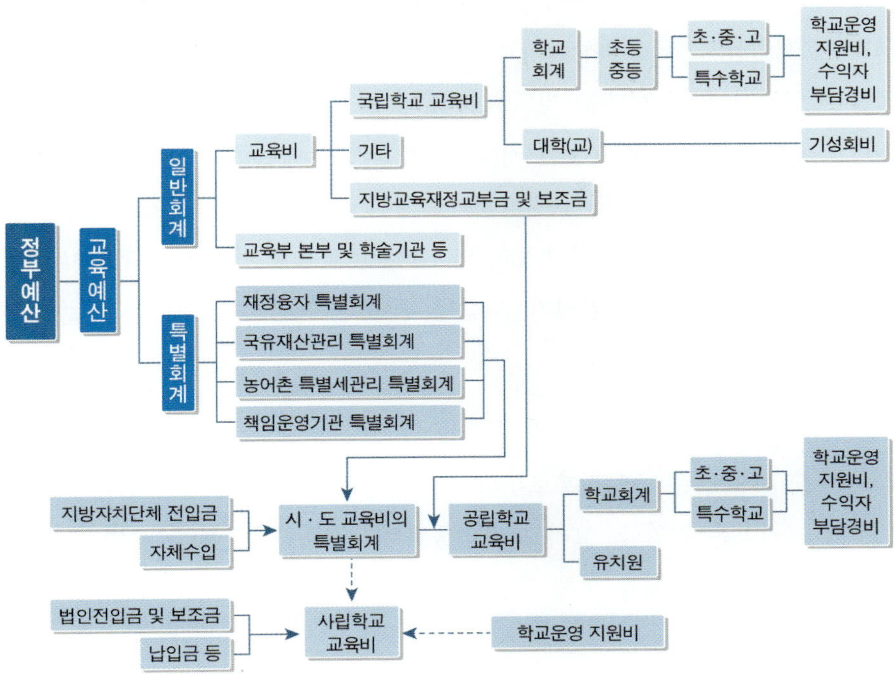

출처: 정일환, 김정희, 정현숙(2013). 교육행정의 이해. p. 264.

그림 13-1 교육재원의 구조

1) 교육부

교육부는 교육과 학예에 관한 예산을 확보하여 일부는 자체적으로 집행하지만 대부분을 출연기관, 대학, 교육청 등 관련기관에 교부하여 기관별로 운영하도록 하고 있다. 교육부는 자체 세입예산을 가지고 있으나, 그 규모는 세출예산의 극히 일부분(약 2% 정도)에 불과하고, 세입 자체가 국고로 계상되기 때문에 예산 전체가 국고에서 충당되고 있다.

회계구조를 보면 교육부의 예산은 일반회계와 특별회계로 구성되어 있다. 일반회계의 세출항목은 교육부 본부, 지방교육재정, 교육지원기관, 교육기관, 병원관리 예산으로 되어 있으며, 본부, 시 · 도 교육청, 학술원 등의 지원기관, 국립학교, 병원 등을 위해 예산을 편성하고 있다. 특별회계는 농어촌 구조개선, 국가균형발전, 책임운영기관, 재정융자, 국유재산관리, 농어촌 특별세관리 특별회계가 있으며, 특정한 목적을 달성하기 위해 회계를 별도로 편성하여 운영하고 있다.

일반회계와 특별회계에 계상된 지방교육재정지원 예산은 모두 특별시·광역시·도의 교육행정기관에 교부되어 지방교육재정의 주요 재원이 된다. 최근 세출 예산 기준 교육부 예산 중 지방교육재정이 약 85%로, 교육부 예산의 대부분이 지방교육행정기관에 배분되고 있다(임연기, 최준열, 2010).

2) 시 · 도 교육청

각 시·도 교육청은 중앙정부로부터 배분받은 지방교육재정교부금과 지방자치단체로부터 지원받은 전입금, 그리고 학생들로부터 징수한 입학금, 수업료 등을 세입으로 한 교육비특별회계를 통해 각급 학교로 교육재정을 배분한다.

(1) 지방교육재정교부금

지방교육재정교부금이란 지방자치단체가 교육기관 및 교육행정기관을 설치·경영하는 데 필요한 재원의 전부 또는 일부를 국가가 교부하여 교육의 균형있는 발전을 도모하기 위한 재원으로, 지방교육재정 중 가장 큰 비중을 차지하고 있다. 시·도 교육청의 일정한 기준에 따라 일반재원으로 배분되고, 시·도 교육청에서는 배분된 재원과 입학금, 수수료 및 기타 자체수입을 포함하여 예산을 편성한 뒤, 시·도 교육위원회의 심사를 거치고 최종적으로 시·도 의회 의결을 거쳐 예산을 확정시키도록 되어 있다.

교부금은 내국세의 20.27%와 국세교육세로 확보되며, 확보된 재원을 학생 수, 교원 수, 학교 수 등을 기준으로 시·도 교육청에 교부하는데 교부하는 방법에 따라 보통교부금과 특별교부금으로 나뉘어진다. 그리고 지방교육재정상 부득이한 수요가 있는 경우에는 국가예산이 정하는 바에 의하여 보통교부금과 특별교부금 외에 증액교부를 할 수 있다.

보통교부금은 기준재정 수입액이 기준재정 수입액에 미달되는 경우에 그 미달액을 기준으로 교부하게 된다. 내국세 20.27%의 96/100과 국세교육세로 확보되며, 시·도의 학생 수, 교원 수, 학교 수 등을 고려하여 시·도 교육청에 총액으로 배분된다. 총액으로 배분된 보통교부금은 교육청의 여건에 따라 자율적으로 예산을 편성하여 운영한다(임연기, 최준열, 2010).

특별교부금은 내국세 20.27%의 4/100로 확보되며, 교육부에서 예산을 편성하여 시·도 교육청에 교부한다. 기준재정 수요액의 산정방법으로 포착할 수 없는 특별한 재정수요가 있을 때, 보통교부금의 산정기일 후에 발생한 재해로 인한 재정수요가 있거나 재정수입의 감소가 있을 때, 교육행정기관 등 교육·체육에 관한 시설의 신축·복원·확장·보수 등의 사유로 인하여 특별한 재정수요가 있을 때 교부한다(최종진 외, 2012).

(2) 지방자치단체의 전입금

지방자치단체가 교육청에 재원을 지원하고 있는데 이를 전입금이라고 한다. 전입금에는 법정전입금과 비법정전입금이 있다. 법정전입금은 법으로 정해진 전입금으로 전입금의 비율은 시·도에 따라 다르다. 서울특별시는 특별시세 총액의 10%, 광역시 및 경기도는 광역시세 또는 도세 총액의 5%, 그 밖의 도는 도세 총액의 3.6%에 해당하는 시·도세 전입금과 지방교육세를 교육청에 교부해야 한다. 비법정 전입금은 법으로 정해지지 않았지만, 지역의 교육발전을 위해 지방자치단체에서 지원하는 재원으로 급식비 지원, 평생교육지원 등이 해당되며 사업별로 지원한다(임연기, 최준열, 2010).

(3) 교육비특별회계 자체 재원

교육비특별회계 자체 재원은 교육청에서 확보하는 재원으로 입학금 및 수업료 수입, 재산 수입, 사용료, 수수료 등이 포함되나 비중은 교육비 특별회계 예산의 5%이하이다. 초·중등교육이 중학교까지 무상교육이기 때문에 입학금, 수업료를 받지 못하고, 입학금·수업료를 인상할 경우에도 인상폭이 제한되어 있기 때문에 자체적으로 확보할 수 있는 예산의 규모는 작을 수밖에 없다(임연기, 최준열, 2010).

3) 단위학교

2000년부터 제7차 교육과정이 전국적으로 적용됨에 따라 종래의 경직된 예산회계제도로는 학교의 자율적인 운영과 교과적인 교수학습활동이 어려워지게 되어 「초·중등교육법」을 개정하고, 국립 및 공립 초·중등학교 회계규칙을 제정하여 2001년부터 학교예산회계제도를 시행할 수 있도록 하였다.

학교회계제도에서는 일상경비와 도급경비의 구분 없이 학년 초에 각급학교에 총액으로 예산을 배분하고, 학교운영지원비 등과 같은 다른 재원과 통합하여 세입재원별 사용목적 구분 없이 학교실정에 따라 예산을 자율편성하고 집행하도록 한다. 또한 학교는 잔액을 이월할 수 있어 낭비요인을 줄일 수 있게 되었다. 학교회계의 주요 특징을 살펴보면 다음과 같다.

첫째, 학교에서 자체적으로 재원을 확보하고 집행할 수 있게 하였다. 학교회계의 세입에는 ① 국가의 일반회계 또는 지방자치단체의 교육비특별회계로부터 전입금(교육청으로부터 총액으로 배분되는 예산), ② 학교운영지원비(학부모회비), ③ 학교발전기금으로부터의 전입금(학교운영위원회가 조성하여 전입하는 금액), ④ 수업료, 기타 납부금 및 학교운영지원비 외에 학교운영위원회의 심의를 거쳐 학부모가 부담하는 경비(수학여행비, 현장학습비, 방과 후 활동비 등), ⑤ 국가 또는 지방자치단체의 보조금 및 지원금, ⑥ 사용료 및 수수료(자체 수입), ⑦ 이월금, ⑧ 물품대각매금, ⑨ 기타 수입 등으로 경직되어 있지만, 사용료, 수수료 등을 학교에서 세입으로 처리할 수 있게 하여 확보노력에 따라 학교의 재원이 증액될 수 있도록 하였다. 이렇게 확보된 재원을 학교에서 집행할 수 있게 하여 학교의 자율성을 확대하였다.

둘째, 학교회계의 회계연도는 매년 3월 1일에 시작하여 다음 해 2월 말일에 종료되며 예산편성, 예산심의, 예산집행, 결산의 과정을 거치게 된다(정일환, 김정희, 정현숙, 2013). 과거에는 학교운영지원비와 교육비특별회계전입금의 회계연도가 달라

불편하였는데, 이를 하나로 통일하였다.

셋째, 학교의 장은 교원의 예산요구에 의해 회계연도마다 학교회계 세입·세출예산안을 편성하여 회계연도 개시 30일 전까지 학교운영위원회에 제출하여야 한다. 학교운영위원회는 학교회계 세입·세출예산안을 회계연도 개시 5일 전까지 심의하여야 한다. 학교운영위원회가 예산을 심의한 후에 그 결과를 학교장에게 통보하면 학교장은 예산을 확정한다. 확정된 예산을 실행하는 것이 예산집행이다. 학교의 장은 회계연도마다 결산서를 작성하여 회계연도 종료 후 2월 이내에 학교운영위원회에 제출하여야 한다.

넷째, 예산배분이 표준교육비, 즉 교육활동의 일정한 기준을 설정한 상황에서 교육활동을 정상적으로 수행하기 위해 소요되는 경비를 기준으로 총액으로 이루어진다. 예산이 총액으로 배분됨에 따라 학교의 여건에 맞게 예산을 편성하여 운영할 수 있는 자율권이 확대되었다.

학교단위예산제도의 시행으로 학교예산의 책무성이 증가되고, 현장에서 교육적 배려가 필요한 학생들의 요구가 반영될 수 있으며, 예산편성의 과정에 교직원과 학부모들의 참여가 증대되게 되었다.

표 13-2 학교회계제도 특징

구 분	특 징
회계연도	3월 1일 ~ 2월 말일로 통합
예산배분방법	일상경비와 도급경비 구분 없이 회계연도 개시 전에 총액 배부(인건비 제외)
세출예산편성	재원에 따른 사용목적 구분 없이 학교실정에 따라 자율적으로 편성(보조금, 수익자 부담경비 제외)
사용료처리 (자체수입)	학교자체수입으로 처리
회계장부관리	학교예산에 편성되는 여러 자금을 학교회계로 통합하고 장부도 단일화하여 관리
잔액처리	인건비를 제외한 잔액 발생 시 다음 회계연도로 이월가능

출처: 최종진 외(2012). 교육행정·교육경영론. 공동체. p. 383.

6 교육예산의 종류

교육예산의 종류를 목적에 의한 구분과 성립과정에 의한 구분으로 분류해보면(김윤태, 2006; 이형행, 고전, 2006; 주삼환 외, 2009), 예산의 목적에 의해 일반회계예산과 특별회계예산으로 구분되며, 성립과정에 의해서는 본예산, 수정예산, 추가경정예산, 잠정예산, 준예산, 가예산으로 구분된다. 교육예산의 종류는 다음과 같다(정태범, 1996).

1) 일반회계예산/특별회계예산

일반회계예산은 일반적인 재정수입(조세, 전매수입 등)으로 하며, 국가가 당연히 시행해야 할 일반행정활동에 필요한 지출을 세출로 하고 있다. 이러한 일반예산은 정부예산의 기본이 된다. 특별회계예산은 국가가 특정사업을 운영할 때, 특정한 자금을 보유하여 운영할 때, 특별한 세입으로 특정한 세출을 충당함으로써 일반의 세입과 세출을 구분하여 경리하는 회계이다. 현재 우리나라의 지방교육지원을 위한 예산이라고 할 수 있는 지방교육비 특별회계는 「지방교육자치에 관한 법률」 제47조에 의거하여, 지방정부 일반회계와 분리하여 설치된 회계다. 그러나 일반회계와 특별회계는 상대적인 개념으로 볼 수 있는 바, 학교예산의 경우 교비회계가 일반회계라고 하면, 학교운영지원비, 기성회비회계 또는 학생회 회계 등은 특별회계라고 할 수 있다(주삼환 외, 2009).

2) 본예산/수정예산/추가경정예산

본예산은 정상적인 절차를 거쳐 당초에 설립한 예산을 말한다. 다시 말하면, 정부가 회계연도 90일 전까지 예산안을 국회에 제출하게 되어(「헌법」 제90조 2항) 있는 것을 말한다. 따라서 사전에 결정된 예산이므로 확정과 집행 간의 시차가 있어 그 동안의 경제·사회변동에 신축성 있게 적응할 수가 없다. 그러므로 수정예산과 추가경정예산이 필요하게 된다. 수정예산은 정부가 예산안을 국회에 제출한 후 심의·확정되기 전에 부득이한 사정으로 그 내용의 일부를 수정하여 확정된 예산을 말한다(「예산회계법」 제30조). 국회를 통과한 수정예산안은 본예산에 흡수된다. 추가경정예산은 예산이 확정된 후에 생긴 사유로 인해 이미 성립된 예산을 수정한 예산을 말한다(「헌법」 제9조, 「예산회계법」 제30조).

3) 잠정예산/준예산/가예산

잠정예산, 준예산, 가예산은 모두 회계연도 개시일이 경과해도 국회에서 통과되지 않을 때 취해지는 예산제도이다. 잠정예산은 수개월 분에 해당하는 예산을 잠정적으로 지출하도록 허가하는 예산을 말한다. 가예산은 부득이한 사유로 예산이 국회를 통과하지 못하고 있을 때, 1개월분의 금액을 의결로 집행할 수 있도록 하는 예산이다. 준예산은 회계연도 개시일 30일 전까지 예산이 성립되지 못할 경우에 전년도에 준해서 지출하는 예산이다.

7 교육예산의 여러 기법

교육재정을 운영하는 과정은 예산을 확보하여 편성하고 집행한 뒤 평가하는 일이다. 이와 같은 과정에서 예산을 효율적으로 운영하기 위해 여러 기법을 활용한다. 학교예산은 전통적으로 품목별 예산제도를 따라왔으나, 학교단위예산제도의 도입으로 전통적인 품목별 예산제도는 여러 가지 한계를 지니게 되므로, 새로운 기법과 제도에 대한 요구가 증대되었다.

1) 품목별 예산제도(Line-Item Budgeting System)

예산항목을 경비의 성격과 위계에 따라 관, 항, 목, 세목 등으로 제도화한 것으로 예산편성에서 예산을 필요로 하는 영역과 그 내용을 품목으로 나누어 증가적인 예산을 편성하는 방법이다. 따라서 전년도의 기준에 인원증가 및 물가인상 등을 감안한 점증주의에 기초하여 예산을 편성한다. 이 예산은 회계책임을 명확히 하여 예산의 낭비를 방지할 수 있으며, 예산편성이 용이하고, 회계감사가 용이하다는 장점이 있으나 업무분장에 따른 담당자와 그 부서의 입장과 편의를 우선시하기 때문에 행정편의만을 강조하며, 경비지출의 궁극적 목적과의 연계가 부족하여 성과를 파악하기 곤란하고, 예산운용의 탄력성이 부족하여 자원이 비효율적으로 사용될 수 있다는 단점이 있다.

2) 성과예산제도(Performance Budgetting System)

이 제도는 예산과목을 사업별, 활동별로 분류한 다음 각 세부사업별로 단위원가에 업무량을 곱하여 소요량을 산출한다. 정부의 사업, 활동, 기능을 중심으로 편성하는 예산제도로서 정부가 달성하려는 목표와 사업, 그 소요비용을 명백히 해 준다. 이 제도는 통제중심 예산제도에서 벗어나 관리기능에 중점을 두고, 활동의 성과 또는 업무량의 달성과 관련시켜 예산을 추계한다. 따라서 성과의 분석이 가능하며, 부문별 효율성을 제고시키는 데 유용하다.

성과주의 예산제도가 추구하는 목적은 분명하고, 모두가 이의 필요성을 인정하지만 시행하는 과정에서 성과를 측정하기 위한 지표설정과 평가방법을 분명히 할 수 없어 많은 어려움이 제기된다. 특히 교육활동은 교육의 효과를 측정하기 어렵기 때문에 이런 문제가 더 크다(임연기, 최준열, 2010).

3) 기획예산제도(PPBS: Planning-Programming Budgeting System)

기획예산제도는 달성하고자 하는 목표를 분명하게 하고 이를 수행할 수 있는 여러 대안을 검토한 뒤에 가장 적절한 방안을 선택하여 자원을 배정하는 예산제도이다. 학교예산과정에서 PPBS는 첫째, 학교목표의 우선순위에 따라 자원을 합리적으로 조정할 수 있기 때문에 예산의 절약과 지출의 효율화를 기할 수 있다. 둘째, 학교교육활동의 목표와 프로그램과 예산을 통합하여 학교의 체계적 운영을 도모할 수 있다. 셋째, 연도별 학교목표와 이를 달성하기 위한 교육 프로그램의 소요자원을 확인하며 연간기준으로 목표를 재검토할 수 있는 장점이 있다(주삼환 외, 2009). 그러나 목표설정이 어렵고, 목표를 달성하기 위한 사업계획을 작성하기가 쉽지 않으며, 가장 적절한 방안을 만들기 위해 적용되는 분석기법이 한계가 있기 때문에 적용하는 데 어려움이 제기되기도 한다(임연기, 최준열, 2010).

4) 영기준예산제도(ZZBS: Zero-Base Budgeting System)

전년도의 예산을 기준으로 증가식 예산을 편성하는 것이 아니라, 전년도 사업은 아주 없는 것으로 보거나 전혀 고려하지 않고, 학교계획의 목표에 따라 신년도 사업을 재평가 하여 우선순위를 정하여 한정된 예산을 배분하는 것을 말한다. 모든 사업·활동에 전년도 예산을 고려하지 않는 영기준을 적용하여 사업의 우선순위를 정기적으로 새롭게 결정하게 되므로 노력의 중복, 과다한 활동과 낭비를 배제할 수 있으므로 사업의 효율성을 향상시키고, 학교의 모든 사업·활동에 관하여 능률·비용·효과를 계속적으로 재평가함으로써 자원배분의 합리화를 보장할 수 있다. 그러나 이 제도는 교원들에게 새로운 과업을 부과하게 되고, 제도에 숙달되기 전에 많은 시행착오를 감수해야 하며, 사업이 기각되거나 평가절하되면 비협조적인 풍토가 야기될 수 있으며, 의사결정에 전문성이 부족하면 비용 및 인원절감에 실패할 수 있는 문제도 안고 있다(윤정일 외, 1994).

표 13-3 예산관리기법 비교

기준 \ 예산제도	품목별 예산제도	성과예산제도	기획예산제도	영기준예산제도
기본방향	통제	관리지향	계획지향	의사결정 지향
사업계획수립	품목별로 지출항목을 분류, 지출대상과 금액을 규정	활동성과와 관련시켜 수립	목표와 연결된 산출방식으로 전체사업계획	목표와 연결된 투입방식으로 세부사업계획
강조점	지출의 적격성	관리 및 활동성과	정책적 측면, 장기적 발전계획	관리적 측면, 단기적 사업계획
조직면	집권적	집권적	집권적	분권적
예산운영	매우 경직적	신축적	경직적	신축적

출처: 안병환 외(2008). 교육행정 및 교육경영. pp. 389-390.

참고문헌

강갑원 · 박영진 · 안병환 · 이경희(2006). **교육학개론**. 파주: 교육과학사.

고광혁(2011). **학교장의 서번트 리더십, 교사효능감, 학교조직몰입 및 학교조직효과성 간의 관계 연구**. 박사학위논문, 인하대학교.

교육과학기술부(2009a). 초 · 중등학교 교육과정 총론: 교육과학기술부 고시 제2009-41호.

교육과학기술부(2011). 검정교과서 선정 매뉴얼.

교육과학기술부(2012). 학교 진로교육 운영(고등학교).

교육과학기술부(2012). 학교 진로교육 운영(중학교).

교육과학기술부 외(2010). 진로교육 종합계획.

교육부(2013). 자유학기제 홍보자료.

교육부(2015). 2015 개정 교육과정 관련 교육부 보도자료(2015.9.23.).

교육부(2016). 2015 개정 교육과정 총론.

교육부(2016). 자유학기제 안착과 확산을 위한 제2차 진로교육 5개년 기본계획(안)(2016~2020).

구본용, 김영미(2014). 중등교사의 직무스트레스와 심리적 소진 및 교사효능감의 관계. **청소년학연구**, 21(7), 275-306

국가교육과정 정보센터(http://www.ncic.re.kr)

김경식 외(2011). **교육사회학**(제3판). 파주: 교육과학사.

김경하(2016). 킬패트릭 The Project Method 관점에서 본 초등학교 프로젝트 수업에 대한 몇 가지 쟁점. 통합교육과정연구, 10(2), 71-95.

김계현 외(2000). 학교상담과 생활지도. 서울: 학지사.

김규태(2012). **교육책무성: 이론, 정책, 제도**. 서울: 원미사.

김규태 · 강유정 · 강성복(2014). **교육행정 및 교육경영**. 파주: 양서원.

김규태 외(2016). **최신 교육학의 이해**. 파주: 양성원.

김규태, 최경민(2015). **교육조직행동척도**. 파주: 양서원.

김낙운(1986). **(현대) 교육법 해설**. 서울: 하서출판사.

김달효(2010). 학교선택제의 시행에 대한 비판적 접근. **인문사회과학연구**, 26, 141-172.

김달효(2011). **교육행정 및 교육경영**. 서울: 학지사.

김동건(1992). **현대재정학**. 서울: 박영사.

김병희 · 김형구 · 배재학 · 이기용 · 이영애 · 정길영 · 최병옥(2008). **교육학개론**. 고양: 공동체.

김성회(1997). 특성 · 요인적 상담. 이형득(편저). **상담이론**. 서울: 교육과학사.

김수영・전제상(2005). **신 교육행정의 이해**. 파주: 양서원.
김아영(2012). 교사전문성 핵심요인으로서의 교사효능감. **교육심리연구**, 26(2), 63-84
김영식・최희선(1988). **교육제도발전론**. 서울: 성원사.
김운삼(2003). **교육학개론**. 서울: 창지사.
김원형(2009). **조직심리와 행동의 이해**. 서울: 시그마프레스.
김 용(2004). 학교 조직의 표준 운영 절차와 학교교육과정 운영. **교육행정연구**, 22(3), 123－147.
김윤태(1984). **교육행정학**. 서울: 배영사.
김윤태(1994). **교육행정・경영신론**. 서울: 배영사.
김윤태(2001). **교육행정・경영의 이해**. 서울: 동문사.
김윤태(2006). **교육행정・경영의 이해**. 서울: 동문사.
김이경, 정수현, 박호근, 박상봉(2004). **교원자격 양성제도 개편 방안 연구**. 서울: 한국교육개발원.
김정한 외(2004). **교육행정 및 경영의 이해**. 서울: 형설출판사.
김정휘(1991). **교사의 직무스트레스와 정신 신체적 반응 또는 탈진과의 관계**. 박사학위논문, 중앙대학교.
김종철(1982). **교육행정의 이론과 실제**. 서울: 교육과학사.
김종철(1994). **최신 교사론**. 서울: 교육과학사.
김종철(1996). **최신 교사론**. 서울: 교육과학사.
김창걸(1986). **교육행정 및 교육경영**. 서울: 형설출판사.
김창걸(1992). **교육행정학신론**. 서울: 형설출판사.
김창걸(1994). **교육행정학신론**. 서울: 형설출판사.
김창걸(1995). **교육행정학 및 교육경영신강**. 서울: 형설출판사.
김창걸(2001). **교육행정 및 교육경영의 이론과 실제의 탐구**. 서울: 형설출판사.
김태현(2016). **교사, 삶에서 나를 만나다**. 서울: 에듀니티.
김형관・김용일(1997). **학교 조직론**. 서울: 양서원.
김희규(2007). **학습조직과 학습조직**. 서울: 한국학술정보(주).
남정걸(2002). **교육행정 및 교육경영**. 서울: 교육과학사.
남정걸(2005). **교육행정 및 교육경영**. 서울: 교육과학사.
남정걸 외(1995). **교육조직론**. 서울: 도서출판 하우.
남해진(2015). **교장의 변혁적 리더십과 학년 부장교사의 리더십이 동학년 팀워크를 매개로 교사 헌신에 미치는 영향**. 박사학위논문, 인천대학교.
남해진(2015). 교장의 변혁적 리더십과 학년 부장교사의 리더십이 동학년 팀워크를 매개로 교사 헌신에 미치는 영향. 인천대학교 박사학위논문.
노종희(1996). **교육제도론**. 서울: 한국교육행정학회.
노종희(2001). 교원 직무만족의 개념화 및 측정에 관한 연구. **교육행정학연구**, 19(2), 163-181.
노종희(2004). 초중등교사의 교직헌신의 개념화 및 측정도구 개발. **교육행정학연구**, 22(2), 215-232.
노종희 · 한만길(1982). **교원 현직교육의 발전 방향과 과제**. 서울: 한국교육개발원.
대구광역시교육청(2016). 대구행복역량교육과정 총론.
대구중학교(2016). 학교교육계획서.
박병량 · 주철안(1999). **학교 · 학급경영**. 서울: 학지사.
박성수(1993). **생활지도**. 서울: 정민사.
박종렬 · 신상명(2004). **신교육행정학개론**. 서울: 형설출판사.
박희경(2014). **초등학교의 분산적 지도성, 교사 임파워먼트, 학교조직 효과성 간의 구조관계**. 박사학위논문, 이화여자대학교.
배종근 · 정태범(1991). **교육행정 · 교육경영**. 서울: 정민사.
백승옥(2006). 팀제 중심의 중학교 교육과정 운영조직에 관한 연구. **교육연구**, 40, 123－177.
백일우(2000). **교육경제학**. 서울: 학지사.
서울대학교 교육연구소(2011). **교육학용어사전**. 서울: 하우동설.
서정화(1989). **교육인사행정**. 서울: 세영사.
성병창(1994). **학교조직구조론**. 서울: 양서원.
세고고등학교(2016). 학교교육과정 운영계획서.
손경애, 고종욱(2007). 교사의 직무스트레스와 직무만족 및 조직몰입의 관계에서 사회적 지원의 조절효과. **교육행정학연구**, 25(4), 73-94.
손영환 · 신수균(2007). **교육행정 및 교육경영**. 서울: 동문사.
송미섭 · 나동환((1993). **교육행정 및 교육경영론**. 서울: 형설출판사.
송화섭(1995). **교육행정의 이론탐색과 실제**. 서울: 학문사.
신보현(2016). **교사의 팔로워십 측정도구 개발 및 타당화**. 박사학위논문, 인천대학교.
신재흡(2010). **교육행정 및 교육경영**. 서울: 동문사.
신현석 외(2011). **학습사회의 교육행정 및 교육경영**. 서울: 학지사.
안병환 · 가영희 · 성낙돈 · 임성우(2008). **교육행정 및 교육경영**. 고양: 공동체.
안해균(1982). **현대행정학: 행정학의 기본개념과 원리**. 서울: 다산출판사.
옥장흠(2009). 교사의 직무스트레스 요인이 직무만족과 조직몰입 및 이직의도에 미치는 영향. **한국교원교육연구**, 26(2), 175-200.

옥장흠(2010). 학교장의 변혁적 리더십이 교사의 직무특성과 학교조직몰입에 미치는 영향에 관한 연구. **한국교원교육연구**, 27(3), 1-22.

유평수 · 문선향 · 김유화 · 이원 · 황연우 · 김윤정 · 정세민(2014). **교육행정 및 교육경영**. 고양: 공동체.

윤우제(2006). **개인 팀워 스킬 척도 개발 및 타당화 연구**. 석사학위논문, 성균관대학교.

윤정일(1992). **교육재정학**. 서울: 세영사.

윤정일(1994). **교육행정학원론**. 서울: 학지사.

윤정일 · 송기창 · 조동섭 · 김병주(1994). **교육행정학원론**(1판). 서울: 학지사.

윤정일 · 송기창 · 조동섭 · 김병주(2004). **교육행정학원론**(3판). 서울: 학지사.

윤정일 · 송기창 · 조동섭 · 김병주(2008). **교육행정학원론**(5판). 서울: 학지사

윤정일 · 송기창 · 조동섭 · 김병주(2009). **교육행정학원론**(5판). 서울: 학지사.

이군현(1997). 학습조직이론의 교육조직에의 적용에 관한 탐색 연구. **교육행정학연구**, 15(3), 576－579.

이규혁(2013). **누구나 경험하지만 누구도 잘 모르는 수업**. 서울: 교육공동체 벗.

이병승 · 우영효 · 배제현(2006). **쉽게 풀어 쓴 교육학**. 서울: 학지사.

이병환 외(2012). **최신 교육행정 및 교육경영**. 서울: 태영출판사.

이병환 · 박미란(2012). **예비교사를 위한 지침서: 교직실무**(제2판). 파주: 교육과학사.

이상기 · 옥장흠(2007). **교육행정 및 교육경영 신강**. 서울: 형설출판사.

이석열(2006). **교장의 감성리더십과 학교의 조직 감성와 조직 학습의 관계**. 박사학위논문, 충남대학교.

이석열(2007). 교사의 팀 학습활동 분석과 학습조직의 관계 연구. **교육행정학연구**, 25(4), 95－115.

이애화(2016). **능력중심사회의 NCS 기반의 문제해결능력**. 파주: 양성원.

이영덕 · 정원식(1994). **생활지도의 원리와 실제**. 서울: 교육과학사.

이윤식 · 한만길 · 유현숙(1992). **교사신규채용 및 전보제도 개선연구**. 서울: 한국교육개발원.

이장호(1988). **상담심리학 입문**. 서울: 박영사.

이재창(1995). **생활지도**. 서울: 문음사.

이종렬(1985). **정책학원론**. 서울: 대왕사.

이준효(2006). **중등교사 직무스트레스 조사도구 개발**. 박사학위논문, 경북대학교.

이지연(2005). **학교 진로지도의 혁신 방안**. 새교육(2005.10.1.기사).

이지연 · 정윤경 · 최동선 · 김나라(2009). **미국 · 프랑스 · 핀란드 · 덴마크의 진로교육**. 서울: 한국직업능력개발원.

이진원(2008). 조직공정성의 학교조직에의 적용에 관한 탐색연구. **교육종합연구**, 6(1), 81-102.

이진원(2010). **학교장의 변혁적, 거래적 리더십이 조직공정성과 학교장 신뢰에 따라 조직효과성에 미치는 영향**. 박사학위논문, 전북대학교.

이현정(2016. 2. 16.). 공무상 재해 불인정, "학생들 때문에 뇌혈관 발병" 교사 패소 이유는? 서울신문, p. 6.

이형행(2007). **교육학개론**(전정 2판). 파주: 양서원.

이형행 · 고전(1999). **교육행정론**. 서울: 양서원.

이형행 · 고전(2006). **교육행정론**. 파주: 양서원.

임연기 · 최준열(2010). **교육행정 및 경영 탐구**. 고양: 공동체.

장명희 · 김선태 · 박윤희 · 최동선(2010). 2009 **개정 교육과정에 따른 진로교육 교육과정 개선 방향 탐색**. 서울: 한국직업능력개발원.

정광순(2010). **교육과정에 기초한 초등통합 교과지도**. 파주: 양서원.

정광희, 김갑성, 김병찬, 김태은 (2008). **한국 교사의 리더십 특성 연구**. 서울: 한국교육개발원.

정수정(2012). 독일 청소년의 진로양상과 직업교육. **청소년 직업체험 활성화를 위한 협력 프로그램 개발 3차년도**. 서울: 한국고용정보원.

정일환 · 김정희 · 정현숙(2013). **교육행정의 이해**. 서울: 태영출판사.

정일환 · 김정희 · 정현숙(2016). **교육행정의 이해**. 서울: 태영출판사.

정정길 · 최종원 · 이시원 · 정준금 · 정광호(2012). **정책학원론**. 서울: 대명출판사.

정태범 외(1995). **학교 · 학급경영론**. 서울: 도서출판 하우.

정태범(1995). **교육행정학**. 서울: 정민사.

정태범(1996). **교육행정학**. 서울: 정민사.

조성철(2014. 3. 17). 마음 다쳐 떠나려는 교원들, 교실도 아프다. 한국교육신문, p. 4.

조영일(2003). **새로운 접근의 교육학개론**. 서울: 교육과학사.

주삼환 외(2000). **교육행정 및 교육경영**. 서울: 학지사.

주삼환 외(2009). **교육행정 및 교육경영**. 서울: 학지사.

주삼환 · 천세영 · 김택균 · 신붕섭 · 이석열 · 김용남 · 이미라 · 이선호 · 정일화 · 김미정 · 조성만(2009). **교육행정 및 교육경영**. 서울: 학지사.

진동섭(2005). **한국 학교조직 탐구**. 서울: 학지사.

최종진 · 박균달 · 구병두 · 심은석 · 박경수(2012). **교육행정 · 교육경영론**. 경기: 공동체.

표시열(2001). **교육정책과 법**. 서울: 박영사.

한국교육개발원(2014). **OECD 교육지표**. 서울: 한국교육개발원.

한국교육개발원(2015). **한국교육개발원 교육여론조사**. 서울: 한국교육개발원.

한국직업능력개발원(2011). **초등 교과 통합 진로교육 교수학습자료 개발 매뉴얼**. 서울: 한국직업

능력개발원.
한상길 · 김응래 · 박선환 · 박숙희 · 정미경 · 조금주(2007). **교육학개론**. 고양: 공동체.
한용진 · 권두승 · 남현우 · 오영재 · 류지헌(2007). **교육학개론**(2판). 서울: 학지사.
한은숙 · 김종두(2008). **교육학개론**. 파주: 교육과학사.
홍창남(2006). 교사효능감의 제고 가능성에 대한 실증 분석. **교육행정학연구**, 24(4).161-185.
홍후조(2002). 교육과정 운영. 한국교육과정학회(편). **교육과정: 이론과 실제**. 서울: 교육과학사. 193－226.
황응연 · 윤희준(1983). **현대생활지도론**. 서울: 교육출판사.

Bandura, A. (1977), Self-efficacy: Toward a unifying theory of behavioral change. *Psychological Review, 84*, 191-215.
Bass. B. M. (1981). *Stogdill's handbook of leadership: A survey of theory and research*. New York: Prentice Hall.
Bolman, L. G., & Deal, T. E. (2008). *Reframing organizations: Artistry, choice, and leadership*(4th ed.). San Francisco, CA: John Wiley & Sons.
Cameron, K. S., & Quinn, R. E. (1999). *Diagnosing and changing organizational culture*. New York: Addison Wesley.
Campbell, R. F.(1971). *Introduction to educational administration*(4th ed.). Boston: Allyn & Bacon.
Castetter, William B.(1986). *The Personnel Function in Educational Administration*. New York: Macmillan Publishing Co.
Cohen, M D., March, J. G., & Olsen, J. P.(1972). A garbage can midel of organizational choice. *Administrative Science Quarterly, 17*(1), 1－25.
Coutu, D. L. (2002). How resilience works. *Harvard Business Review, 80*(5), 46-50.
Daft, R. L. (2013). **조직이론과 설계**. (김광점 외 역). 서울: 한경사
Danielson, C. (2006). *Teacher Leadership that Strengthens Professional Practice*. ERIC
DiPaola, M, Tarter, C., & Hoy, W. K. (2005). Measuring organizational citizenship in schools: The OCB Scale. In Wayne K. Hoy & Cecil Miskel (Eds.) *Leadership and Reform in American Public Schools*. Greenwich, CT: Information Age.
Dubin, R.(1968). *Human relations in administration(*2nd ed.). Englewood Gliffs, N.J.: Prentice-Hall.
Eisenberger, R., Fasolo, P., & Davis-LaMastro, V.(1990). Perceived Organizational Support

& Employee Diligence, Commitment, and Involvement. *Journal of Applied Psychology, 75*, 51-59.

Eisenberger, R., Fasolo, P., Davis-LaMastro, V. (1990). Perceived organizational support and employee diligence, commitment, and innovation. *Journal of Applied Psychology, 75*(1), 51-59.

George, J. M., & Jones, G. R. (2015). **조직행동론**(6판). (양동훈 역). 서울: 시그마프레스.

Golman, D., Boyatzis, R., & McKee, A. (2002). T*he new leaders: Transforming the art of leadership.* A Time Warner Paperback.

Harbison, F., & Myers, C. A.(1964). *Education, manpower, and economic growth: strategies of human resource development*. New York: McGraw-Hill.

Harrison, C., & Killion, J. (2007). Ten Roles for Teacher Leaders. *Teachers as Leaders*, *65*(1), 74-77.

Hoy, W. K. & Miskel, C. G. (2013). *Educational administration*(9th ed.). New York: McGraw-Hill.

Hoy, W. K., & Miskel, C. G.(2008). *Educational administration: Theory, research and practice*(8th ed.). New York: McGraw-Hill, Inc.

Hoy, W. K., & Sweetland, S. R. (2001). Designing better schools; The meaning and measure of enabling school structures. *Educational Administrative Quarterly*, *37*, 296-321.

Hoy, W. K., & Tarter, C. J. (1997). *The road to open and healthy schools: A handbook for change*. Thousand Oaks, CA: Corwin Press.

Hoy, W. K., & Tschannen-Moran, M. (2003). The conceptualization and measurement of faculty trust in schools: The omnibus T-Scale. In W. K. Hoy & C. G. Miskel (Eds.), *Studies in leading and organizing schools* (Vol. 2, pp. 181-208). Greenwich, CT: Information Age.

Hoy, W. K., Tarter, C. J., & Kottkamp, R. B. (1991). *Open schools/healthy schools: Measuring organizational climate*. Beverly Hills, CA: Sage.

Ingersoll, R. M. (1997). Teachers's decision making power and school conflict. *Sociology of Education, 69*, 159-176.

Jones, A. J.(1970). *Principles of guidance.* New York: McGraw-Hill, Book Co.

Jones, C. O.(1970). *An introduction to the study of public policy*. Mass: Duxbury Press.

Koontz, H., & O′Donnel, C.(1959). *Principles of Management*. New York: McGraw-Hill.

Kottkamp, R. B., Mulhern, J. A., & Hoy, W. K. (1987). Secondary school climate: A revision of the OCDQ. *Educational Administration Quarterly*, *23*(3), 31-48.

Law, K. S., Wong, C., & Song, L. J. (2004). The construct and criterion validity of emotional intelligence and its potential utility for management studies. *Journal of Applied Psychology, 89*(3), 483-496.

Lieberman, A., & Miller, L. (2004). *Teacher leadership*. San Francisco: Jossey-Bass.

Lortie, D. C. (1975). *School teacher: A sociological study*. Chicago: The University of Chicago Press.

Lunenburg, F. C., & Ornstein, A. C. (2012). *Educational administration: Concepts and practices* (6th ed). Belmont, CA: Wadsworth.

Luthans, F., Avolio, B. J., Avey, J. B., & Norman, S. M. (2007). Positive psychological capital: measurement and relationship with performance and satisfaction. *Personnel Psychology, 60*, 541-572.

Luthans, F., Luthans, K. W., & Luthans, B. C. (2004). Postive psychology capital: Beyond human and social capital. *Business Horizons, 47*(1), 45-50.

McMahon, E., & Hoy, W. K. (2009). Professionalism in teaching: Toward a structural theory of professionalism. In Wayne K. Hoy & Michael DiPaola (eds.). *Studies in school improvement*. Greenwich, CN: Information Age.

Miles, M. B. (1969). Planned change and organizational health: Figure and ground. In F. D. Carver & T. J. Sergiovanni (Eds.), *Organizations and human behavior: Focus on schools* (pp. 375-391). New York: McGraw-Hill.

Morris, A., & Felderman. (1996). The dimensions, antecedents, and consequences of emotional labor. *The Academy of Management Review, 21*(4), 986-1010.

Morris, J. A. & Feldman D. C.(1997), The Dimensions, Antecedents, and Consequences of Emotional Labor, *Academy of Management Review, 21*(4), 989-991.

Nigro, F. A., & Nigro, L. G.(1976). *The New Public Personnel Admistration*. F. E. Peacock Publishers, Inc.

Ott, J. S., Parkes, S. J., & Simpson, R. B. (2008). *Classic readings in organizational behavior* (4th ed.). Belmont, CA: Cengage Learning.

Owens, R. G., & Valesky, T. C. (2011). *Organizational behavior in education: Leadership and school reform* (10th ed.). New York: Pearson Education.

Patterson, C. H.(1971). *An Introduction to Counseling in the School.* New York: Harper Row.

Quinn, R. E. (1988). *Beyond rational management: Mastering the paradoxes & computing demands of high performance*. San Francisco, CA: Jossey-Bass.

Rein, M.(1983). *From policy to practice.* London: Macmillan.

Reyes, P. (1992). *Preliminary models of teacher organizational commitment: Implications for restructuring the workplace*. (ERIC Document Reproduction Service No. EA 024290)

Robbins, S. P., & Judge, T. A. (2011). **조직행동론(14판)** (이덕로, 김태열, 박기찬, 박원우 역). 서울: 주)피어슨애듀케이션코리아. (원서 2011년 발행)

Senge, P. M.(1999). *The fifth discipline: The art & practice of the learning organization.* New York: Currency Doubleday.

Sergiovanni, T. J., & Carver, F. D.(1980). *The new school executive: A theory of administration*(2nd ed.). New York: Harper & Row.

Shertzer, Bruce, & Stone, S. C.(1994). *Fundamentals of Guidance.* Boston: Houghton Mifflin Co.

Spector, P. E. (2009). **산업 및 조직심리학** (박동건 역). 서울: 학지사. (원서 2008년 발행)

Traxler, A. E., & North, R. D.(1966). *Techniques of guidance.* New York: Harper & Row.

Tschannen-Moran, M., Woolfolk, H. A. ,& Hoy ,W. K. (1998). Teacher efficacy: It' smeaning and measure. *Review of Educational Research*, *68*(2), 202-248.

Weick, K. E. (1976). Educational organizations as loosely coupled systems. *Administrative Science Quarterly*, *21*, 1-19

Wubbloding, W. E.(2000). *Reality Therapy for the 21st Century.* Muncie, IN: Taylor & Francis.

Yoder, D.(1959). *Personnel Management and Industrial Relations*(4th ed.). New Jersey: Prentice-Hall.

Yukl, G. A.(1994). *Leadership in Organization* (3rd ed.). Englewood Cliffs, New Jersey: Prentice-Hill.

찾아보기

ㄴ

ㄷ

ㅇ

ㅊ

ㅋ

기타

저/자/소/개

■ **김규태(철학박사)**

현) 계명대학교 사범대학 교육학과 조교수
교육부 교직발전기획단 위원(2013-2014)
한국교육개발원 자유학기제 컨설턴트(2013, 2014)

〈주요 저서〉

- 교육행정 및 교육경영(2014)
- 교육조직행동 척도(2015)
- 최근 교육학의 이해(2015) 등 다수

■ **강유정(교육학박사)**

현) 대구공업대학교 유아교육과 조교수

〈주요 저서〉

- 교육행정 및 교육경영(2014)
- 교직의 사회학적 이해(2014)
- 영유아교사 인성교육의 이론과 실제(2017)

■ **권민석(교육학박사)**

현) 대구태전초등학교 교사, 경북대학교 사범대학 외래교수

〈주요 저서〉

- 자유학기제의 이해와 실제(2015)
- 사회과교육 연구와 수업 탐구(2015)
- 최신 교육학의 이해(2014)

■ **최경민(교육학박사)**

현) 상모초등학교 담임교사 및 연구부장
경북 학생활동중심 수업 선도 교사
경북 구미 학생활동중심수업 컨설턴트

〈주요 저서〉

- 교육조직행동 척도(2015)
- 거꾸러 배움, 교실에서 찾은 아이들의 행복 열쇠(2016)

현장중심, 학습지원을 위한

교육행정 및 교육경영

1판 1쇄 인쇄 — 2017년 3월 2일
1판 1쇄 발행 — 2017년 3월 6일

저 자 - 김규태 · 강유정 · 권민석 · 최경민
발 행 인 - 강 철 원
발 행 처 - 양 성 원
주 소 - 경기도 파주시 월롱산로 71
전 화 - 031-946-3861(代)
팩 스 - 031-946-3864
이 메 일 - tnwpub@naver.com
홈페이지 - tnwpub.co.kr
출판등록 - 2015년 8월 31일 제 2015-000211 호

ISBN 979-11-6126-018-1

정가 18,000원